普通高等教育经管类专业"十三五"规划教材

私募股权投资基金运作与管理

吴跃平 主编

宋 磊 方 磊 副主编

清华大学出版社
北 京

内 容 简 介

私募股权投资基金运作与管理是一门发展中的、多学科交叉的新兴学科，是一门结合了投资学、会计学、法律等多学科的融合学科。

全书共分为八章，每章开篇均有学习提示，章后附有本章小结、复习思考题。全书详细讲解了私募股权投资基金的基本知识、基金管理人的相关内容以及私募股权投资基金的募集、尽职调查、投资决策、投后管理、项目退出、基金清算以及监管自律体系等内容。

本书可作为经济类和金融类相关专业本科生、研究生以及 MBA 的教材，也适合作为私募股权投资基金行业从业人员的参考用书。

本书提供完整的教学课件，可从 http://www.tupwk.com.cn/downpage 网站免费下载。

本书封面贴有清华大学出版社防伪标签，无标签者不得销售。
版权所有，侵权必究。举报：010-62782989，beiqinquan@tup.tsinghua.edu.cn。

图书在版编目（CIP）数据

私募股权投资基金运作与管理 / 吴跃平 主编. —北京：清华大学出版社，2020.6（2024.7重印）
普通高等教育经管类专业"十三五"规划教材
ISBN 978-7-302-54097-7

Ⅰ. ①私… Ⅱ. ①吴… Ⅲ. ①股权—投资基金—基金管理—高等学校—教材 Ⅳ. ①F830.59

中国版本图书馆 CIP 数据核字(2019)第 241992 号

责任编辑：	崔　伟　马遥遥
封面设计：	周晓亮
版式设计：	方加青
责任校对：	牛艳敏
责任印制：	宋　林

出版发行：清华大学出版社
网　　址：https://www.tup.com.cn, https://www.wqxuetang.com
地　　址：北京清华大学学研大厦 A 座　　邮　编：100084
社 总 机：010-83470000　　邮　购：010-62786544
投稿与读者服务：010-62776969，c-service@tup.tsinghua.edu.cn
质量反馈：010-62772015，zhiliang@tup.tsinghua.edu.cn

印 装 者：三河市龙大印装有限公司
经　　销：全国新华书店
开　　本：185mm×260mm　　印　张：17.5　　字　数：404 千字
版　　次：2020 年 8 月第 1 版　　印　次：2024 年 7 月第 5 次印刷
定　　价：49.80 元

产品编号：086192-02

前　言

私募股权投资基金最早起源于19世纪末的美国，我国私募股权投资基金的发展历史相对较短，最初的股权投资是以风险投资为主发展起来的。经过三十余年的发展，我国私募股权投资基金行业从无到有，总体体量从小到大，目前已成为中国经济创新发展的重要载体，是我国资本市场的重要组成部分。私募股权投资基金有助于促进多层次资本市场的完善，对经济发展有着巨大的影响。截至2020年1月，我国已登记私募股权、创业投资基金管理人14 905家，私募股权及创业投资基金36 726只，基金规模达9.82万亿元，私募基金管理人员工总人数达到24.43万人。当前，私募股权投资基金已成为中国经济创新发展的重要载体——创新初始资本的形成是创新发展的核心。私募股权投资已成为促进新旧动能转化的重要力量，有助于促进多层次资本市场的建立。

随着《中华人民共和国证券法》《上市公司创业投资基金股东减持股份的特别规定》等法规文件的修订、发布和实施，私募股权投资基金将迎来巨大的发展空间。行业的快速发展带来了大量的人才需求，而目前各高校关于私募人才的培养从理念到实际上都较为滞后，尤其缺乏一本优秀的教材。高校应致力于培养理论基础扎实，知识口径宽厚，兼具良好人文素质及创造、创新、创业精神与实践能力的应用型人才。于是，历经长期教学及研究实践的积淀，并基于良好的私募基金业务实践基础，编写组将课程改革研究重点瞄准《私募股权投资基金运作与管理》。

本书按照私募股权投资基金的生命周期，以基于"募、投、管、退"的私募基金运作流程为核心，以私募基金的监督与自律体系为重点，依托以前课程研究项目进一步开展教学研究，探讨符合实用型、技术型人才培养要求的教学内容、课程体系和人才培养模式。编写特色主要有以下几方面。

(1) 新颖性。目前有关私募股权投资基金的书籍以社会读物为主，教材较为缺乏，而社会读物存在口语化严重、逻辑与结构不严谨、内容不符合监管要求等问题，不适合高校培养人才使用。在本书的编写过程中我们注意理论上要比一般社会读物系统、全面、有一定深度，实践上更贴近近几年来行业内业务的实际运作情况。

(2) 应用性。除了学习原理、夯实基础之外，本书更强调学以致用，将所学的理论运用于实践。本书以应用为导向，让学生学完后不但能够了解私募股权投资基金的整个运作和管理流程，同时也知道相关知识在具体工作中是如何应用的。书中穿插有大量的实用性较强的参考文本，可直接在工作中加以运用。

(3) 规范性。严格来讲，从2014年起，私募基金行业监管职能由国家发改委划转为证监会后，我国私募基金才逐步步入规范发展阶段。因此目前市面上关于私募基金的书籍大部分存在内容滞后，不符合当前监管要求的弊端，容易造成学生所学与基金行业监管要求脱节。本书结合最新基金行业监管与自律体系，完全做到内容符合当前的监管和自律要求。

(4) 专业性。私募股权投资基金的运作与管理是一项专业性很强的工作，对从业人员的专业要求很高，必须通过系统的专业学习才能掌握该项技能。

本书是"普通高等教育经管类专业'十三五'规划教材"之一。参与编写的作者，首先是长期主持或参加该课程教学建设的一线教师，具有丰富的教学经验、较高的科研水平、较强的写作能力和组织能力。其次，部分作者也是私募股权投资基金行业的实践者，在国内大型私募股权投资机构参与过多个项目的投资及管理，具有丰富的实战经验。因此，本书适合作为经济管理类专业，尤其是金融学、投资学专业的本科生教材，也可以作为研究生的学习参考用书，同时，还可作为基金管理公司等专业人员参考用书。

需要说明的是，本书偏重于应用性，主要是考虑如风险、定价等相关理论内容分散在金融学、投资学等学科的教材中，为避免重复，本书涉及的理论内容较少，有兴趣的读者可以寻找有关教材或书籍进行阅读学习。

本书由河南财经政法大学金融学院吴跃平教授担任主编，由北京黎明资本管理有限公司运营总监宋磊先生、河南财经政法大学金融学院方磊博士担任副主编。另外，硕士研究生王一栋等同学也参与了本书的编写工作。

本书在酝酿、编写过程中，得到了深圳华信股权投资基金管理有限公司总经理屈桂林先生、原昆吾九鼎投资管理有限公司华中分公司总经理杨崇伟先生和河南农开投资基金管理有限公司陈新华先生等资深业内人士的支持，同时得到了北京黎明资本管理有限公司的大力支持，在此一并致谢。

在本书问世之际还要特别感谢清华大学出版社的编辑，本书能得以出版都离不开他们背后默默的工作。

对于书中编者未能发现的纰漏，恳请各位读者指正。

编　者

2020 年 5 月

目 录

第一章	绪论	1
第一节	私募股权投资基金概述	1
	一、基金与私募股权投资基金的定义	1
	二、私募股权投资基金相关概念辨析	3
第二节	私募股权投资基金的特征、分类与作用	5
	一、私募股权投资基金的特征	5
	二、私募股权投资基金的分类	6
	三、私募股权投资基金的作用	8
第三节	私募股权投资基金的组织形式及比较	10
	一、公司型私募股权投资基金	10
	二、契约型私募股权投资基金	11
	三、有限合伙型私募股权投资基金	13
第四节	私募股权投资基金在中国的发展概况	14
	一、私募股权投资基金的起源与发展历程	14
	二、外资私募股权投资基金在中国的发展	16
	三、本土私募股权投资基金的发展	19
	四、我国私募股权投资基金行业的发展趋势	21
本章小结		23
复习思考题		24
第二章	**私募股权投资基金管理人**	**25**
第一节	私募股权投资基金管理人概述	25
第二节	私募股权投资基金管理人的成立与内部管理	27
	一、私募股权投资基金管理人的成立	27
	二、私募股权投资基金管理人的内部管理	31
第三节	私募股权投资基金管理人的登记与备案	34
	一、私募股权投资基金管理人的登记与备案制度概述	34
	二、私募股权投资基金管理人登记与备案的原则和要求	36
	三、私募股权投资基金管理人登记与备案的方式和内容	39
	四、《私募股权投资基金管理人登记法律意见书》范本	41

第三章 私募股权投资基金的募集、设立及备案 ... 55
第一节 私募股权投资基金的募集 ... 55
一、私募股权投资基金募集的方式、渠道和要求 ... 55
二、《私募股权投资基金募集说明书》的制作 ... 62
三、私募股权投资基金募集的流程 ... 80
第二节 私募股权投资基金的设立 ... 87
一、私募股权投资基金设立的规定与步骤 ... 87
二、《私募股权投资基金合伙协议》范本 ... 89
第三节 私募股权投资基金的备案 ... 115
一、基金产品备案的准备工作 ... 115
二、基金产品备案的操作步骤 ... 118
三、基金产品备案的发展方向 ... 122
本章小结 ... 123
复习思考题 ... 124

第四章 私募股权投资基金的尽职调查 ... 125
第一节 投资项目来源与立项 ... 125
一、项目来源及登记 ... 125
二、项目初审与立项 ... 127
第二节 尽职调查的概念、目的与策略 ... 129
一、尽职调查的概念 ... 129
二、尽职调查的目的 ... 130
三、尽职调查的策略 ... 130
第三节 尽职调查的原则、流程与方法 ... 131
一、尽职调查的原则 ... 131
二、尽职调查的流程 ... 132
三、尽职调查的方法 ... 133
第四节 尽职调查的内容和结论 ... 135
一、尽职调查的内容 ... 135
二、尽职调查的参考提纲 ... 136
三、尽职调查的结论 ... 150
本章小结 ... 150
复习思考题 ... 151

第五章 私募股权投资基金的投资决策 ... 152
第一节 项目估值 ... 152
一、项目估值概述 ... 152

　　　　　二、项目估值的方法 ··· 154
　　　　　三、项目估值的案例 ··· 162
　　　　　四、估值实践中存在的问题及解决思路 ·· 166
　　第二节　投资谈判的相关条款 ··· 169
　　　　　一、交易结构条款 ··· 169
　　　　　二、先决条件条款 ··· 170
　　　　　三、承诺保证条款 ··· 170
　　　　　四、治理结构条款 ··· 171
　　　　　五、优先权条款 ·· 171
　　　　　六、估值调整条款 ··· 173
　　　　　七、反稀释条款 ·· 173
　　　　　八、出售权条款 ·· 174
　　　　　九、投资条款清单及范本 ·· 175
　　第三节　投资协议 ··· 181
　　　　　一、投资协议的内容 ·· 181
　　　　　二、投资协议的范本 ·· 181
　　本章小结 ·· 199
　　复习思考题 ··· 200
第六章　私募股权投资基金的投后管理 ·· 201
　　第一节　投后管理概述 ·· 201
　　　　　一、投后管理的内容 ·· 201
　　　　　二、投后管理的价值 ·· 202
　　　　　三、投后管理的模式 ·· 204
　　第二节　投后管理的流程及要点 ··· 206
　　　　　一、投后管理的流程 ·· 206
　　　　　二、增值服务 ··· 209
　　第三节　我国私募股权投资基金投后管理的现状及问题 ··························· 211
　　　　　一、投后管理的现状 ·· 211
　　　　　二、投后管理存在的问题 ·· 213
　　　　　三、加强投后管理的工作重点 ·· 213
　　本章小结 ·· 215
　　复习思考题 ··· 216
第七章　私募股权投资基金的项目退出与基金清算 ······································· 217
　　第一节　常见的项目退出方式 ·· 217
　　第二节　基金费用及收益分配 ·· 223

　　　　　一、管理费用和业绩报酬 ··· 223
　　　　　二、基金收益的分配方式 ··· 224
　　　　　三、基金收益的分配顺序 ··· 225
　　　第三节　基金的税收 ··· 226
　　　　　一、我国私募股权投资基金的税制 ·· 226
　　　　　二、我国税收优惠政策简介 ·· 229
　　　第四节　基金的清算 ··· 232
　　　　　一、基金的清算流程 ··· 232
　　　　　二、基金清算报备操作步骤 ·· 235
　　　本章小结 ·· 238
　　　复习思考题 ··· 239

第八章　私募股权投资基金监管自律体系 ··· 240
　　　第一节　我国私募股权投资基金监管自律体系的变迁 ······················· 240
　　　　　一、初建体系，探索前行 ··· 240
　　　　　二、身份确立，蓬勃壮大 ··· 242
　　　　　三、回归本源，规范发展 ··· 243
　　　第二节　我国私募股权投资基金的监管原则 ···································· 246
　　　　　一、"三位一体"监管自律体系 ·· 246
　　　　　二、监管原则及监管效果 ··· 247
　　　第三节　我国私募股权投资基金的监管自律法律框架 ······················· 250
　　　　　一、一法 ··· 251
　　　　　二、一条例 ·· 251
　　　　　三、三规定 ·· 252
　　　　　四、五办法 ·· 254
　　　　　五、七指引 ·· 257
　　　　　六、多问答 ·· 260
　　　第四节　我国私募股权投资基金监管自律的发展趋势 ······················· 261
　　　　　一、当前我国私募股权投资基金监管自律中存在的问题 ············· 261
　　　　　二、我国私募股权投资基金监管自律的发展趋势 ······················· 262
　　　本章小结 ·· 262
　　　复习思考题 ··· 263

附录　部分私募股权投资基金相关法律法规等文件汇总 ··························· 264

参考文献 ··· 269

第一章

绪 论

学习提示

本章主要阐述了私募股权投资基金的定义并对相关概念进行了辨析,对私募股权投资基金的特征、分类和作用进行了介绍,详细说明了私募股权投资基金的三种组织形式并进行了比较。同时还对私募股权投资基金在国内外的发展历程、每个阶段的发展状况做了较为详细的介绍,最后简单说明了我国私募股权投资基金的发展趋势。

第一节 私募股权投资基金概述

一、基金与私募股权投资基金的定义

(一) 基金的定义

《新华词典》(商务印书馆2001年修订版)对"基金"的释义为:"为兴办、维持或发展某种事业而储备的资金或专门拨款。"即基金是为了特定目的和用途而组织起来的"资金池",实务中一般也将经营"资金池"的机构称为基金。因此,"基金"一词既可以指所聚集起来的资金,也可以指管理资金的机构。

基金一般可分为营利性基金和非营利性基金。营利性基金,顾名思义是以营利为目的,由基金管理人通过公开或非公开的方式募集资金并开展投资活动获取收益的营利性法人或其他组织。目前直接规制营利性基金的最高位阶法律是《中华人民共和国证券投资基金法》。非营利性基金是以自然人、法人或其他组织捐赠的资金开展公益事业的非营利性法人,典型的如宋庆龄基金会。这类基金在我国受《基金会管理条例》规制。

本书所称的基金是一种由专家管理的集合投资制度,其实质是汇集资金交由专家管理运作,并为投资者赚取投资收益。基金有以下三个特征:

1. 独立性

基金成立后，由基金管理人负责和独立行使投资运作职能。

2. 固定性

基金的投资者和管理人在一定时间内是固定的，固定性使得资金使用的连续性得到保障。

3. 集合性

基金将众多投资者的资金集中起来，委托基金管理人进行共同投资，使中小投资者也能享受到专业化的投资管理服务。

（二）基金的分类

基金根据募集方式的不同，分为公募基金和私募基金两种。公募基金是指向不特定的社会公众投资者公开募集的基金；私募基金则是指以非公开方式发行的，面向少数特定的投资者募集资金而设立的基金。私募基金只能向少数特定的合格投资人以非公开宣传的方式进行募集，它不能像公募基金那样以公开的媒体宣传、研讨会等方式向社会公众募集资金。私募基金与公募基金的区别如表1-1所示。

表 1-1 私募基金与公募基金的区别

对比项目	私募基金	公募基金
募集的对象	少数特定的投资者，包括机构和个人	广大社会公众，即社会不特定的投资者
募集的方式	通过非公开发售的方式募集	通过公开发售的方式募集
信息披露要求	对信息披露的要求较低，具有较强的保密性	对信息披露有非常严格的要求，其投资目标、投资组合等信息都要披露
投资限制	投资限制完全由协议约定	在投资品种、投资比例、投资与基金类型的匹配上有严格的限制
业绩报酬	业绩是报酬的基础，因此会收取业绩报酬，同时收取一定的管理费	业绩仅仅是排名时的荣誉，因此不提取业绩报酬，只收取管理费

私募基金按投资方向的不同，又可分为私募股权投资基金、私募证券投资基金和其他类型的私募投资基金。私募股权投资基金是本书的研究对象。

综上所述，基金的具体分类如图1-1所示。

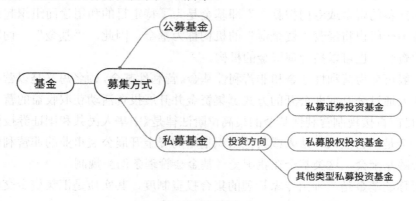

图 1-1 基金的分类

(三) 私募股权投资基金的定义

私募股权投资基金(private equity fund，PE)是以非公开形式向少数机构投资者和个人投资者募集资金，通过对非上市企业进行权益投资并积极管理与退出，以获得资本增值为目的的一种基金。

就其募集方式来讲，私募股权投资基金不允许采用广告媒体、宣传资料、研讨会等公开的方式进行宣传，不能向社会普通大众公开募集资金。

就其投资标的来讲，私募股权投资基金的投资标的一般为非上市企业股权，具有较长的投资周期，因而也具有高风险性，所以它所面向的投资者通常具有较强的风险识别能力和承受能力。一般都是高净值人群或者行业内的专业机构等，具有较为丰富的行业和投资经验。

就其运作模式来讲，私募股权投资基金作为一种投资基金，主要由三个部分组成：基金的投资者、基金的管理者、投资标的。基金的投资者贡献了基金中"资金"的来源，基金的管理人负责基金的投资和管理，而投资标的则是基金的投资对象。私募股权投资基金的投资标的一般是具有高成长性且具有上市潜力的非上市企业，随后基金通过积极的投后管理伴随企业成长，采用上市退出、股权转让、兼并收购、股份回购和企业清算等方式退出并获得超额收益。最终，私募股权投资基金按照约定将获得的收益分配给投资者。私募股权投资基金的基本运作模式如图 1-2 所示。

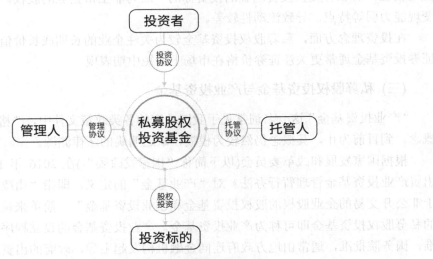

图 1-2　私募股权投资基金的基本运作模式

二、私募股权投资基金相关概念辨析

(一) 私募股权投资基金与创业投资基金

英美等发达国家并未对私募股权投资基金与创业投资基金做出严格区分。但我国创业投资基金不仅在投资方向上与私募股权投资基金有所差异，在监管政策和政策扶持方面也存在区别。中国证券投资基金业协会(以下简称"基金业协会")的备案系统要求私募基金必须就该基金属于"私募股权投资基金"还是"创业投资基金"做出选择,有关税收、发债及国有股转持等政策均存在向创业投资基金倾斜的特点。

一般情况下,创业投资基金主要投资处于种子期、初创期、成长早期的中小型企业。这些企业离上市比较远,投资时间长、不确定性大,因此又称为"风险投资基金"。而私募股权投资基金主要投资于发展已相对稳定、比较成熟的企业,风险相对较小。但在实务中二者并非泾渭分明,经常混用概念,甚至可以将创业投资基金归为私募股权投资基金的一个子类。

(二) 私募股权投资基金与私募证券投资基金

私募证券投资基金是指遵从收益共享、风险共担的原则,通过非公开募集的方式将分散在投资者手中的资金集中起来,委托专业的投资机构进行证券投资管理的投资工具。其主要投向是能够公开交易的有价证券,包括股票、债券、货币、金融衍生工具等。

在投资标的方面,私募证券投资基金的投向主要是公开市场交易的证券,以二级证券市场为主。私募股权投资基金主要投资非上市公司的股权,这是两者最主要的区别。

在资金流动性方面,由于私募证券投资基金投资对象是公开市场交易的证券,其流动性比较强。而私募股权投资基金的投资标的一般为非上市企业的股权,具有投资周期长、变现能力弱等特点,导致流动性较差。

在投资理念方面,私募股权投资基金较为关注企业的长期成长价值。相对而言,私募证券投资基金通常更关注证券价格在市场上的短中期表现。

(三) 私募股权投资基金与产业投资基金

"产业投资基金"这一名词常见于我国政府的各类政策文件中,严格来讲,国外并无此概念。到目前为止,其概念仍然较为模糊,缺乏明确的法律渊源。

根据国家发展和改革委员会(以下简称"国家发改委")在2016年12月发布的《政府出资产业投资基金管理暂行办法》对"产业基金"的定义,即指"由政府出资,主要投资于非公开交易的企业股权的股权投资基金和创业投资基金"。简单来说,有政府出资背景的私募股权投资基金即可称为产业投资基金。产业投资基金的设立程序须由国家发改委核准,国务院批准,通常由地方政府连同金融机构发起主导,政府的出资来源包括财政预算内出资、中央和地方各类专项建设基金和其他财政性资金。

在实务中,我国产业投资基金的资金部分或全部来源于政府,其投资活动的主要目的是辅助政府的相关产业政策,以实现政府的产业规划或意图,是一种混合了市场导向和政府导向的基金运作模式。基于此,可以认为产业投资基金属于私募股权投资基金的一种。

(四) 私募股权投资基金与政府引导基金

政府引导基金是由政府设立并按市场化运作的政策性基金,主要为了克服单纯通过市场配置导致的市场失灵问题，发挥财政资金的杠杆放大效应，增加创业投资资本的供给。通过扶持创业投资基金的发展，鼓励创业投资基金投资处于种子期、起步期等创业早期的企业，引导更多的社会资金进入创业投资领域。因此可以认为政府引导基金是创业投资基金的资金来源之一，在实务中可将其归为私募股权母基金(即以私募股权投资基金为主要投资对象的私募基金)。

第二节　私募股权投资基金的特征、分类与作用

一、私募股权投资基金的特征

私募股权投资基金具有募集资金来源广泛、高风险和高收益并存、透明度较低、一般投资非上市企业、投资期限较长、投后管理工作细致、退出渠道多样化等特征。

1. 募集资金来源广泛

私募股权投资基金的资金来源广泛，如高净值的个人投资者、政府资金、养老基金、保险公司资金等。

2. 高风险和高收益并存

在金融市场上，投资的本质就是风险溢价，风险越高，相应的收益也就越高，而这也正是吸引投资者的地方。股权投资面临的主要风险有：所投企业创业失败、业绩下滑、无法达到预期收益或是所投资金的退出方式及时间不确定等。此外，在重组收购交易中多采取高财务杠杆，也会使私募股权投资基金面临巨大的财务风险。

3. 透明度较低

私募股权投资基金在资金的募集上，主要通过非公开方式面向少数机构投资者或个人募集，其后续投资行为、基金清算等均按照基金管理人和投资者约定的协议进行，具有较强的非公开性和自主性。因此，各国法律和监管部门对私募股权投资基金大都没有严格的信息披露要求，一般均由行业协会制定信息披露的相关指引。在我国，尽管基金业协会对信息披露有一定要求，并且鼓励基金管理人在标准之上进行更多的信息披露，但整体上讲，私募股权投资基金通常只在较长时间间隔基础上披露有限的信息，透明度较低。

4. 一般投资于非上市企业

由于私募股权投资基金的投资者普遍具有较高的收益预期，所以私募股权投资基金大多投资于非上市企业，通过企业的上市行为获取超额收益。

5. 投资期限较长

因为私募股权投资基金主要的投资对象是未上市企业的股权，一般以出售企业股权的方式退出项目，造成整个投资过程时间较长，很多投资至少需要3~5年，甚至更长。国外有的私募股权投资基金的存续期甚至达到12~15年之久。

6. 投后管理工作细致

私募股权投资基金除了对目标企业投入资金外，还帮助目标企业完善公司治理结构，甚至借助自身优势，帮助目标企业整合相关资源，为企业带来各种增值服务，改善目标企业经营与管理现状。

7. 退出渠道多样化

私募股权投资基金作为一种金融资本，并不以控制目标企业为目的，而是以获得资本增值为目的，所以私募股权投资基金一般在投资时已经设计有相应的退出方案。私募股权投资基金的投资退出渠道呈现出多样化的特征，常见的退出渠道有首次公开募股(initial public offering，IPO)、股权转让、兼并收购、标的公司管理层回购等。

二、私募股权投资基金的分类

随着我国经济的快速发展，金融市场与法律体系的不断完善，私募股权投资基金涌现出多元化的发展态势，因此私募股权投资基金的分类比较复杂，根据不同的标准有着不同的分类方法。

(一) 按照被投资企业的发展阶段划分

按照被投资企业的不同发展阶段，可以将私募股权投资基金分为创业投资基金、成长型基金、上市前投资基金、并购基金、重振基金等(见图1-3)。

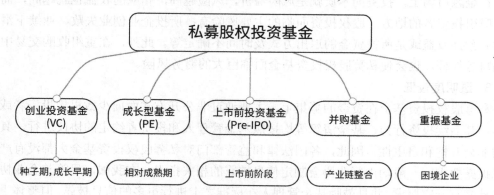

图1-3　私募股权投资基金按被投企业发展阶段分类

1. 创业投资基金

创业投资基金(venture capital，VC)一般的投资对象是种子期和成长早期企业。这些企业具有创新能力强、成长迅速、发展潜力大等特征。其投资对象主要为初创期的中小型高科技企业，此类企业产品不够成熟、行业壁垒弱、发展前景具有较大的不确定性，使得投资风险较高。此外，创业投资基金的投资期限经常贯穿企业的初创期到IPO上市的整个过程，投资回收期一般为5~8年不等，甚至更长。创业投资基金投资者不仅为企业提供资本支持，有时还需提供"融智"服务，以解决企业所面临的技术、管理、市场风险等问题，从而帮助初创型企业快速成长。而由于投资时间早、投资期限长、投资风险高，因此会有一个较高的风险溢价和流动性溢价。一旦投资成功，投资回报一般在几倍到几十倍不等。由于天使投资与创业投资在投资标的发展阶段上并无严格的界线区分，因此在实务中，有时会将天使投资基金归类于创业投资基金。

2. 成长型基金

成长型基金(growth capital)是一种发展资本(development capital)，主要投资于相对成熟、处于成长期和扩张期的企业，以分享企业高速增长带来的高额回报。此类企业几乎都已进入正常的运营阶段并开始迅速扩张，对资金需求量较大。由于投资该类企业面临的风险相对较小，因此相对创业投资基金来讲，其投资回报一般也较小。

3. 上市前投资基金

上市前投资基金(pre-IPO fund)一般投资于发展已经较为成熟的企业。基金在企业的规模水平和盈利指标已经达到可上市状态时进行投资，待企业上市后，在资本市场出售股票以获得相应收益。由于此类基金具有投资风险较小、投资期限短、投资回报较高等特点，一直以来，此类基金在我国私募股权投资基金市场中占有较大比重。

4. 并购基金

并购基金主要指收购资本和兼并资本，在西方国家主要指杠杆收购，其投资对象为扩张期和成熟期的企业。与其他私募股权投资基金不同的是，并购基金收购企业股权的目的主要是获得控股权，进而取得企业的实际控制权。利用基金自身的各种资源优势，对企业进行重组改造、优化企业资产结构和管理结构、整合行业及企业资源，甚至更换管理层，以帮助企业发展。待其大幅增值后，通过股权转让等方式实现投资收益。

5. 重振基金

重振基金(turnaround fund)一般投资于面临财务困难、需要一定资金帮助其摆脱困境的公司。重振基金不仅提供资金，同时还通过参与改善经营管理、提高经营效率、资产重组等手段帮助企业走出困境。但并不是所有面临困境的企业都会受到重振基金的青睐，只有那些发展前景好、有生产能力、有发展潜力的企业才会吸引重振基金的参与。

(二) 按照基金业协会的备案分类标准

根据基金业协会公布的《有关私募投资基金"业务类型/基金类型"和"产品类型"的说明》，与私募投资相关的基金类型包括私募股权投资基金、私募股权投资类 FOF(fund of funds，基金中的基金)基金、创业投资基金、创业投资类 FOF 基金四类。

1. 私募股权投资基金

私募股权投资基金主要投资于非公开交易的企业股权。对应的产品类型为：并购基金、房地产基金、基础设施基金、上市公司定增基金、其他类基金。并购基金指主要对处于重建期企业的存量股权展开收购的私募股权投资基金。房地产基金指从事一级房地产项目开发的私募股权投资基金，包括采用夹层方式进行投资的房地产基金。基础设施基金指投资于基础设施项目的私募股权投资基金，包括采用夹层方式进行投资的基础设施基金。上市公司定增基金指主要投资于上市公司定向增发的私募股权投资基金。

2. 私募股权投资类 FOF 基金

私募股权投资类 FOF 基金指主要投向私募基金、信托计划、券商资管、基金专户等资产管理计划的私募基金。

3. 创业投资基金

创业投资基金,主要投向处于创业各阶段的未上市成长性企业(新三板挂牌企业视为未上市企业)。对于市场所称"成长基金",如果不涉及沪深交易所上市公司定向增发股票投资的,按照创业投资基金备案;如果涉及上市公司定向增发的,按照私募股权投资基金中的上市公司定增基金备案。

4. 创业投资类 FOF 基金

创业投资类 FOF 基金指投向创投类私募股权投资基金、信托计划、券商资管、基金专户等资产管理计划的私募股权投资基金。

三、私募股权投资基金的作用

(一) 优化中小企业融资环境

随着我国经济的快速发展,一些优秀的中小型企业拥有良好的产品和市场,却因资金匮乏难以迅速成长,严重阻碍了企业的发展。这类企业由于资产较少,很难获得商业银行的贷款,面临着"融资难、融资贵"等问题。与银行等金融机构的客户结构和业务方向相比,私募股权投资基金尤其是创业投资基金的投资方向主要是中小微企业和初创企业。一旦发现有潜力的投资机会,就会快速切入,这对改善中小微企业的融资环境、降低中小微企业的融资门槛和融资成本、优化中小微企业的融资结构具有十分重要的现实意义。同时,私募股权投资基金作为投资者,往往与企业有着共同的发展目标,股权投资的模式也大大改善了企业的资产结构,使得企业敢于做一些中期和长期的发展项目,非常有助于企业获得较高的增长业绩和长远的发展。

截至 2018 年年底,在基金业协会备案的私募股权投资基金(含创业投资基金)在投项目中,中小企业项目数量达 4.83 万个,在投本金为 1.50 万亿元;投向处于种子期、起步期的企业项目数量达 3.64 万个,在投本金达 1.73 万亿元。[①]这对于优化中小企业融资环境,推动经济高质量发展具有重要意义。

(二) 助推多层次资本市场的建设

私募股权投资基金是我国多层次资本市场的重要组成部分。2014 年国务院发布的《关于进一步促进资本市场健康发展的若干意见》,确认"培育私募市场"是促进资本市场健康发

---

① 数据来源:根据深圳证券交易所公开数据统计整理

展、健全多层次资本市场体系的重要举措。发展私募股权投资基金不仅可以健全多层次资本市场体系、丰富资本市场交易形态、拓展市场服务范围、增强对新兴产业和中小微企业的服务能力,还能够有效拓宽居民投资渠道、激发民间投资活力、提高社会资金使用效率。

私募股权投资基金发掘高成长小微企业,向企业注入资本、管理、创新活力,协调企业各类股东、管理层、基金投资者之间的利益关系,提升企业运作透明程度和治理规范程度,为资本市场挖掘和输送了大批优质投资标的。自2004年深圳中小板问世至2018年5月,中小板上市企业中有私募创投背景的企业占比达70%。随着上交所科创板的推出,私募股权投资基金将成为连接早期初创阶段高新技术企业和资本市场的重要工具。

此外,私募股权投资基金积极参与上市企业兼并收购与资产重组,为我国高科技上市企业的并购重组提供融资支持。基金业协会备案数据显示,截至2017年年底,我国并购基金共完成投资项目1627件,投资总额超过3048亿元,[①]主要投向的行业包括计算机应用、医疗器械与服务、半导体等。

(三) 促进经济转型升级

科学技术是第一生产力,科学技术推动了工业发展,创造了无与伦比的物质财富,而物质财富的创造离不开科技创新。私募股权投资尤其是创业投资的核心价值在于将技术创新、组织创新与企业家才能相结合,推动创新企业创建和成长,将技术创新成果转化为真实产品和市场。

截至2018年年底,在基金业协会备案的私募股权投资基金(含创业投资基金)投向高新技术企业的项目数量达2.37万个,在投本金达9700亿元。从行业分布看,投向信息技术服务行业的项目有2.15万个,占比29.8%;投向以装备制造为代表的工业资本品项目8359个,占比11.6%;投向医药生物的项目4421个,占比6.1%;投向医疗器械与服务的项目4453个,占比6.2%。私募股权投资尤其是创业投资达到一定规模和深度时,就足以推动新经济成长并淘汰旧经济,促进创新增长良性循环。

(四) 拓宽居民理财渠道

股权投资活动通常存在着严重的信息不对称,该问题贯穿于投资前的项目选择到投资后的监督控制等各个环节。而私募股权投资基金作为专业化的投资中介,能够有效地解决信息不对称引发的逆向选择和道德风险问题。

首先,私募股权投资基金的管理人一般由专业人士组成,相比个人投资者会有更强的投资判断能力,在投资之前会对融资方及融资方所在的行业做充分的尽职调查,投资之后仍会继续监督企业运作,以降低投资风险。因此,作为投融资的中介,私募股权投资基金管理人对于整个基金的运作都有充分的了解,能够有效地解决投资者和融资方的信息不对

---

① 数据来源:中国证券投资基金业协会

称和逆向选择问题，从而更好地保护投资者的利益。其次，因为私募股权投资基金大都采取集合投资的方式，分散投资于处在不同行业、不同规模以及不同时间跨度的公司，所以能够最大化地分散风险。此外，私募股权投资基金相比个人投资者，能更准确地知道企业的优势和潜在的问题，通过提供一系列的管理支持、资源整合服务，最大限度地使企业增值，以提高投资收益。

随着我国金融市场的全面开放和资本市场的不断深化改革，私募股权投资基金作为多层次资本市场的重要组成部分，必将与资本市场共同成长，在服务科技创新和经济高质量可持续发展过程中发挥应有的作用。

第三节 私募股权投资基金的组织形式及比较

私募股权投资基金高风险与高收益并存的特征直接影响了私募股权投资基金组织形式的选择，采用何种组织形式组建私募股权投资基金是当事人之间基于投资的"高风险、高收益"所做出的利益权衡与利益协调。同时，由于投资人是资金的主要提供者和风险的主要承担者，基金组织形式的选择更多是投资人对收益、成本与风险等因素权衡的结果。

目前我国私募股权投资基金采用的组织形式主要包括公司型、有限合伙型、契约型三种。公司型基金基于《中华人民共和国公司法》(以下简称《公司法》)设立，有限合伙型基金基于《中华人民共和国合伙企业法》(以下简称《合伙企业法》)设立，契约型基金基于《中华人民共和国合同法》(以下简称《合同法》)设立，三种形式所受法律规制各不相同。不同的法律规制决定了不同的内部分工协作形态，以及责、权、利的分配机制。

一、公司型私募股权投资基金

公司型私募股权投资基金是指以有限责任公司或股份有限公司的形式，按照《公司法》来组织运作的私募股权投资基金。公司型私募股权投资基金可以自行管理，也可以委托管理。自行管理就是指私募股权投资基金自行设立管理团队，自主运营，自主管理。委托管理则是指基金公司本身不设投资管理团队，而是委托第三方机构作为基金管理人管理运作公司的各项投资事务。

公司型私募股权投资基金的特点如下。

1. 法律制度完善，管理规范

公司型私募股权投资基金依据《公司法》设立，与其相关的配套法规也比较健全。其内部治理机构分为股东会、董事会、监事会，权利分配和制衡机制比较完善，法人治理机制成熟。在自行管理的私募股权投资基金公司中，一般在董事会下设投资决策委员会，其成员由董事会选举产生，任期与董事会相同。投资决策委员会的主要职能就是决定所运转基金的投资目标、投资策略等重大事项，行使投资决策权。

2. 风险隔离

投资人在投资之后即转变为公司股东，只以其出资额为限对公司承担有限责任，所投资产就转变为公司股东的股权和公司法人的财产所有权，私募股权投资基金公司则作为独立的企业法人以其自身的财产对自身债务承担责任。投资人得以有效隔离风险，有利于调动其投资积极性。

3. 投资人退出渠道比较丰富

投资人可以在保持基金公司稳定的前提下通过股权市场转让其所持股权的方式实现退出。国内曾有公司型私募股权投资基金挂牌新三板后，部分股东通过股权转让套现退出的案例。

4. 双重税收的不利因素

根据我国的税收制度，公司型私募股权投资基金公司本身需要缴纳企业所得税，股东个人获得分红后还需缴纳个人所得税，这不符合投资人利益最大化的需求。

公司型私募股权投资基金的最大优点在于法律法规体系健全，治理结构清晰，不易产生纠纷，比较易于管理。但这种制度也存在明显的缺点，主要体现在管理机制太过死板，不够灵活，"三会一层"相互制衡，容易束缚投资决策人员，不易做出最优的投资策略；缺乏对投资决策人员的激励机制，收益分配不灵活，相应的约束机制效率较低；缺乏风险共担的制度安排，投资决策人员存在道德风险。这些缺点导致投资管理效率较低，不利于投资人实现投资收益最大化。

二、契约型私募股权投资基金

契约型私募股权投资基金的本质是依据信托关系而确立的一种信托制度。简单来说，是在《中华人民共和国信托法》(以下简称《信托法》)及《合同法》等相关法律的基础上设立的基金。在2014年以前，业务实践中一直存在着与契约型基金类似的所谓"信托型基金"，主要依据《信托法》设立，资金通过第三方信托公司和信托计划进入被投资的目标公司，基金投资人作为信托受益人，基金管理人充当信托公司的投资顾问。当事人各方以信托合同为业务及法律关系纽带。2014年证监会出台《私募投资基金监督管理暂行办法》，放宽了对私募股权投资基金组织形式的限制，允许投资人、基金管理人与基金托管人通过基金合同的形式直接建立法律关系。契约型私募股权投资基金正式进入资本运作实务的视野。

在契约型私募股权投资基金中，投资人和基金管理人等当事人通过设立一种信托契约(即私募股权投资基金合同)，规定各方的权利和义务，规范和约束当事人行为。信托契约是契约型私募股权投资基金设立和运行的核心，基金的日常管理和运营都由该契约规范。因此，当事人之间是合同关系，不存在法律实体，这也是契约型基金区别公司型及有限合伙型基金的核心所在。由于不存在法律实体，在被投资企业的工商信息登记时基金本身无法登记为股东，只能将基金管理人登记为股东。实际上基金管理人属于股权的代持，真正的股东应为契约型基金。

目前，契约型公募证券基金由《中华人民共和国证券投资基金法》(以下简称《证券投资基金法》)予以规制，其运作及内部组织都有明确的法律依据，但契约型私募股权投资基金的运作及内部组织尚没有明确的法律规制。实践中，契约型私募股权投资基金一般都是参照《证券投资基金法》对公募证券基金的规定设计其内部组织结构，如设立基金份额持有人大会及其日常机构。

基金业协会发布的《私募投资基金合同指引1号》也要求契约型私募股权投资基金设立基金份额持有人大会和日常机构，作为基金管理(对外投资除外)的最高决策机构。尽管基金业协会仅为行业自律组织，其发布的《私募投资基金合同指引1号》的效力层级较低，但全体基金业协会会员必须遵守。按照该指引的规定，契约型私募股权投资基金的份额募集、对外投资、收益分配等工作由基金管理人承担，基金资金的保管及监督等由基金托管人承担，有关延长或缩短基金期限、更换基金管理人、更换基金托管人等的权力则由基金份额持有人大会及其日常机构享有。

契约型私募股权投资基金主要有如下特点。

1. 专业化管理，低成本运作

由于契约型私募股权投资基金依契约法律关系设立，而非法律实体，因而无须注册专门的有限合伙企业或投资公司，运作成本低、灵活性高。投资人(基金份额持有人)只能依据基金合同行使延长或缩短基金期限等有限的基金管理权限，对外投资及收益分配等基金核心事务则由基金管理人依据基金合同行使。简化的治理结构使基金管理人得以灵活地运作基金。

2. 募集对象数量较多

根据相关规定，契约型私募股权投资基金的投资者数量上限是200人，而以有限责任公司或者合伙企业形式设立的私募股权投资基金，投资者人数上限仅为50人。因此，契约型私募股权投资基金募集对象的人数比其他两种形式的私募股权投资基金更有优势，募集难度也大大降低。

3. 基金财产具有独立性

基金财产本质属于信托财产，受到信托财产独立的法律保护。一方面，基金财产是独立于投资人的财产；另一方面，信托财产也是独立于基金管理人的固有财产。基金管理人因依法解散、被依法撤销或者被依法宣告破产等原因进行清算的，基金财产不属于其清算财产。

《私募投资基金合同指引1号》明确要求基金合同中注明"私募投资基金管理人、私募投资基金托管人以其固有财产承担法律责任，其债权人不得对私募投资基金财产行使请求冻结、扣押和其他权利。私募投资基金管理人、私募投资基金托管人因依法解散、被依法撤销或者被依法宣告破产等原因进行清算的，私募投资基金财产不属于其清算财产。债权人对私募投资基金财产主张权利时，私募投资基金管理人、私募投资基金托管人应明确告知私募投资基金财产的独立性"。

4. 决策效率高、退出机制灵活、流动性强

在契约法律关系的框架下，投资者作为受益人把信托财产委托给基金管理人管理后，投资者对财产便丧失了支配权和发言权，信托财产由基金管理人全权负责经营和运作。所以，契约型基金的决策权一般在基金管理人层面，决策效率高。同时，在法律框架内，信托契约可以自由地做出各种约定。契约可以有专门条款约定投资人的灵活退出方式，这是因为在集合信托的不同委托人之间没有可以相互制约的关系，某些委托人做出变动并不会影响契约型私募股权投资基金存续的有效性。

5. 免于双重征税

信托作为一种法律关系，被当作财产流通的管道，因而契约型私募股权投资基金不作为应税实体。只有当基金投资人获取收益分配时，由其自行缴纳个人所得税或企业所得税，从而有效减少了投资人的税收负担。

三、有限合伙型私募股权投资基金

有限合伙型私募股权投资基金是按照《合伙企业法》，由普通合伙人和有限合伙人签订有限合伙协议而共同设立的基金，基金的载体是有限合伙企业。其中，有限合伙人(limited partner，LP)是基金的主要出资人，但不直接参与基金的经营管理，仅以其认缴出资额为限对基金的债务承担责任，并依法享有对合伙企业的财产权。普通合伙人(general partner，GP)对基金出资较少，通常只为基金规模的2%左右。但是作为基金的执行事务合伙人要负责执行基金的事务，对外开展经营活动，同时对基金的债务要承担无限责任。全体合伙人以出资份额为基础并根据有限合伙协议的约定享有收益分配权利。

有限合伙型私募股权投资基金在我国真正繁荣始于2006年，当年《合伙企业法》的修订首次确立了有限合伙企业的法律地位，使国内引入美国流行的有限合伙型私募股权投资基金成为可能。随着税务、资本市场等相关配套措施的进一步完善，以及国内私募股权投资行业对有限合伙型的熟悉和了解程度的加深，越来越多的本土投资基金开始选择有限合伙型这一基金形式。

有限合伙型私募股权投资基金的特点主要有以下几点。

1. 责任形式的二元性

有限合伙型私募股权投资基金的参与者包括普通合伙人和有限合伙人，这与一般的有限责任公司和股份有限公司有着本质不同。投资人作为有限合伙人仅以出资额为限承担有限责任，使投资人将风险控制在可预期范围内。普通合伙人可在较少的出资前提下执行合伙事务，对合伙企业债务承担无限责任。与此对应，有限责任公司、股份有限公司仅以出资额为限承担有限责任，一般合伙企业的全部合伙人以其财产承担无限连带责任。有限合伙型私募股权投资基金的这种有限责任和无限责任的二元架构，满足了各种投资者的风险偏好。

2. 设立简便、管理灵活

这一特点主要由以下四个方面体现：一是有限合伙企业的设立程序比较简单，相关的法律法规并不烦琐；二是治理结构较为简单，因相关法律法规对合伙企业的治理结构并没有强制性规定，合伙人之间具有较大的自由空间来约定权利、义务等内容；三是退出机制较为便捷，合伙人有多种退出途径，如约定退伙、自愿退伙、通知退伙、当然退伙、开除退伙、解散清算等，避开了公司的"资本维持"原则，投资者资金的进入更加灵活便捷，便于投资者控制风险，调整投资策略；四是投资决策程序较为便捷，其投资决策主要由投资决策委员会执行，相较于董事会的议事规则，其决策程序较为简便，决策效率更高，成本更低。

3. 优良的激励约束机制

通常，在有限合伙型私募股权投资基金中，有限合伙人的出资比例为98%~99%，普通合伙人出资1%~2%。但在收益分配时，普通合伙人甚至可以获得20%的收益，这一放大的杠杆效应产生了强烈的激励作用。另外，在对基金的债务承担无限责任以及维护自身声誉的压力之下，基金管理人能够产生强大的内在约束和驱动力。这种模式下，有限合伙人和普通合伙人的利益趋同，有效减少了委托代理的道德风险。有限合伙型私募股权投资基金有效解决了投资人和管理人之间的激励与约束的问题，是目前国际上最为流行的私募治理结构方式。

4. 单层税收制

根据《合伙企业法》相关规定，有限合伙企业实行单层税收制，即采用"先分后税"的方式，按照各自适用的税率去缴纳个人所得税。这种税制可以明显降低投资人的税收负担，有效避免双重纳税，降低运营成本。

有限合伙型私募股权投资基金上述每一个特点本身就是其优点所在，上述特点的结合更是形成了有限合伙型基金的核心优势。二元性的责任承担机制为资本与投资能力的结合提供了机会；管理的灵活性为基金管理人的高效工作提供了制度保障；优良的激励约束机制有力地削减了委托代理成本；单层税收制有效降低了投资者的税收压力。正是因为有限合伙型这些优点的有机结合，最终推动其成为主流的股权投资基金组织形式。

因此，在本书接下来的章节中，将以有限合伙型为主对私募股权投资基金进行介绍。

第四节 私募股权投资基金在中国的发展概况

一、私募股权投资基金的起源与发展历程

私募股权投资基金是一种通过非公开方式面向社会特定投资者募集资金并以基金方式运作的集合投资制度。作为社会化大生产发展到一定程度后的必然产物，私募股权投资基

金不断发展壮大，并仍然有着广阔的发展空间。

纵观国际私募股权投资基金的发展历程，美国是最早开展私募股权投资基金投资的国家。到目前为止，其规模最大，发展也最成熟。根据美国投资公司协会(ICI)的数据显示，截止到2016年年底，美国注册的投资公司管理的基金资产总额达19.2万亿美元，其背后代表着超过9500万名投资者的利益，大约管理了全美22%的家庭金融资产。

私募股权投资最早起源于19世纪末的美国。当时并没有专门的投资管理机构，主要是一些富有的私人银行家通过律师、会计师的介绍和安排而进行的投资，主要投向风险比较大的石油、钢铁、铁路等新兴产业。尽管没有专业的管理机构，但仍出现了许多"大手笔"的投资，如1901年摩根以4800万美元的价格从安德鲁·卡内基和亨利·菲普手中收购卡内基钢铁公司。

20世纪初期，美国出现了私募股权投资基金的雏形，主要是部分富有的家庭和个人投资者为一些企业提供创业资金。而现代意义上的私募股权投资基金出现于第二次世界大战以后，那个时期美国出现了大量中小型企业，其中许多企业拥有好的项目却由于得不到足够的资金支持而"夭折"。1946年，第一家私募股权投资基金——美国研究与发展公司(ARD)正式成立，主要目的就是扶持这些中小企业。此后，私募股权投资基金由产生到空前繁荣，主要经历了以下四个阶段。

1. 萌芽期(1946—1980年)

这一时期行业刚刚起步，市场还未广泛关注到私募股权投资基金。通常只有少量的私人资产或小型企业与私募接触的案例，但金融史上最为成功的两家私募投资机构(红杉资本和KKR集团)就诞生于这一时期。1972年，唐·瓦伦丁(Don Valentine)在硅谷创立红杉资本。截至目前，红杉资本的投资案例包含苹果(Apple)、谷歌(Google)、甲骨文(Oracle)、雅虎(Yahoo！)、领英(Linkedin)等诸多知名公司。在中国，红杉资本也投资了阿里巴巴、新浪网、豆瓣网、唯品会、京东商城等在国内具有巨大影响力的公司。1976年，一些独具慧眼的企业家成立了KKR集团(Kohlberg Kravis Roberts & Co. L.P.)，中文译名为"科尔伯格·克拉维斯"。如今它已经是老牌的杠杆收购之王，也是全球历史最悠久、经验最为丰富的私募投资机构之一，投资了很多企业并成功退出，获得了巨额的投资回报。

2. 起步期(20世纪80年代初—20世纪90年代初)

推动私募股权投资基金进入这一轮发展浪潮的原因有两个：一是养老基金被允许投资私募股权投资基金，养老基金开始逐步取代个人和家庭投资人，为私募股权投资基金提供了大量长期稳定的资本金，至此金融机构也开始大举进入私募股权投资基金行业。例如，老牌投资银行高盛抓住机会大力发展兼并收购业务，1980年其并购部门的收入大约为9000万美元，到了1989年，并购部门的年收入已达到3.5亿美元。二是大量以垃圾债券为资金杠杆的收购行为也推动了私募股权投资基金行业的快速发展。很多家喻户晓的私募股权投资基金巨头也在该时期成立，如贝恩资本(1984年成立)、黑石集团(1985年成立)、凯雷资本(1987年成立)等。

3. 调整期(1992—2002年)

因为全球经济进入一个新的周期，经济发生衰退，同时如储蓄和贷款危机、资本市场内幕交易丑闻、房地产业危机、互联网行业泡沫破裂等事件频现，对私募股权投资基金行业的发展造成了巨大冲击。但是行业由于受到严格的监管，逐渐规范化，出现了更多专业化的私募投资机构。

4. 繁荣期(2003年至今)

由于全球经济进入新的快速发展周期，互联网行业在泡沫破裂后重新进入增长期，全球资本成本持续保持低位，使得私募股权投资基金投资活动空前繁荣，投资交易规模和金额也屡创新高，行业发展进入了空前的繁荣期。私募股权投资基金在一定程度上促进了中小企业发展，推动了科技的不断创新，对经济的发展具有很大的推动作用。迄今为止，全球已有数万家私募股权投资公司，黑石集团、KKR、凯雷、华平、橡树、3i、德州太平洋集团(TPG)、高盛、美林等机构因规模大、投资成功案例多，成为私募行业里的明星企业，在私募股权投资基金市场占据重要的位置。

整体来讲，私募股权投资基金行业经过数十年的发展和演变，在经营模式和规模方面已经有了质的飞跃。私募股权投资基金的规模越来越大，投资领域越来越广，资金来源、参与机构越来越多样化，逐渐成为仅次于银行贷款和上市的重要融资手段。私募股权投资基金行业不再是原来由少数投资专家或者金融家参与的小众行业，而是已经成长为可以和银行业、保险业等金融行业相比肩的独立行业。

二、外资私募股权投资基金在中国的发展

20世纪90年代初，外资私募股权投资基金开始进入我国。一方面在于外国私募机构开始全球扩张，寻找更具成长性的投资标的，另一方面也是我国改革开放和培育资本市场的需要。从1993年第一只外资创投基金进入我国至今，其发展轨迹可以分为探索阶段、扩张阶段、调控阶段和后危机发展阶段。

1. 探索阶段(1993—1999年)

20世纪90年代初期，在国际上以美国为首的发达国家正在进行以计算机及信息技术革命为主的第三次工业革命，互联网及相关高新技术产业的发展突飞猛进。很多投资机构通过投资相关企业获取了巨额回报，创造了一个又一个的投资神话，进而刺激了这些机构在全球扩张的热情。当时受益于改革开放的进一步深入，中国经济不断向市场经济靠拢，加上政府对高新技术产业的扶持，中国经济取得了高速的发展，诸多产业中蕴含着巨大的投资机会。外资私募股权投资基金敏锐地觉察到中国巨大的发展潜力和市场机会，不约而至地形成了一阵"投资中国热"。1993年6月，美国国际数据集团(IDG)下属的太平洋风险投资基金与上海市科学技术委员会联合创立了第一家中美合资的风险投资基金——太平洋技术风险投资(中国)基金(PTV-China)。同年11月，该公司又与北京优联科技发展公司共同创办了北京太平洋优联风险技术创业有限公司。

随着外资私募股权投资基金的不断进入，国内对于股权投资的认知也不断提升，重视程度不断加强，我国相继出台了一些法律法规以规范外资私募股权投资基金在国内的发展。其中，1995年9月6日国务院发布了《设立境外中国产业投资基金管理办法》(已废止)，该办法主要内容是对境内非金融机构的中资单位，在境外注册、募集资金，投资于中国境内产业项目的投资基金实施规范管理。《设立境外中国产业投资基金管理办法》的出台在一定程度上表明中国当时对股权投资的态度，给犹豫不决的外资私募提供了一个明确的信号，增强了他们参与中国市场的信心。

在此期间，美国的安泰保险与中国银行共同出资4100万美元，合作成立了"中安基金"，并委托汉鼎亚太管理。随后华平创投、霸菱投资、新加坡政府投资公司、华登国际等股权投资机构也先后进入中国市场。这一时期最为成功的投资案例是华登国际投资四通利方(新浪网前身)。1997年9月，华登国际投资集团投资四通利方，帮助新浪网度过低谷期后推动其成功在美国上市，华登国际因此获得巨额回报。这使得本来就是亚太地区最大股权基金之一的华登国际名声大振，同时也刺激了其他外资私募股权投资基金积极地进入我国市场。

虽然当时我国在股权投资方面的制度不够完善，法律措施不够健全，但外资私募股权投资基金还是勇于尝试，创造了一个又一个的投资案例。但由于缺乏制度保障以及金融市场的不成熟，投资机构很难找到好项目，投资后的退出也比较困难，导致很多外资私募股权投资基金在初进中国时以失败告终。这一时期外资私募股权投资基金的投资领域主要集中在软件、通信、IT互联网等新兴行业。由于处于进入中国市场初期的摸索阶段，他们的投资规模一般比较小，有的甚至只有几十万美元。

2. 扩张阶段(2000—2005年)

2000年以后，由于通信信息等新技术对经济的刺激作用不断减弱，以美国为代表的西方发达国家的经济发展告别高速增长，陷入疲软。为刺激经济增长，美联储连续降息，带来的负面影响导致美元流动性过剩且资产价格不断攀升，资本逐利性迫使海外私募股权机构寻找更好的投资机会。当时中国经济在政府的积极调控下仍旧保持快速增长，GDP增速常年保持在8%以上，相较于已进入衰退期的欧美发达国家和日本等国家来说，中国一跃成为世界经济的亮点。中国加入世界贸易组织，进一步鼓励了外资投资机构的在华投资。此后各路海外私募机构纷纷进入中国开展创业风险投资或者股权投资，外资机构在中国的投资活动在2002年左右达到了第一个高潮。

为加快建设资本市场，中国积极推进金融业对外开放的程度，完善证券市场制度和IPO发审及监管规则，推进股权分置改革，逐渐成熟的资本市场为外资私募股权机构进入我国提供了良好的发展基础。同时中国为培育更健康的资本市场，不断完善法律法规体系，先后出台和修订了《中华人民共和国信托法》、《公司法》、《中华人民共和国证券法》(以下简称《证券法》)、《合伙企业法》、《外商投资项目核准暂行管理办法》、《外商投资创业投资企业管理办法》等法律法规，消除了外资私募股权投资基金设立和运作的法律障碍。

这一时期，外资私募股权机构因其在募集、投资、管理、退出方面有着比较丰富的经验，一度成为我国股权投资市场的领导力量。相比上一阶段，外资私募股权机构在管理资本和投资金额上不断增加，投资行业范围不断变宽，投资地区不断变广，投资阶段不断延伸。在投资领域上，随着对我国经济结构的深入了解以及我国投资行业的加快开放，外资私募已不再集中投资通信和互联网领域，逐渐进入了房地产、金融、传媒、生物医药、新能源等多个行业。在投资地区方面，也由起初集中在北京、上海、深圳等一线城市转向在全国范围内寻找投资项目。在初步探索阶段，外资私募机构几乎只进行风险投资，主要投资那些处于初创期的企业。在这一阶段，外资私募机构开始尝试投资已经产业化的企业，并逐步开展兼并重组项目。例如，新桥集团收购深圳发展银行股权，美国华平联合中信资本控股哈药集团，高盛投资双汇、雨润，KKR投资平安、蒙牛、南孚等。

在国内外投资环境的双重推动下，外资私募股权投资基金进入了一个快速发展阶段。这一时期，外资投资机构的数量和管理资本规模有了空前的增长，但这种增长缺乏有效的监管和指导，也隐含着一定的系统风险。

3. 调控阶段(2006—2009年)

经历了5年蓬勃发展之后，外资私募机构在中国的资本市场上取得了重大成功，分享了中国经济高速增长的成果，但也产生了一些问题。于是中国开始加强对外资私募股权投资基金的监管。从2006年6月30日开始，陆续出台了《外国投资者对上市公司战略投资者管理办法》《关于外国投资者并购境内企业的规定》《外商投资产业指导目录》《国家外汇管理局关于境内居民通过境外特殊项目的公司境外融资及返程投资外汇管理有关问题的通知》等办法和规定，在审批、行业准入、外汇兑换等方面对外资私募机构的发展在一定程度上产生了抑制作用。

除了国家政策的抑制作用外，国际金融危机以及我国本土私募股权投资基金的崛起也阻碍了外资私募股权投资基金的发展。2008年，美国的次贷危机严重影响了世界经济的发展，西方政府开始实行紧缩的货币政策，直接导致外资私募股权机构募集资金非常困难。同时，金融危机也使很多外资私募机构遭到重创，制约了其扩张行为。

这些内外部因素直接导致了外资私募机构在我国的投资下滑，这一时期外资投资成功的案例很少，严重打击了外资私募股权投资的积极性。清科研究的统计表明，2006—2009年，外资创投和股权投资的境内复合增长率为-28.2%。总的来说，这一时期内外部环境的变化使得外资私募股权投资基金在中国的投资开始萎缩，进入调整期。

4. 后危机发展阶段(2009年至今)

在金融危机的负面影响和中国监管力度不断加强的双重压力下，外资私募股权投资基金面临战略转型，以寻求更多的资金募集渠道和退出渠道。例如，有的外资私募投资机构开始尝试设立人民币基金。2009年，人民币基金规模开始扩大，占据主要地位，外币基金的发展有所放缓，国务院常务会议提出要清理审批事项、缩小审批范围、简化外资本金结汇手续等一系列政策，释放出对外资私募股权投资基金管制松动的信号。

随着中国经济的进一步发展、资本市场的进一步完善、金融行业的持续扩大对外开放，外资私募股权投资基金在中国仍然有着巨大的发展空间。

三、本土私募股权投资基金的发展

与国外相比，我国私募股权投资基金的发展历史相对较短，最初的股权投资是以风险投资为主发展起来的。从20世纪80年代开始，经历了1985—2004年的探索和起步阶段，2005—2012年的快速发展阶段和2013年至今的统一监管下的规范发展阶段。经过三十余年的发展，我国私募股权投资基金行业从无到有，从无序到规范，总体体量从小到大，已经成为我国资本市场的重要组成部分，对经济发展产生了巨大的影响。

1. 探索和起步阶段(1985—2004年)

我国对股权投资的探索始于科技体制改革。随着改革开放持续推进和经济快速发展，原有的科技发展体系已无法与当时的经济发展相协调。科技成果难以运用到社会中产生经济效益，很多科研机构缺乏主动性和积极性，严重制约了我国科技兴国的目标。为了推动经济体制改革和科技成果产业化，我国先后出台了一系列政策。

1985年3月，中共中央做出了《关于科学技术体制改革的决定》。文件提出"科学技术面向经济建设，经济建设依靠科学技术"的指导思想，同时要求"对于变化迅速、风险较大的高技术开发工作，可以设立创业投资给以支持"。这一决定客观上促进了我国高新技术产业创业投资的发展。同年9月，以国家科委(现科技部)、财政部和中国银行为依托，国务院正式批准成立了中国第一家风险投资机构——中国新技术创业投资公司，这标志着我国股权投资行业大幕正式开启。

1991年，国务院在《国家高新技术产业开发区若干政策的暂行规定》中提出，"有关部门可以在高新技术开发区建立风险投资基金，用于风险较大的高新技术产业开发，条件成熟的高新技术可以创办风险投资公司"。在这样的背景下，中国创业投资开始起步，主要特征是以政府为主导直接建立创业投资机构，带动更多的社会资本进入风险投资领域。此后一段时间，广东省、山西省、浙江省、北京市、上海市相继成立了各类由政府机构主导的科技风险开发事业中心或科技创业投资公司。具有代表性的机构包括中国科招高新技术有限公司、江苏高新技术风险投资公司、广州技术创业有限公司等风险投资公司，各级政府成为风险投资的主要推动力量。

1996年5月，《中华人民共和国促进科技成果转化法》颁布。该法明确规定："国家鼓励设立科技发展成果转化基金或者风险基金，其资金来源由国家、地方、企业、事业单位以及其他组织或者个人提供，用于支持高投入、高风险、高产出的科技成果转化，加速重大科技成果的专业化。"这是我国第一次把风险投资政策写入法律，为创业投资基金的发展提供了法律保障和政策支持，对中国风险投资事业的发展起到了探索作用。

1998年3月，民建中央提交了《关于尽快发展我国风险投资事业的提案》，这就是被认为引发了一场高科技产业新高潮的"一号提案"。同年8月，中共中央、国务院专门召开全国技术创新大会,做出了关于加强技术创新、发展高科技、实现产业化的决定。随后,在中央政策的激励下,上海、北京、深圳等地相继成立了多个政府背景的创业投资公司,许多民营企业也开始涉足创业投资领域。

2000年出台的《关于建立风险投资机制的若干意见》,是我国制定的第一个有关风险投资发展的战略性、纲领性文件,为风险投资机制确立了相关的原则。

2000—2002年之间,出于政策的鼓励态度以及对创业板推出的期待,创业投资机构纷纷设立,各地政府相继出资或与大型国有企业共同出资设立专业创业投资机构,民营创投机构也开始陆续入场。中国的创业投资事业在投资机构总数、风险资本总额、投资项目数量上有了明显提升。

2002年开始,由于创业板市场未能如期推出、A股市场开始从高位跌落、股权分置等制度性缺陷未能解决,中国风险投资行业遭受了一系列严重打击,陷入低迷,进入痛苦的调整期。据《中国创业投资发展报告2003》《中国创业投资发展报告2004》显示,创业投资机构的数量和创业资本的增速自2001年达到顶峰后呈现下降趋势,总量绝对值在2003年降幅分别达21.3%和13.9%。

整体来讲,从20世纪80年代到2004年的这20多年里,由于相关主体欠缺风险投资发展理念、市场环境发展不完善等诸多原因,以创业投资为主的股权投资基金并未真正发展壮大,在我国经济发展中所起到的作用也非常有限。

2. 快速发展阶段(2005—2012年)

一方面,2005年以后,深圳中小企业板和创业板的推出为股权投资在国内资本市场提供了更多的退出渠道。另一方面,为完善资本环境,我国政府出台了一系列相关的政策和法律。2005年前后,我国先后对《公司法》《证券法》进行了修订,对规范股权投资发展有重要意义。加上股权分置改革的完成,我国出现了非常利于股权投资发展的制度创新和外部环境,股权投资在经历了两年的痛苦调整后迎来快速发展阶段。

2006年年初,《国家中长期科学和技术发展规划纲要(2006—2020年)》及配套政策中明确把发展中国风险投资业作为自主创新的最重要政策工具之一,同时大力鼓励金融机构、企业和私人参与创业风险投资基金的设立和管理。上述政策的发布,加之2006年5月国内证券市场全面恢复融资,国内风险投资发展进一步向好。

2006年3月,中央十部委联合制定的《创业投资企业管理暂行办法》正式施行,中国本土私募股权投资基金开始进入快速发展阶段。2006年12月,国务院特批的中国首只私募股权性质的人民币产业基金——渤海产业基金在天津发起设立,基金总规模达200亿元人民币,具有中国特色的产业投资基金正式亮相。2007年,第二批总规模560亿元人民币的5只产业基金获准筹备设立,同一时期,政府引导基金也纷纷在各地设立,股权投资得到地方政府的重视。2007年6月,新修订的《合伙企业法》正式施行,有限合伙型企业正式以法律形式被确认。这一重大政策支持使得私募股权投资基金迎来了爆发式的增长,很快就形成了"全民PE"的局面,第一批有限合伙型人民币基金随后成立。2006—2008年,中国境内 PE/VC 基金的募资额和投资额迅猛增长。

2009—2012 年间，政府投资基金也迎来了全面发展阶段。《科技型中小企业创业投资引导基金管理暂行办法》《关于创业投资引导基金规范设立与运作的指导意见》以及《新兴产业创投计划参股创业投资基金管理暂行办法》这三个文件的陆续颁布，为引导基金的设立和运行提供了实质性的法律法规指导。各地政府对此迅速做出了反应和对策，不但很快设立了一批地方引导基金，还相应地制定了一系列地方实施办法，政府引导基金进入一个繁荣时期。

在政府积极引导、"牛市"推动和资本市场不断完善的情况下，此时的我国私募股权投资基金进入了快速发展时期，基金的规模和数量呈现强劲的增长。

3. 统一监管下的规范发展阶段(2013 年至今)

2012 年 12 月 28 日，全国人民代表大会通过新修订的《证券投资基金法》，增加"非公开募集基金"章节，对私募股权投资基金做出相关规定，意味着私募股权投资基金的法律地位得以确立，正式被纳入监管。

2013 年 6 月 30 日，中央编办下发《关于私募股权投资基金管理职责分工的通知》，明确由证监会负责股权投资基金行业的监督管理，国家发改委负责组织拟定行业发展政策措施。此后私募股权投资基金的具体监管工作由发改委转移至证监会。证监会积极探索适应私募股权投资基金发展的工作思路，确定了监督与自律并重的监管理念。其根本宗旨是：坚持适度监管，维护私募市场活力，坚持服务实体经济，促进私募股权投资基金行业规范健康发展。

随后，证监会及其委托开展行业自律管理的基金业协会开展了系统的监管规章制度制定工作，陆续发布了数十份行业规范性文件，全面覆盖了私募股权投资基金及管理人的登记备案、私募股权投资基金的募集行为、投资顾问业务、信息披露、内部控制、合同指引、托管业务、外包业务及从业人员管理等多个方面，初步形成了监管自律规范体系，为全面提升基金管理机构的管理水平和人员素质提供了制度保障。

2016 年，证监会和基金业协会几乎每个月都会出台新的法规或规定，规则制定速度和规模可谓空前。在高压监管下，私募机构备案门槛全面抬高，大批空壳私募被清理，非法失联私募机构一一被列入黑名单，鱼龙混杂的私募股权投资基金业已发生巨变，私募股权投资基金管理人经历了大浪淘沙般的洗牌，行业发展越发规范。

尽管监管越来越严格，但规范的运营模式促进了行业的发展。近年来，我国私募股权投资基金的规模一直保持稳步增长态势。随着科创板的推出和注册制的逐步落地，预计中国私募股权投资基金将再一次迎来爆发性的发展。

四、我国私募股权投资基金行业的发展趋势

(一) 我国私募股权投资基金行业发展中存在的问题

尽管我国私募股权投资基金行业的发展取得了重要成就，但随着行业的进一步发展，无论是在基金设立和运行、业务模式探索和创新，还是在规范管理、完善有利于行业健康

发展的法律政策环境等方面，私募股权投资基金行业都将面临更多的课题和挑战。

1. 小、散、弱

即私募股权投资基金管理机构规模小、数量多、专业性不强。截至2019年年初，在基金业协会登记的私募基金管理人2.44万家，备案私募基金7.46万只，管理资产规模达到12.8万亿元。其中，证券类私募基金管理人8787家，管理规模在5亿元以下的机构占比达93.4%，单个管理人平均管理规模2.46亿元。私募股权投资基金、创业投资基金管理人共14 377家，管理规模在5亿元以下的机构占比达82.1%，单个管理人平均管理规模6.06亿元[①]。由于大部分机构规模较小、专业化程度较低，带来了诸多行业乱象，如有些机构股权架构复杂，存在交叉持股、多层嵌套；有些机构出于规模扩张或内部管理需要，登记多家同类私募股权投资基金管理人；有些机构虚假出资或抽逃资本，扰乱行业秩序；有些机构股权代持，规避重大关联交易披露，导致利益冲突和利益输送；有些机构存在非法募资现象等。

2. 短、平、快

即资金来源和投资行为短期化，追求快速回报。从资金来源看，我国私募股权投资基金与创业投资基金的资金来源多样，长期资金占比较低。养老金、保险资金、社会公益基金等真正的长期资金合计占比仅为3.1%。而在美国等成熟市场，各级养老金计划在私募股权投资基金中的出资占比高达32.7%，[②]构成了私募股权投资基金最重要、最稳定的资金来源。从被投资项目所处阶段来看，我国私募股权投资基金更倾向于投资变现快的应用层项目，对基础层和技术层投资很少。实践中，有许多私募股权投资基金将产品的可落地性与明确的市场化场景作为筛选项目的重要指标。

3. 募、投、退不通畅

私募股权投资基金行业多样性不够，募资难、投资难、退出难等问题时有发生。一是资金募集困难，存在以个人资金为主、机构资金为辅，短期资金为主、长期资金为辅的弊端，造成行业短期化投资行为，影响资本市场和资产定价的稳定。二是私募股权投资基金退出困难，渠道少、退出机制不完善，无法形成退出与再投资的良性循环，而且私募股权投资基金重点布局的中小企业、科技创新类企业更是面临IPO退出障碍。三是税收制度尚不完善，在落地实践中存在政策不明确、执行困难等问题，不利于发挥税收的正向调节作用，不利于长期资本形成。四是社会对私募股权投资基金的认知度较低，对私募股权投资基金的重要作用认识不足。受打着私募股权投资基金旗号进行非法集资，以及P2P风险事件的负面影响，私募行业遭遇诸多误解，影响了私募股权投资基金行业的有序发展。五是顶层制度设计欠缺，对基金定义缺少合理共识，虽然《证券投资基金法》为统一规范契约

---

① 数据来源：阎庆民. 完善私募基金治理 推动经济转型升级. 中国私募基金行业高峰论坛，南京，2019.
② 数据来源：阎庆民. 完善私募基金治理 推动经济转型升级. 中国私募基金行业高峰论坛，南京，2019.

型、合伙型、公司型基金提供了法理依据，但实践中，市场、监管各方对私募股权投资基金认识不够统一，导致在监管、自律等方面针对私募股权投资基金制定的规则缺少内在的一致性，在有些方面不符合私募股权投资基金的本质要求。

(二) 我国私募股权投资基金行业发展的方向

1. 加强专业化投资管理能力建设

尽管我国私募股权投资基金总体上还存在"小、散、弱"等不足，但有一部分私募机构已经走到专业化的路口。依赖关系融资和资源整合盈利的市场机构将不适应经济转型和创新发展的要求。私募股权投资基金必须更加专注于长周期投资研发和投后管理能力建设，不断完善内部治理，优化组织架构、绩效考核、人才管理、风险控制，保持高效的决策和组织运作机制。只有坚持专业化发展，才能持续提升机构声誉、提升募资能力、吸引基石投资人、改善募资结构、形成"募、投、管、退"的良性循环。

2. 加强行业治理体系建设

在《证券投资基金法》框架下完善行政监管底线标准，提高登记备案透明度，为市场提供清晰的展业标准。在此基础上，探索构建"自律、行政、司法"相互协调、相互补充的现代治理体系；推动证监会私募股权投资基金监管信息和地方政府相关信息互联互通，基金业协会与地方行业协会分工合作，完善中央—地方两级风险处置与协作机制；推动行业自律、行政监管与司法有效衔接，在风险监测、行刑衔接、查处违规违法犯罪等方面形成处置合力。

3. 加强长期资本制度建设

从美国的经验看，养老金、主权财富基金、捐助基金、家族信托、保险公司、银行等成熟的机构投资者是私募股权投资基金的出资主体，为私募股权投资的长周期运作提供了坚实的基础。这种资金的来源和长周期运作离不开成熟的养老金投资体系、发达的基金会与家族信托，以及对长期投资有激励作用的税收优惠和递延制度。就我国而言，应当推动资金转化为长期资本，既要借鉴西方好的经验，更要把中国的特色、中国的国情结合起来。只有建立有利于资金长周期运作的激励制度，才能从根源上改善投资基金的跨周期投资和逆周期监管的能力，解决跨市场、跨行业、跨周期发展问题。

本 章 小 结

私募股权投资基金是以非公开的形式向少数机构投资者和个人投资者募集资金，通过对非上市企业进行权益投资并积极管理与退出以获得资本增值为目的一种基金。私募股权投资基金的投资标的一般是具有高成长性且具有上市潜力的非上市企业，通过积极的投后管理等到这些企业上市后，私募股权投资基金可以通过管理层回购、转让股票、并购转让等方式退出并获得超额回报。私募股权投资基金作为一种投资基金，同公募基金一样，主要由三个部分组成：基金的投资者、基金的管理者、投资标的。

私募股权投资基金的分类比较复杂。根据私募股权投资进入企业的阶段不同，可以将私募股权投资基金分为创业投资基金、成长型基金、并购重组基金、重振基金等；根据基金业协会的分类说明，可以分为私募股权投资基金、私募股权投资类FOF基金、创业投资基金、创业投资类FOF基金四类；根据组织形式划分，目前我国私募股权投资基金可分为公司型基金、有限合伙型基金、契约型基金。

私募股权投资基金具有募集资金来源广泛、高风险和高收益、透明度较低、一般投资非上市企业、投资期限较长、积极的投后管理、退出渠道多样化等特征。

私募股权投资基金最早起源于19世纪末的美国，由雏形到规模发展主要经历了四个阶段，包括萌芽期、起步期、调整期、繁荣期。我国私募股权投资基金的发展历史相对较短，最初的股权投资是以风险投资为主发展起来的。从20世纪80年代开始，经历了1985—2004年的探索和起步阶段，2005—2012年的快速发展阶段和2013年到现在的统一监管下的规范发展阶段。经过三十余年的发展，我国私募股权投资基金行业从无到有，总体体量从小到大，已经成为我国资本市场的重要组成部分，对经济发展产生了巨大的影响。

复习思考题

1. 私募股权投资基金的分类有哪些？
2. 简述契约型、公司型、有限合伙型私募股权投资基金的不同之处。
3. 简述私募股权投资基金在国内外的发展历程。
4. 结合实际，简述私募股权投资基金的发展现状及未来发展趋势。

第二章

私募股权投资基金管理人

学习提示

本章主要阐述了基金管理人的成立流程、组织架构及其配套制度；介绍了基金管理人登记备案的原则、要求、内容和流程，并提供了《私募股权投资基金管理人登记法律意见书》范本。

第一节 私募股权投资基金管理人概述

基金管理人是基金产品的募集者和管理者，其主要职责就是凭借专业的知识与经验，按照基金合同约定，负责基金资产的投资运作，在有效控制风险的基础上为基金投资者争取最大的投资收益。私募股权投资基金管理人作为基金的管理者，与托管机构、基金销售机构、律师事务所、会计师事务所等中介机构一起构成了私募股权投资基金的参与者。

私募股权投资基金管理人的盈利模式是以非公开方式向特定的投资者募集资金，投资于非上市公司的股权或者流动性较高的金融产品，通过运作使其增值后，将其出售并获得收益。私募股权投资基金管理人的收入来源主要包括三类：管理费收入、投资收益或跟投收益、超额收益分成。支出主要包括私募股权投资基金管理人的日常运营费用及税收。

不同类型基金的基金管理人在基金运作中发挥的作用有所差异。图 2-1 以有限合伙型私募股权投资基金为例，对基金管理人在基金运作中的作用进行介绍，同时也可以使读者对私募股权投资基金的运作流程有一个初步认识。

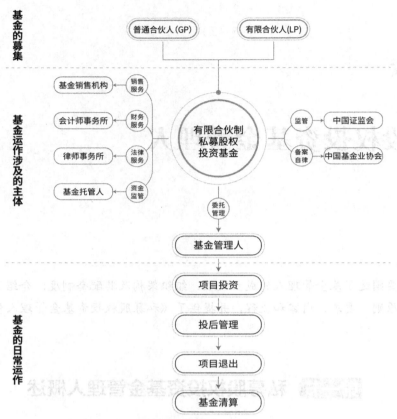

图 2-1 私募股权投资基金运作流程

图 2-1 所示的私募股权投资基金运作流程图可以划分为三部分。第一部分主要是基金的募集；第二部分包含基金日常运作涉及的主体；第三部分包含基金的投资、投后管理、退出、清算等。第一部分和第三部分构成了基金的运作流程。由图 2-1 也可以看出，私募股权投资基金管理人在整个基金运作中处于核心地位，其募集能力、项目筛选及投资能力、投后管理能力、退出时机及方案设计能力等直接关系着基金运作的成败，可以说是一只基金的"灵魂"。

在私募股权投资基金的具体运作中，其流程大致可以分为"募、投、管、退"四个环节。通常先由基金管理人负责募集资金并设立基金，然后由基金管理人主动寻找项目信息或者获取企业的商业计划书，并通过尽职调查等手段了解和判断项目是否具有投资价值。如果具有投资价值，就与项目方展开关于投资条款的谈判，双方达成一致意见后进行资金注入，至此投资活动完成。下一步进入投后管理阶段，此时主要由基金管理人对企业进行风险监控和提供增值服务。待时机成熟后，由基金管理人设计合适的项目退出方案，获得回报后根据基金合同约定，将款项分配给投资者等主体并完成基金的清算工作。

以上就是一只私募股权投资基金完整的运作流程。

另外，从图 2-1 可以看出，私募股权投资基金运作过程中的参与主体包括私募股权投资基金的投资者、私募股权投资基金管理人、私募股权投资基金的服务机构。

私募股权投资基金的资金来源是多元的，如自然人、工商企业、保险公司、信托公司、银行、社保基金、企业年金等。一般情况下，根据投资者主体性质不同，国内私募股权投资基金的资金来源大体可归纳为三类：个人投资者、机构投资者、母基金(含政府引导基金)。私募股权投资基金管理人在基金运作中处于核心地位，是基金产品的募集者和管理者，并负责基金资产的投资运作。私募股权投资基金的服务机构是面向投资基金提供各类服务的机构，主要包括基金托管机构、基金销售机构、律师事务所和会计师事务所等。

除基金合同另有规定外，私募股权投资基金应当由基金托管机构托管。基金合同约定基金不进行托管的，应当在基金合同中明确保障基金财产安全的制度措施和纠纷解决机制。私募股权投资基金可以由基金管理人自行募集，也可委托基金销售机构募集。基金销售机构由在中国证监会注册取得基金销售业务资格并已成为基金业协会会员的机构担任。如果基金管理人委托未取得基金销售业务资格的机构募集基金的，基金业协会将不予办理基金备案业务。律师事务所和会计师事务所作为专业、独立的中介服务机构，为基金管理人提供法律和会计服务。

第二节 私募股权投资基金管理人的成立与内部管理

基金管理人是基金资产的管理者和运用者。基金收益的好坏取决于基金管理人管理运用基金资产的水平，因此必须对基金管理人的任职资格做出严格限定，才能保护投资者的利益，只有具备一定条件的机构才能担任基金管理人。

一、私募股权投资基金管理人的成立

(一) 基金管理人的成立流程

成立基金管理人一般要经过下面 7 个步骤：确定企业形态——确定企业名称——确定注册资本——确定注册地址——确定经营范围——履行金融审批程序(或有)——工商注册办理。

1. 确定企业形态

根据《证券投资基金法》的规定，私募股权投资基金管理人只能是公司或合伙企业。两种组织形式的私募股权投资基金管理人的区别基本上就是公司与合伙企业的区别，简而言之主要是责任的承担及纳税的区别。前者主要依据《公司法》运作，有限责任公司的股东以其认缴的出资额或认购的股份为限对公司承担责任，公司需要承担企业所得税、增值税等较多税负。后者主要依据《合伙企业法》运作，普通合伙人对合伙企业债务承担无限连带责任，有限合伙人以其认缴的出资额为限对合伙企业债务承担责任，一般来说合伙企

业层面不需要承担企业所得税,纳税义务较小。

在选择私募股权投资基金管理人的法律形态时,公司型私募股权投资基金由于治理结构完整,股东承担有限责任,在实际中被广泛使用。另外,各地为鼓励私募行业的发展,推出了诸多优惠的税收政策和补贴政策,这些政策一般只针对公司型私募股权投资基金管理人。因此在实际操作中,绝大部分私募股权投资基金管理人选择公司型的企业形态。

2. 确定企业名称

为私募股权投资基金管理人确定名称既要体现公司的文化、价值观与传承,也要注意避免与他人已注册的名称或商标相重合,否则存在侵权风险。

根据《私募基金管理人登记法律意见书指引》《私募投资基金登记备案问题解答(七)》的规定,私募股权投资基金管理人的名称和经营范围中应当包含"基金管理""投资管理""资产管理""股权投资""创业投资"等相关字样。

根据《关于进一步规范私募基金管理人登记若干事项的公告》,基金业协会鼓励私募股权投资基金管理人在名称中增加"私募"相关字样,但目前暂不做强制性要求。

3. 确定注册资本

《公司法》已经取消了关于公司最低注册资本的要求,基金业协会的公告作为行业自治协会的非规范性文件,更不会违反法律的规定。因此基金业协会一直没有要求私募股权投资基金管理人应当具备特定金额以上的资本金才可登记的规定。

虽然对注册资本没有要求,但作为必要且合理的机构运营条件,私募股权投资基金管理人应根据自身运营情况和业务发展方向,确保有足够的资本金保证机构有效运转。相关资本金应覆盖一段时间内机构的合理薪酬、房屋租金等日常运营开支。根据备案的实践经验,一般能覆盖公司正常运营6个月以上的资本即可。

公司实缴出资证明应为第三方机构出具的证明,包括验资证明、银行回单、包含实缴信息的工商登记调档材料等出资证明文件。律师事务所应当对私募股权投资基金管理人是否具备从事私募股权投资基金管理人所需的资本金、资本条件等进行尽职调查并出具专业法律意见。

针对私募股权投资基金管理人的实缴资本低于100万或实缴资本低于注册资本25%的情况,基金业协会将在私募股权投资基金管理人公示信息中予以特别提示,并在私募股权投资基金管理人分类公示中予以公示。根据当前备案操作中的反馈信息来看,管理人的实缴资本至少需要在500万元以上。

4. 确定注册地址

选择一个合适的注册地址,能够为私募股权投资基金管理人带来诸多好处,如税收优惠、政府奖励补贴等。特别是在当下投融资类企业注册普遍困难或者存在前置审批的情况下,选择一个注册较为便捷通畅的地方就显得尤为重要。

另外,私募股权投资基金管理人需要有实际的办公地址,一般在200平方米以上,能满足公司所有员工正常办公的要求。根据基金业协会的备案要求,备案系统中需要上传机构办公所在地的写字楼图片及机构前台图片。值得注意的是，在实际的备案过程中，要求机构有独立的办公场所，不与其他公司合用办公场所成为通过基金业协会备案的一个标准。

5. 确定经营范围

《私募投资基金登记备案的问题解答(七)》要求，私募股权投资基金管理人的经营范围中应当包含"基金管理""投资管理""资产管理""股权投资""创业投资"等相关字样，经营范围中不含此相关字样的机构，基金业协会将不予登记。

从专业化经营和防范利益冲突角度出发，基金管理人不得兼营与私募股权投资基金存在冲突的业务、与买方"投资管理"无关的业务以及其他非金融类业务。对于兼营民间借贷、民间融资、配资业务、小额理财、小额借贷、P2P/P2B、众筹、保理、担保、房地产开发、交易平台等与私募股权投资基金相冲突业务的公司，建议公司设立专业部门后再申请私募股权投资基金管理人的登记，或将上述业务剥离。对于经营范围中含有如"投资咨询""财务顾问"等卖方业务的，建议公司提前终止该等业务，及时登记变更经营范围。对于经营范围中含有其他非金融业务的，也同样建议变更或取消。

6. 履行金融审批程序(或有)

当前很多地区对投融资类企业的工商注册政策会有一些特殊要求。例如，注册投融资类企业需要经过前置审批程序，即由当地金融办(局)审批后，才能到工商部门办理注册。以珠海市横琴新区为例，私募股权投资基金管理人在进行工商登记前，需要先向横琴新区金融服务中心申请备案，凭该中心出具的《商事登记函》办理工商登记手续。

部分金融办(局)审批需要审核目标公司的名称、注册地址、注册资本金、股权结构及股东情况、高管情况等资料，有的甚至还需要提交律师出具的法律意见书。实质上相当于将基金业协会私募股权投资基金管理人的登记备案流程前置，大大提高了私募股权投资基金管理人工商注册的门槛。

履行金融审批程序一般需要提供的材料如下。

(1) 申请表。
(2) 企业名称预先核准通知书。
(3) 管理人内部管理制度及风控制度。
(4) 公司章程。
(5) 实际控制人的资质证照(身份证)。
(6) 法定代表人(负责人)、董事、监事、高级管理人员的简历、身份证明、相关从业资格证明文件、荣誉奖项等。
(7) 企业注册地址和实际场地的租赁合同及情况简介。
(8) 风险提示书。
(9) 合法合规经营承诺函。

7. 工商注册办理

相关部门的前置审批完成后，即可携带相关资料去工商部门办理注册。

办理工商注册一般需要提供的材料如下。
(1) 企业名称预先核准通知书。
(2) 公司设立登记申请书。
(3) 股东、法人、监事、高级管理人员、财务人员等职员的身份证扫描件。
(4) 公司章程。
(5) 指定代理人授权书。

工商登记完成后，由经办人领取营业执照，并办理刻章、开立企业基本账户、解决税务事项、完成社保开户等事项。

(二) 私募股权投资基金管理人注册成立过程中应注意的其他事项

在私募股权投资基金管理人注册成立过程中，有一些事项应提前考虑并筹划，避免后续在基金业协会登记备案或业务开展中造成阻碍。

1. 基金从业资格

根据登记备案要求，从事非私募证券投资基金业务的各类私募股权投资基金管理人，至少应有两名高管人员取得基金从业资格，其法定代表人/执行事务合伙人(委派代表)、合规/风控负责人应当取得基金从业资格。各类私募股权投资基金管理人的合规/风控负责人不得从事投资业务。

根据《私募投资基金募集行为管理办法》(以下简称《募集行为管理办法》)的要求，从事私募募资的工作人员必须具有证券从业资格。

因此，在基金管理人成立过程中，应提前筹划高管人员人选，尤其是法定代表人/执行事务合伙人(委派代表)、合规/风控负责人。在招聘员工时，应当以通过基金从业资格考试者优先。

2. 员工人数

从业务运作角度来看，私募股权投资基金管理人开展业务时，必须有6人以上参与其中。从登记备案的实务经验角度来看，当私募股权投资基金管理人的员工人数少于6人时，很有可能会被基金业协会出具反馈意见。因此，设立私募股权投资基金管理人时，员工(含高管)人数应为6人以上。一般来讲，岗位设置主要涉及风控岗、投资岗、财务岗和行政人事岗等。

3. 劳动合同和社保

私募股权投资基金管理人必须与员工签订书面的劳动合同，并按照规定缴纳社保，这是《中华人民共和国劳动合同法》和《中华人民共和国社会保险法》赋予企业的法定义务。

4. 风险控制体系

私募股权投资基金管理人应当严格按照《私募投资基金管理人内部控制指引》的规定，建立完善的内控和风控体系。从满足监管要求和业务运作的角度，私募股权投资基金管理人当建立的制度包括但不限于以下几方面。

(1) 运营风险控制制度。

(2) 信息披露制度。
(3) 机构内部交易记录制度。
(4) 防范内幕交易、利益冲突的投资交易制度。
(5) 合格投资者风险揭示制度、合格投资者内部审核流程及相关制度。
(6) 私募股权投资基金宣传推介、募集相关规范制度。
(7) 财务制度。
(8) 行政人事制度。
(9) 其他制度。

二、私募股权投资基金管理人的内部管理

(一) 私募股权投资基金管理人的组织架构

私募股权投资基金管理人需要有完整的组织架构,并匹配相应的人员,才能满足业务的开展和公司的正常运作。在实务中,私募股权投资基金管理人一般采取公司制这一组织形式。下面以公司型私募股权投资基金管理人为例,介绍其组织机构及相关制度。从部门职能来分,一般的私募股权投资基金管理人组织架构如图2-2所示。

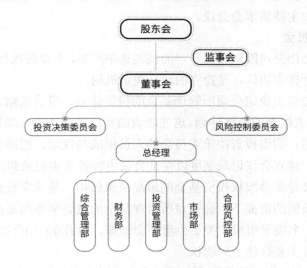

图2-2 私募股权投资基金管理人组织架构

图2-2所示组织架构图为公司型私募股权投资基金管理人一般性、常设性的组织机构。因每个公司的实际情况有所不同,所以仅供参考借鉴。例如,在规模较小或人数不多的情况下,有的公司不会设立董事会与监事会,只设执行董事、监事;有的公司可能不设风险控制委员会,只设投资决策委员会等。

下面就公司型私募股权投资基金管理人组织架构的功能进行一一说明。

1. 股东会

股东会由公司全体股东组成，决定公司经营管理的重大事项。它是公司最高权力机构，其他机构都由它产生并对它负责。股东会有权选任和解除董事，对公司的经营管理有广泛的决定权。

2. 董事会

董事会是由股东会选举产生的全体董事组成，它是公司最高决策机构。

董事会的职权包括：听取投资决策委员会、风险控制委员会、总经理的报告；决定公司运营风险控制机构的设立；制定公司运营风险控制制度、原则及方法；根据公司章程等规定在职权范围内决定公司的自有资金投资事宜；根据公司章程对职权范围内事务做出决定；执行股东会决议。

3. 监事会

监事会是由股东会选举的监事以及由公司职工民主选举的监事组成的，对公司的董事会、管理层及相关业务活动进行监督和检查。监事会应当包括股东代表和适当比例的公司职工代表，其中职工代表的比例不得低于1/3，具体比例由公司章程规定。监事会设主席一人，由全体监事选举产生，董事、高级管理人员不得兼任监事。监事会主席负责召集和主持监事会会议。监事会主席不能履行职务或者不履行职务的，由半数以上的监事共同推举一名负责人来召集和主持监事会会议。

4. 投资决策委员会

投资决策委员会由公司股东按照一定的规则选举产生，主要对项目立项、投资、退出、资产处置等事务进行评审决议，是投资的最高决策机构。

投资决策委员会负责决定公司所管理基金的投资计划、投资策略、投资原则、投资目标、资产分配以及投资组合的总体计划。这些职责的实现需要依赖合理且系统的议事规则，议事规则的作用包括：明确投资决策委员会的人员组成与权限，明确会议的召开程序，明确议事与表决程序，建立会议记录制度以保证会议内容被真实记录和留档。

投资决策委员会是私募股权投资基金的最高决策机构，是非常设议事机构，在遵守国家有关法律法规、条例的前提下，拥有对所管理基金的投资事务的最高决策权。投资决策委员会一般由5～11名委员组成，委员由董事会推荐、由股东(大)会决定。

投资决策委员会主要行使下列职权。

(1) 对投资管理部门提报的投资项目进行审议，并审批投资方案和实施计划。

(2) 对投资产品研发、投资方案和投资策略进行审议。

(3) 对以上事项的实施进行投资分析和跟踪检查。

投资决策委员会履行职责时，相关职能部门应给予配合，投资决策委员会可以聘请外部的专业咨询顾问机构和中介机构，提供专业的投资建议。

5. 风险控制委员会

风险控制委员会的职责主要是对基金运营中的各种风险进行综合性的监督评判。其组成人员一般是行业专家、律师、会计师等专业人士，由3～5人组成，委员由公司董事会选举产生。风险控制委员会一般从私募机构的运营风险、所投项目的行业风险及投资风险、基金自身的运营风险等方面提供专业的意见和建议，并在授权之下进行评判或决议。

风险控制委员会主要行使下列职权。

(1) 制定所管理基金投资风险管理的总体目标和政策，制定风险管理基本制度。

(2) 审议投资决策、投资风险、业务流程的风险，向董事会提交拟投资项目的风险评估报告。

(3) 审议公司审计相关部门提交的风险控制评价报告。

(4) 发布关于政治、经济、金融、行业等方面的风险警示。

(5) 对投资管理部提交的拟投资项目尽职调查报告、投资建议书及其他资料进行审核，对拟投项目资料的真实性、完整性、合理性及合法性进行全面核查。

(6) 风险控制委员会认为必要时，有权对拟投项目开展独立调研。

(7) 对公司职员及高级管理人员的独立性和专业能力进行独立检查。

(8) 公司董事会授权的其他事宜。

风险控制委员会作为风险监测和管理机构，应明确其议事规则，包括委员的产生、委员会的权限、会议召开的流程及表决等。

6. 总经理

总经理负责全面主持公司的日常经营管理工作，主要行使下列职责：主持公司的日常经营、行政及财务的管理工作；组织实施公司的年度经营计划和投资方案；主持公司基金产品的设计、销售和投资管理工作以及基金对外信息披露工作；拟订公司内部机构设置方案、基本管理制度；组织制定公司的具体制度；拟订公司员工的薪酬制度和福利保障方案等。

总经理由董事会聘任，对董事会汇报并负责。

7. 投资管理部

投资管理部负责整体项目的投资和管理，对投资项目进行分析研究、制订计划、设计方案。对已投项目提供增值服务、跟踪项目进展、撰写跟踪报告、制定退出方案、协助项目检查等。

8. 合规风控部

合规风控部是公司的风险控制部门。其职责包括：拟订并完善风险管理流程和风险管理制度，建立风险预警系统；协调相关部门对公司业务、运营进行风险分析与评估；独立于投资部门开展项目风险控制、合规检查、监督评价等工作；对投资部门提交的拟投资项目进行审查并评估项目风险点；对项目的可行性和风险的可控性进行审核，并报送项目风险控制分析报告；审阅投资业务的相关合同、协议，确保合同的规范性和合法性；对已投资项目进行合规审查、财务分析、风险量化，提出风险防范建议，建立风险数据库和跟踪档案；对已投项目的风控情况进行督导检查、风险识别与风险评估，提示风险并建议；组织对业务部门风控情况的检查与管理，监控各类风险防范措施的执行；定期对内部控制体系做出评价报告，发现问题并及时改进；协助总经理执行国家法律法规，对公司的重大经营决策活动提供独立风控意见等。

9. 市场部

市场部主要负责市场开拓、渠道开发、调查分析、客户维护、形象设计以及关系的建立、往来与联系。其工作包括对销售募集机构进行遴选；规范产品销售募集机构的评价流程，建立齐全且高效的产品销售募集机构体系；对私募股权投资基金进行推介与销售；对合格投资者的审查与确认等。

10. 财务部

财务部负责公司财务管理与会计核算；规划资金的使用与控制；负责税务统筹安排；负责预算管理、监督、控制、执行；负责出具财务报告，进行财务分析等。

11. 综合管理部

综合管理部负责公司人力资源调度安排；负责公司公章、证照、网站、设施、用品的保管维护；负责会议组织及档案管理；负责其他各类内勤外联工作等。

(二) 私募股权投资基金管理人的内控制度建设

按照基金业协会的要求，下面几项制度是私募股权投资基金管理人必须上传的：《基金公司运营风险控制制度》《信息披露制度》《机构内部交易记录制度》《防范内幕交易、利益冲突的投资交易制度》《合格投资者风险揭示制度》《合格投资者内部审核流程及相关制度》《私募基金宣传推介、募集相关规范制度》。

上述几项制度只是作为私募股权投资基金管理人必备的制度，从公司运营的实际操作角度来讲，这些制度远远不够。在公司运营过程中可能还需要制定《托管与外包业务管理制度》《投资管理制度》《人员管理制度》《授权管理制度》《档案管理制度》《登记备案与事项报告制度》等制度。

第三节 私募股权投资基金管理人的登记与备案

一、私募股权投资基金管理人的登记与备案制度概述

为规范私募股权投资基金业务、促进行业健康发展，基金业协会受中国证监会委托，于2013年开始着手启动私募股权投资基金业务的登记、备案工作。

2013年下半年，参考美国证券交易委员会(SEC)要求私募股权投资基金持续报备ADV表(机构信息表)和PF表(产品信息表)的做法，基金业协会开始研究并启动登记备案系统的开发工作。

2014年1月17日，基金业协会发布了《私募投资基金管理人登记和基金备案办法(试行)》，该办法明确规定基金业协会负责办理私募股权投资基金管理人登记及私募股权投资基金备案，对私募股权投资基金业务活动进行自律管理。

2014年2月，基金业协会正式启动登记备案工作，采取集体讨论过会的方式。

2014年8月21日，中国证监会发布《私募投资基金监督管理暂行办法》，再次明确规定各类私募股权投资基金管理人应当根据基金业协会的规定，向基金业协会申请登记，并且基金业协会应当建立私募股权投资基金管理人登记、私募股权投资基金备案管理信息系统。

2015年4月，私募股权投资基金登记备案系统(二期)上线，私募股权投资基金管理人分类公示平台启用。

2015年8月，启动资产管理业务综合报送平台建设。

在登记备案的过程中，出现了一些不良信用行为，如滥用登记备案信息，采取非法手段自我增信，合规运作和信息报告意识淡薄，从事公开募集、内幕交易、非法集资等违法违规活动等。

为保护投资者合法权益，督促基金管理人履行诚实信用、谨慎勤勉的受托人义务，促进私募股权投资基金行业规范健康发展，基金业协会于2016年2月5日发布了《关于进一步规范基金管理人登记若干事项的公告》，对基金管理人的登记和基金备案提出了新的规定。此外，基金业协会还发布了《私募基金管理人登记法律意见书指引》，为律师事务所在基金管理人登记备案中出具法律意见书提供了方向性指引。

2016年3月8日，私募股权投资基金管理人后台审核开始实行登记流程化，并明确了对应的岗位设置，在资产管理业务综合报送平台系统上线前，进行线下执行。

2016年9月6日，资产管理业务综合报送平台第一阶段上线。同时对新机构登记开始实行专业化经营要求，并全面落实自律规则。

2017年4月5日，资产管理业务综合报送平台(AMBERS)全面上线。

2017年12月15日，基金业协会更新《私募基金管理人登记须知》，进一步实现登记要求的公开和透明。

为了进一步明确登记备案的相关事宜，2014—2018年，基金业协会陆续发布了一系列《私募基金登记备案相关问题解答》。2017年4月发布的《私募基金登记备案相关问题解答(十三)》提出全面执行专业化管理原则，要求兼营多类业务的已登记机构按照专业化管理原则进行整改，对行业产生了重大影响。2017年11月发布的《私募基金登记备案相关问题解答(十四)》明确了不予登记的情形，指出基金业协会将定期对外公示不予办理登记的申请机构名称及不予登记的原因，同时公示为该机构出具法律意见书的律师事务所及经办律师名单。后续基金业协会也将根据登记备案的具体情况继续发布关于登记备案相关问题的解答，不断加强和完善登记备案工作。

基金管理人在基金业协会的登记备案，一是可以加强机构自身合规运作和信息披露的意识；二是投资者可以通过基金业协会获悉管理人及基金的基本信息；三是基金业协会可以对以私募为名进行的公募交易、内幕交易、非法集资等非法活动加强自律管理。通过登记、备案的手段，实现改善股权投资基金行业环境、促进行业规范发展的目标。

但是，基金业协会为私募股权投资基金管理人和私募股权投资基金办理登记备案这一行为并不意味着对私募股权投资基金管理人投资能力、持续合规情况的认可，也不能作为对基金财产安全的保证。基金管理人在登记备案后应按照相关规定继续合规运营，按时报送信息，严格履行管理人的职责，保障基金财产的独立性和安全性。

二、私募股权投资基金管理人登记与备案的原则和要求

(一) 登记与备案的原则

在中国境内开展各类非公开募集的基金管理业务，均需在基金业协会登记为基金管理人，之后方可进行基金的募集。基金成立后，基金管理人应当对基金进行备案。

基金管理人的登记与备案，应遵循如下原则。

1. 及时性

基金管理人取得营业执照之后，在进行基金的募集前，应当及时向基金业协会进行登记。未经登记，不得进行基金的募集。

登记申请材料不完备或不符合规定的，基金管理人应当根据基金业协会的要求及时补正。申请登记期间，登记事项发生重大变化的，基金管理人应当及时告知基金业协会并变更申请登记内容。如基金管理人在办理登记手续之日起 6 个月内仍未备案首只私募股权投资基金产品的，基金业协会将注销该基金管理人的登记。

基金管理人变更控股股东、实际控制人或者法定代表人(执行事务合伙人)等事项时，属于重大事项变更。基金管理人应当依据基金合同的约定，向投资者如实、及时、准确、完整地披露相关变更情况或获得投资者认可。对于上述事项，管理人应当在完成工商变更登记后的 10 个工作日内，通过资产管理业务综合报送平台向基金业协会进行重大事项变更，并提交由律师事务所出具的《私募基金管理人重大事项变更专项法律意见书》。

私募股权投资基金募集完毕后的 20 个工作日内，基金管理人应对所募集的基金进行备案。

2. 信息报送的真实性、准确性、完整性、合规性

基金管理人进行管理人登记和基金备案时，应确保其通过资产管理业务综合报送平台所提交材料的真实性、准确性、完整性和合规性，不得虚构、捏造、伪造不实或已无效的信息进行填报。

(1) 真实性。基金管理人申请登记时，应当通过资产报送业务综合报送平台，如实填报基金管理人基本信息、高级管理人员及其他从业人员基本信息、股东或合伙人基本信息、管理基金基本信息。在基金备案时，应根据私募股权投资基金的主要投资方向注明基金类别，

如实填报基金名称、资本规模、投资者、基金合同(公司章程或者合伙协议)等基本信息。

(2) 准确性。基金管理人申请登记和基金备案时，应填报准确的信息，所填报的信息内容应保证质量，尽可能详尽、具体且表述准确规范。

(3) 完整性。基金管理人披露的信息在内容上必须完整，不得有重大遗漏。

(4) 合规性。基金管理人应当按照相关法律法规和基金业协会的要求报送信息，所报送信息的形式和内容应符合法律、法规和自律规则的规定。

(二) 登记与备案的基本要求

2014 年 1 月，《私募投资基金管理人登记和基金备案办法(试行)》发布，基金业协会开始对私募股权投资基金管理人登记和私募股权投资基金产品备案实施自律管理。在此过程中，基金业协会的审查要求和尺度逐步严格，从增加私募股权投资基金管理人申请登记需聘请律师事务所出具法律意见书，到目前对申请登记的私募管理机构进行"全方位""穿透式"的核查。

法律意见书中涉及的主要要求包括以下几方面。

1. 主体资格要求

申请机构必须依法在中国境内设立并有效存续，个人和境外机构不得申请登记为私募股权投资基金管理人。

申请机构的组织形式可以采取股份有限公司、有限责任公司或者有限合伙企业的形式，原则上基金业协会并未禁止普通合伙企业申请登记为私募股权投资基金管理人，但鉴于合伙人要对普通合伙企业的债务承担无限连带责任的规定，实践中管理人基本不采取普通合伙企业形式。从规范公司治理、提升公司内控水平、合规经营的角度，建议申请机构尽量采取有限责任公司或股份有限公司的形式。

同时要注意的是，公司型基金自建管理团队管理基金资产的，该公司型基金在作为基金履行备案手续的同时，还需作为基金管理人履行登记手续。

2. 专业化经营要求

基金管理人应当坚持专业化管理原则，符合专业化经营要求。为进一步落实专业化经营，基金管理人应按照如下要求进行运营。

(1) 基金管理人的主营业务应为私募股权投资基金管理业务，不得兼营与私募股权投资基金无关的业务、与"投资管理"的买方业务存在冲突的业务或者其他非金融业务。

(2) 基金管理人的名称和经营范围中应当包含"基金管理""投资管理""资产管理""股权投资""创业投资"等与私募股权投资基金管理人业务属性密切的相关字样；经营范围不应当包含与"私募股权投资基金管理业务"无关的字样，也应尽量避免"投资咨询"等可能涉及与"投资管理"的买方业务存在冲突的业务的字样。

(3) 基金管理人所从事的实际业务不得涉及与私募股权投资基金属性相冲突的业务，如民间借贷、民间融资、配资业务、小额理财、小额借贷、P2P/P2B、众筹、保理、担保、房地产开发、交易平台等业务。在实践中，申请机构与从事上述业务的机构存在业务合作关系的,也会被基金业协会视为从事与私募股权投资基金属性相冲突的业务,而不予登记。

(4) 同一基金管理人不可兼营多种类型的基金管理业务,基金管理人在申请登记时应当在"私募证券投资基金管理人""私募股权、创业投资基金管理人""其他私募投资基金"中仅选择一类进行登记。在与该机构类型相对应的业务类型中,也仅选择一类业务类型进行登记。基金管理人只可备案与本机构已登记业务类型相符的私募投资基金,不可管理与本机构已登记业务类型不符的私募投资基金。同一基金管理人不可兼营多种类型的私募投资基金管理业务。

若私募投资基金管理机构确有经营多类私募投资基金管理业务的展业需求,则可设立在人员团队、业务系统、内控制度方面满足专业化管理要求的独立经营主体,分别申请登记成为不同类型的私募投资基金管理人。

已登记多类业务类型的基金管理人,应当依照基金业协会相关后续安排,通过资产管理业务综合报送平台进行专业化管理事项的整改。针对此类基金管理人所管理的已备案且正在运作的存量私募投资基金,若基金类型与管理人在资产管理业务综合报送平台所选择业务类型不符,则在基金合同、公司章程或者合伙协议到期前仍可以继续投资运作,但在基金合同到期前不得开放申购或增加募集规模,基金合同到期后应予以清盘或清算,不得续期。

3. 防范利益冲突要求

(1) 对于可能导致利益输送或利益冲突的私募投资基金,应当建立相应的防范机制。

(2) 基金管理人不得兼营与私募投资基金业务存在冲突的业务、与投资管理的买方业务存在冲突的业务及其他非金融业务。私募证券投资基金类管理人不得兼营"投资咨询"业务。私募股权投资基金类管理人需要对"投资咨询"业务进行审慎调查和论证说明,而且"投资咨询"业务的实际经营范围不得包含《证券、期货投资咨询管理暂行办法》中规定的"证券、期货投资咨询"业务。

对于兼营民间借贷、民间融资、配资、小额理财、小额借贷、P2P/P2B、众筹、保理、担保、房地产开发、交易平台等业务的申请机构,由于这些业务与私募投资基金的属性相冲突,容易误导投资者。为防范风险,基金业协会对此类机构不予登记。从事私募投资基金管理业务的同时也从事非私募股权投资基金业务的机构,应当建立相应的业务隔离制度,防止利益冲突。

4. 运营基本设施和条件要求

基金管理人应当具备开展基金管理业务的从业人员和实际的经营场所,从业人员的数量应当与其内部机构的设置和内控制度相匹配,并且应当具备相应数量的专职的高管人员。另外,基金管理人应当具备充足的资本金,以维持一定期间人员工资、办公开支、租赁费用等费用支出。

三、私募股权投资基金管理人登记与备案的方式和内容

(一) 登记与备案的方式

基金管理人进行登记，主要通过基金业协会的资产管理业务综合报送平台提交相关材料或信息。申请材料完备的，基金业协会应当自收齐登记材料之日起 20 个工作日内，通过网站公示基金管理人基本情况，为基金管理人办理登记手续。网站公示的基金管理人基本情况包括基金管理人的名称、成立时间、登记时间、住所、联系方式、主要负责人等基本信息以及基本诚信信息。经登记后的基金管理人依法主动解散，被依法解散或者被依法宣告破产的，基金业协会应当及时注销基金管理人登记。具体的报送信息及登记流程如图 2-3 所示。

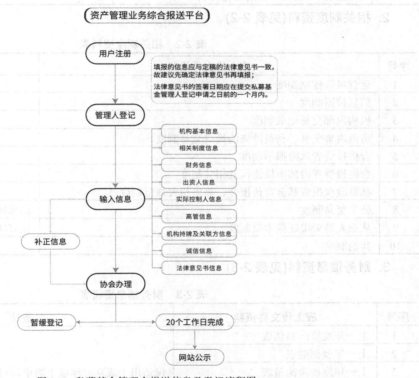

图 2-3 私募基金管理人报送信息及登记流程图

基金管理人变更控股股东、实际控制人或者法定代表人(执行事务合伙人)(以下统称重大事项变更)的，基金管理人应就重大事项变更向基金业协会进行变更登记。具体报送方式为：将控股股东、实际控制人或法定代表人(执行事务合伙人)变更报告及相关证明文件发送至基金业协会邮箱，并通过资产管理业务综合报送平台提交变更后的控股股东、实际控制人或法定代表人的基本信息、重大事项变更的法律意见书。基金业协会将依据相关规定进行核对办理。

(二) 私募股权投资基金管理人登记备案所需的文件

1. 基本信息(见表 2-1)

表 2-1 基本信息表

序号	应上传文件资料	备注
1	机构所在写字楼图片	
2	机构前台照片	
3	登记承诺函	基金业协会提供模板,需加盖公章
4	实缴出资证明	银行回单或验资报告
5	公司章程/合伙协议	最后一页需要全体股东签字、日期、公章
6	营业执照	
7	管理人认为需要上传的其他材料	

2. 相关制度资料(见表 2-2)

表 2-2 相关制度资料表

序号	应上传文件资料	备注
1	运营风险控制制度	
2	信息披露制度	
3	机构内部交易记录制度	
4	防范内幕交易、利益冲突的投资交易制度	
5	合格投资者风险揭示制度	
6	合格投资者内部审核流程及相关制度	
7	私募股权投资基金宣传推介、募集相关规范制度	
8	公平交易制度	私募证券基金管理人需要
9	从业人员买卖证券申报制度	私募证券基金管理人需要
10	其他制度	

3. 财务信息资料(见表 2-3)

表 2-3 财务信息资料表

序号	应上传文件资料	备注
1	上一年度资产负债表	仅适用于成立一年以上的申请机构
2	上一年度损益表	
3	上一年度现金流量表	
4	审计报告	
5	会计师事务所营业执照	

4. 出资人信息资料(见表 2-4)

表 2-4 出资人信息资料表

序号	应上传文件资料	备注
1	身份证或营业执照等主体证明文件	
2	实缴出资证明	
3	学位/学历证明文件	

5. 实际控制人信息资料(见表2-5)

表2-5 实际控制人信息资料表

序号	应上传文件资料	备注
1	身份证或营业执照等主体证明文件	
2	学位/学历证明文件	
3	与管理人之间的控制关系图	
4	实际控制人简历	

6. 高管信息资料

申请机构应先登录"从业人员管理系统",进行从业资格注册或个人信息登记(登录网址为 http://person.amac.org.cn/pages/gr/login.html)。高管信息在"从业人员管理系统"中注册或登记成功后,将在第 $T+1$ 日更新至"资产管理业务综合报送平台"。需在"从业人员管理系统"中上传的基本文件资料如表2-6所示。

表2-6 高管信息资料表

序号	应上传文件资料	备注
1	个人照片	规格为3cm×4cm,不超过100KB,底色为红色或蓝色
2	基金从业资格相关证明文件	
3	身份证扫描件	
4	学位/学历证明文件	
5	填写简历	与法律意见书一致
6	劳动合同	
7	股东会决议(任职文件)	

7. 登记人法律意见书资料(见表2-7)

表2-7 登记人法律意见书资料表

序号	应上传文件资料	备注
1	律师事务所执业许可证	
2	法律意见书	PDF格式
3	律师事务所就"私募管理人重要情况说明"出具的确认函	加盖律师事务所公章,填写律师执业证号

上述文件准备完成后,申请机构即可在"资产管理业务综合报送平台"上填报相关信息,等待基金业协会办理,基金业协会将在 20 个工作日内给予是否同意备案的意见。如果未通过,则需申请人根据基金业协会提出的反馈问题进行回复和补充相关材料;如果通过,则管理人备案工作完成。需要注意的是,所有的登记备案信息提交有 5 次补正机会,退回补正次数超过 5 次,将会被系统锁定,3 个月后才可再次申请备案。

四、《私募股权投资基金管理人登记法律意见书》范本

为了规范管理,基金业协会于 2016 年 2 月 5 日发布了《关于进一步规范私募基金管理

人登记若干事项的公告》，明确规定机构在新申请私募基金管理人登记时须提交《私募股权投资基金管理人登记法律意见书》。

2018年3月23日，基金业协会通过《关于进一步加强私募基金行业自律管理的决定》。该决定提出建立健全基金法律服务的执业标准体系和会员律师事务所的自律管理机制，为基金行业提供更加优质的法律服务保障；建立健全私募股权投资基金管理人登记法律意见书的责任追究机制，出具登记法律意见书一年内，相关私募股权投资基金管理人被公告注销的，三年内不再接受相关律师事务所和律师出具的登记法律意见书；充分发挥律师事务所的积极性，事后回访调查发现问题的，可以按照法律法规和委托协议约定，通知基金业协会撤销相关法律意见书，基金业协会不追究相关律师事务所的责任。

律师事务所在出具《私募股权投资基金管理人登记法律意见书》时，应对下述14个方面，在法律意见书中进行逐项说明，并得出明晰的结论。

(1) 是否依法在中国境内设立并有效存续。
(2) 工商登记文件所记载的经营范围情况。
(3) 专业化经营情况。
(4) 申请机构股东的股权结构情况。
(5) 实际控制人情况。
(6) 子公司、分公司及其他管理机构情况。
(7) 从业人员、营业场所、资本金等企业运营基本设施和条件情况。
(8) 风险管理和内部控制制度情况。
(9) 与其他机构签署基金外包服务情况。
(10) 高管人员情况。
(11) 机构诚信情况。
(12) 机构最近三年涉诉或仲裁情况。
(13) 登记申请材料是否真实、准确、完整。
(14) 其他需要说明的事项。

对于已登记的私募股权投资基金管理人，除需要补交《私募股权投资基金管理人登记法律意见书》外，若申请变更控股股东、变更实际控制人、变更法定代表人(执行事务合伙人)等重大事项或基金业协会审慎认定的其他重大事项时，均须提交《私募股权投资基金管理人重大事项变更专项法律意见书》。

下面是根据基金业协会相关要求制作的《私募股权投资基金管理人登记法律意见书》范本，供读者参考。

北京××律师事务所

关于

北京××资本管理有限公司

向

中国证券投资基金业协会

申请

私募股权投资基金管理人登记

之

法律意见书

×法字【20××】第001号

年 月

目 录

第一部分 引言
一、出具本法律意见书的依据
二、本所律师声明的事项

第二部分 正文
一、申请人依法设立及有效存续情况
二、申请人工商登记文件所记载的经营范围合规性
三、申请人专业化经营情况
四、申请人的股权结构情况
五、申请人实际控制人情况
六、申请人子公司、分支机构及其他关联方情况
七、申请人运营基本设施和条件
八、申请人风险管理和内部控制制度情况
九、申请人签署基金外包服务协议情况
十、申请人的高管人员资格及高管岗位设置情况
十一、申请人及高管人员的诚信情况
十二、申请人最近三年涉诉或仲裁的情况
十三、申请人提交的登记申请材料情况
十四、需要说明的其他事项
十五、本次私募股权投资基金管理人登记的整体结论性意见

相关释义表

申请人、公司、××资本	指	北京××资本管理有限公司
律师事务所、本所	指	北京××律师事务所
基金业协会	指	中国证券投资基金业协会
登记备案	指	申请私募股权投资基金管理人登记
工商局	指	工商行政管理局
《证券投资基金法》	指	《中华人民共和国证券投资基金法》
《监督管理暂行办法》	指	《私募投资基金监督管理暂行办法》
《信息披露管理办法》	指	《私募投资基金信息披露管理办法》
《管理人登记和基金备案办法(试行)》	指	《私募投资基金管理人登记和基金备案办法(试行)》
2016年4号文	指	《关于进一步规范私募基金管理人登记若干事项的公告》(中基协发〔2016〕4号)
登记	指	公司在中国证券投资基金业协会办理私募股权投资基金管理人登记
《公司法》	指	《中华人民共和国公司法》
《公司章程》	指	《北京××资本管理有限公司章程》
《审计报告》	指	北京【 】会计师事务所于【 】年【 】月【 】日出具北京【 】审字(20××)第【 】号的《审计报告》
元、万元	指	人民币元、人民币万元

北京××律师事务所
关于北京××资本管理有限公司
私募股权投资基金管理人登记的
法律意见书

×法字【2018】第 001 号

致：北京××资本管理有限公司

第一部分　引言

一、出具本法律意见书的依据

北京××律师事务所(以下简称"本所")系在中华人民共和国注册并执业的律师事务所。本所接受北京××资本管理有限公司(以下简称"公司")的委托，担任公司向基金业协会申请私募股权投资基金管理人登记的专项法律顾问。

根据《中华人民共和国律师法》、《律师事务所从事证券法律业务管理办法》、《律师事务所证券法律业务执业规则(试行)》、《证券投资基金法》、《私募投资基金监督管理暂行办法》(以下简称《监督管理办法》)、《私募投资基金管理人登记和基金备案办法(试行)》(以下简称《备案办法》)、《关于进一步规范私募基金管理人登记事项若干问题的公告》(以下简称《公告》)等法律法规及规范性文件的规定，按照律师行业公认的业务标准、道德规范和勤勉尽责、诚实信用的原则，本所及经办律师现就公司向基金业协会申请私募股权投资基金管理人登记的相关事宜，独立、客观、公正地出具本法律意见书。

二、本所律师声明的事项

对本法律意见书，本所律师声明如下。

1. 本所律师出具本法律意见书，是基于公司所提交的全部文件、资料及事实陈述做出，并已得到公司如下保证及承诺：

(1) 公司已向本所律师提供了包括但不限于与出具本法律意见书相关的全部原始书面文件、资料、副本资料、证人证言、事实陈述等一切信息资料；

(2) 公司就所提供的一切信息资料，承诺完全确保其真实性、合法性、准确性、完整性和有效性，无任何虚假、隐瞒和重大遗漏情况存在。

2. 本法律意见书出具所依据的法律、法规及规范性文件包括但不限于《公司法》《证券投资基金法》《私募投资基金监督管理暂行办法》《私募投资基金管理人登记和基金备案办法(试行)》《关于进一步规范私募基金管理人登记事项若干问题的公告》以及其他有关的法律、法规和部门规章。本法律意见书仅依据其出具日或之前本所所获知的事实而出具,对出具日后可能发生的法律、法规的颁布、修改、废止或事实的变更,本所不发表任何意见。

3. 对于出具本法律意见书至关重要而又无法得到独立证据支持的事实,本所律师有赖于相关政府部门等公共机构出具或提供的证明文件、明示或公示。

4. 本法律意见书仅就与本次私募股权投资基金管理人登记有关的法律问题发表意见并不涉及其他。在本法律意见书中涉及会计、审计、资产评估等内容时,均为严格按照有关中介机构出具的报告引述。本所律师就该等引述除履行法律、法规规定的注意义务外,并不对这些内容的真实性和准确性做出任何明示或默示的保证,并不做任何商业判断或发表其他方面的意见。

5. 本所律师已严格履行法定职责,遵循勤勉尽职和诚实信用的原则。对公司申请基金管理人登记的相关事项进行了充分的核查和验证,保证本法律意见书不存在虚假记载、误导性陈述及重大遗漏。

6. 本所及经办律师同意将本法律意见书作为公司申请私募股权投资基金管理人登记必备的法定文件一同上报基金业协会,并依法对所出具的法律意见承担相应的责任。

7. 本法律意见书仅供公司向基金业协会进行私募股权投资基金管理人登记使用,不得用作任何其他目的。

8. 本所律师未授权任何单位或个人对本法律意见书做任何解释或说明。

本法律意见书应作为一个整体使用,不应分解使用或进行可能导致歧义的部分引述。仅本所律师有权对本法律意见书做解释或说明。基于以上声明和保证,本所就公司本次申请私募股权投资基金管理人登记的有关法律事项,发表法律意见如下。

第二部分　正文

一、申请人依法设立及有效存续情况

××资本现持有北京市工商局海淀分局核发的统一社会信用代码为【　】的营业执照,根据该营业执照的记载,公司住所为北京市海淀区【　】路【　】号【　】室,法定代表人为【　】,注册资本为5000万元,成立日期为2015年9月29日,营业期限为2015年9月29日至2035年9月28日,公司类型为有限责任公司(自然人投资或控股)。

本所律师通过如下方式对申请人的设立及有效存续情况进行核查:

(1) 查询、打印公司的工商登记文件(全套工商登记资料)。

(2) 查询全国企业信用信息公示系统的公开信息(基本信息、股东信息、变更信息、备案信息、年度报告信息)。

(3) 查阅公司的审计报告。

经核查,公司的设立和有关变更履行了必要的工商登记备案手续,合法有效,是依法设立和有效存续的有限公司;全国企业信用信息公示系统显示登记状态为在营(开业)企业;

根据北京【　】会计师事务所于【　】年【　】月【　】日出具北京【　】审字(201×)第【　】号的审计报告，公司财务报表无异常情况的记载。根据法律、法规、规范性文件及公司章程规定，截至本法律意见书出具之日，公司不存在需要终止的情形，依法有效存续，公司亦未出现公司章程规定、股东会决定解散或者股东申请解散，因违反法律、行政法规等被依法撤销或者宣告破产的情形。

综上，本所律师核查后认为，申请人是依法在中国境内设立并有效存续的有限公司，其现行公司章程及营业执照均为合法有效，依法持续经营不存在法律障碍，具备本次申请私募股权投资基金管理人登记的主体资格。

二、申请人工商登记文件所记载的经营范围合规性

根据公司章程及营业执照，申请人经核准的经营范围为：投资管理、资产管理。①未经有关部门批准，不得以公开方式募集资金；②不得公开开展证券类产品和金融衍生品交易活动；③不得发放贷款；④不得对所投资企业以外的其他企业提供担保；⑤不得向投资者承诺投资本金不受损失或者承诺最低收益。企业依法自主选择经营项目，开展经营活动。依法须经批准的项目，经相关部门批准后依批准的内容开展经营活动。不得从事本市产业政策禁止和限制类项目的经营活动。)

本所律师核查后认为：公司工商登记文件所记载的经营范围符合国家相关法律法规的规定；公司名称和经营范围中含有"投资管理""资产管理"等与私募股权投资基金管理人业务属性密切相关字样。

三、申请人专业化经营情况

本所律师查阅了申请人的公司章程、营业执照等资料，申请人经核准的经营范围为投资管理、资产管理(详见本法律意见书之"二、申请人工商登记文件所记载的经营范围合规性")。

经核查，经工商登记部门核准的经营范围中明确指明：①未经有关部门批准，不得以公开方式募集资金；②不得公开开展证券类产品和金融衍生品交易活动；③不得发放贷款；④不得对所投资企业以外的其他企业提供担保；⑤不得向投资者承诺投资本金不受损失或者承诺最低收益。企业依法自主选择经营项目，开展经营活动。依法须经批准的项目，经相关部门批准后依批准的内容开展经营活动。不得从事本市产业政策禁止和限制类项目的经营活动。因此，本所律师认为，公司经核查的经营范围中不存在兼营可能与私募股权投资基金业务存在冲突的业务、不存在兼营与"投资管理"的买方业务存在冲突的业务、不存在兼营其他非金融业务。

本所律师通过如下方式对公司实际经营业务情况进行了核查：

(1) 对公司法定代表人【　】进行访谈。

公司法定代表人【　】确认，公司成立以来，未实际开展经营业务，未来公司在基金业协会登记后将严格按照工商管理部门核准的经营范围开展私募股权投资基金管理业务经营活动，不兼营可能与私募股权投资基金业务存在冲突的业务、不兼营与"投资管理"的买方业务存在冲突的业务、不兼营其他非金融业务。

(2) 取得公司的书面确认文件。

公司确认,主营业务为私募股权投资基金管理业务。公司未来的实际经营业务中不兼营可能与私募股权投资基金业务存在冲突的业务(民间借贷、民间融资、配资业务、小额理财、小额借贷、P2P/P2B、众筹、保理、担保、房地产开发、交易平台等)、不兼营与"投资管理"的买方业务存在冲突的业务(财务咨询、财务顾问、商务信息咨询、经济信息咨询、金融信息服务、企业运营管理、金融信息服务、接受金融机构委托从事金融业务流程外包等)、不兼营其他非金融业务(企业形象策划、承办展览活动、文化艺术交流策划、市场营销策划会议服务、货物进出口销售机械设备、电子产品、五金交电、仪器仪表、计算机软硬件及外围设备、软件技术开发、通信设备、文化用品、体育用品、工艺品等)。

综上,本所律师认为,申请人的主营业务为私募股权投资基金管理业务,不存在非私募股权投资基金管理业务,申请人符合《私募投资基金监督管理暂行办法》第二十二条规定的专业化经营原则。

四、申请人的股权结构情况

本所律师核查了申请人的公司章程等工商登记文件,申请人股东为自然人【　】、【　】、【　】、【　】,股东出资情况如下:

股东出资情况表

序号	股东名称	认缴出资/万元	实缴出资/万元	股权比例/%
1				
2				
3				
4				
合计				

公司具体股权结构如下图:(略)

该公司自然人股东基本情况如下:

本所律师核查了【　】、【　】、【　】、【　】的中华人民共和国居民身份证,其身份证信息如下:

【　】,男,汉族,住址为【　】,身份证号码【　】。

……

综上,本所律师认为,申请人的股东【　】、【　】、【　】、【　】为中国籍公民,因此,公司无直接或间接控股或参股的境外股东。

五、申请人实际控制人情况

经核查,公司的股权控制关系如下图:(略)

根据上述股权控制关系,申请人的股权相对均衡,无绝对控股股东。根据【　】、【　】(两人合计持股70%)于【　】年1月18日签署的《一致行动协议》,上述两人在股东会对公司事务决策(包括但不限于行使表决权、提案权、提名权等)时保持一致行动。因此,申请人股东【 】、【 】为公司共同实际控制人。

综上,本所律师认为,自【 】年1月18日起【 】、【 】为公司共同实际控制人。

六、申请人子公司、分支机构及其他关联方情况

本所律师对公司法定代表人进行了访谈并取得了申请人及全体股东的书面确认文件,确认申请人无子公司(持股5%以上的金融企业、上市公司及持股20%以上的其他企业)、分支机构及其他关联方(即受同一控股股东/实际控制人控制的金融企业、资产管理机构或相关服务机构)。

综上,本所律师认为,申请人无子公司、分支机构及其他关联方(即受同一控股股东/实际控制人控制的金融企业、资产管理机构或相关服务机构)。

七、申请人运营基本设施和条件

(一) 从业人员

本所律师通过以下方式对公司从业人员情况进行了核查:

(1) 查阅公司花名册、劳动合同、社保缴费凭证等资料。

经核查,公司有员工【 】人,公司已经按照有关法律规定与员工签署了劳动合同,已经为全体员工缴纳社会保险。

(2) 取得部分公司高管的基金从业资格证书等文件。

经核查,公司高管包括法定代表人、总经理【 】、风控总监【 】、财务总监【 】。其中法定代表人、总经理【 】、风控总监【 】具有基金从业资格,申请人符合从事非私募证券投资基金业务的各类私募股权投资基金管理人至少2名高管人员应当取得基金从业资格的条件。

(二) 营业场所

本所律师通过如下方式对申请人营业场所的情况进行了核查:

(1) 查阅公司营业执照。

营业执照记载公司住所为北京市海淀区【 】路【 】号【 】室。

(2) 查阅申请人的房屋租赁合同。

经核查,申请人实际经营场所位于【 】。

申请人的实际经营场所租赁情况表

序号	出租人	承租人	房屋位置	面积/平方米	租赁价格	租赁期限
1		北京××资本管理有限公司			【 】万元/年,每半年支付一次	【 】至【 】

(3) 前往公司办公场所进行现场核查。

经现场核查发现,申请人购置有电话机、电脑、传真机、打印机、复印机等必要的办公设备,上述设备已经放置到位,办公区域划分及工位设置合理。

(三) 资本金

本所律师核查了公司营业执照、公司章程、验资报告等文件资料。经核查,公司注册资本为5000万元,已经实际缴纳首期出资3000万元,并将根据公司运营需要陆续实缴其

余认缴的出资。有关具体核查情况如下:

经核查,北京【 】会计师事务所于【 】年【 】月【 】日出具了北京【 】审字(201×)第【 】号的审计报告。该验资报告确认,截止到【 】年12月29日公司已经收到股东【 】、【 】、【 】、【 】首次缴纳的注册资本合计人民币3000万元,其中【 】以货币出资【 】万元,【 】以货币出资【 】万元,【 】以货币出资【 】万元,【 】以货币出资【 】万元。

综上,本所律师认为,申请人具有按照规定开展私募股权投资基金管理业务所需的从业人员、营业场所、资本金等企业运营基本设施和条件。

八、申请人风险管理和内部控制制度情况

本所律师通过如下方式对申请人风险管理和内控制度的建立与执行情况进行了核查:①书面审查了申请人提交的全部风险管理和内部控制制度;②对公司法定代表人、风控总监等高管就具体的风险管理制度、内部控制制度进行了访谈。

通过上述核查,本所律师了解到:

(1) 为保障公司的综合管理与运营工作的顺利开展,公司制定了《总经理工作细则》《财务管理制度》《人事管理制度》等基本管理制度;该等制度是以公司的组织架构、部门设置为基础而制定的,由行政综合部负责公司人事管理工作,由财务部负责公司财务管理工作。

(2) 为保障基金运营和投资业务的安全运作和管理,加强公司及所管理基金的内部风险管理,规范基金运营和投资行为,提高风险防范能力,有效防范与控制基金运营和投资项目运作风险,制定了《风险控制管理办法》。该制度同样是以公司的组织架构、部门设置为基础而制定的,主要规定:公司应根据股权投资业务流程和风险特征,将风险控制工作纳入公司的风险控制体系之中。公司的风险控制体系共分为五个层次:执行董事、执行董事下设的风险控制委员会、投资决策委员会、风控部、业务部。同时规定:为建立健全内控机制,公司设立独立于项目组的后台管理和监督部门(行政综合部和财务部)。

(3) 为加强公司内部控制,促进公司诚信、合法、有效经营,保障投资者和股东利益,制定了《内部控制制度》。该制度规定了内部控制的主要内容:环境控制、业务控制、会计系统控制、信息传递控制、内部审计控制等,相关内容均系紧密结合公司目前的实际情况而制定的。

(4) 为了加强投资业务的规范化管理,建立有效的投资风险约束机制,实现基金投资综合效益最大化,制定了《投资业务管理暂行办法》。该制度主要规定:公司投资管理业务的运作部门主要包括投资立项委员会、投资决策委员会以及行政综合部;投资立项委员会是项目立项的评审决策机构,由公司总经理、风控总监、执行董事组成,对公司投资决策委员会负责;投资决策委员会是公司投资业务决策的最高权力机构;行政综合部是投资立项委员会、投资决策委员会的日常工作机构,是公司投资管理业务运作的后台支持部门。

(5) 同时，为规范公司募集行为、信息披露行为等行为，分别制定了《信息披露制度》《合格投资者风险揭示制度》《合格投资者内部审核制度》《私募基金宣传推介规范制度》等。

经核查，上述相关风险管理和内部控制制度符合基金业协会《私募投资基金管理人内部控制指引》的规定，公司承诺未来在开展业务过程中将严格执行上述相关风险管理和内部控制制度。

综上，本所律师认为，申请人已制定风险管理和内部控制制度，并根据其拟申请的私募股权投资基金管理业务类型建立了与之相适应的各项管理制度，且各项管理制度之间形成了有效的分工和制约。能够满足公司的实际运营需求，符合基金业协会《私募投资基金管理人内部控制指引》的规定。

九、申请人签署基金外包服务协议情况

本所律师对公司法定代表人进行了访谈并取得了公司的书面确认文件。经核查，公司自成立以来，尚未与有关方签署基金外包服务协议。公司未来将结合自身经营实际情况，通过选择在中国基金业协会备案的私募股权投资基金外包服务机构的专业外包服务，实现风险管理和内部控制制度目标，降低运营成本，提升核心竞争力。

十、申请人的高管人员资格及高管岗位设置情况

本所律师通过如下方式对申请人高管人员资格及岗位设置情况进行核查：

(1) 查阅公司章程。

公司章程规定，公司不设董事会，设执行董事1名。执行董事决定公司内部管理机构的设置，决定聘任或解聘经理，并根据经理的提名，决定聘任或解聘风控总监、财务总监。

(2) 查阅公司工商登记文件。

经查阅公司工商登记文件，【 】为公司总经理、法定代表人。

(3) 审查公司提交的执行董事决定或聘任书。

执行董事决定聘任【 】为经理、【 】为风控总监、【 】为财务负责人。

(4) 取得高管人员的高管调查表。

经过上述核查，公司高管人员不存在《公司法》第一百四十六条规定的禁止担任董、监、高情形。上述人员具体情况如下：

(略)

综上，本所律师认为，公司高管包括法定代表人、总经理【 】、风控总监【 】、财务总监【 】，其中法定代表人、总经理【 】、风控总监【 】具有基金从业资格，申请人符合从事非私募证券投资基金业务的各类私募股权投资基金管理人至少2名高管人员应当取得基金从业资格的条件，公司高管不存在《公司法》第一百四十六条规定的禁止担任董、监、高的情形，高管人员进行了合理的职责分工，岗位设置符合基金业协会的要求。

十一、申请人及高管人员的诚信情况

本所律师通过如下方式对申请人及高管人员的诚信情况进行了核查：

(1) 查询中国证监会的官方网站("行政处罚""市场禁入")。

未发现公司及高管人员的行政处罚或者被采取行政监管措施的信息。

(2) 查阅中国人民银行征信中心关于申请人的企业信用报告。

未发现公司的不良信用记录。

(3) 查阅中国人民银行征信中心关于申请人高管人员的个人信用报告。

未发现三位高管的不良信用记录。

(4) 查询国家工商行政管理总局的全国企业信用信息公示系统。

公司未被列入经营异常名录或严重违法企业名录。

(5) 查询基金业协会官方网站的信息公示内容("纪律处分""黑名单")。

未发现公司及其高管人员受到基金业协会的纪律处分的信息。

(6) 查询全国法院失信被执行人名单信息公布与查询平台(中国执行信息公开网)。

未发现公司及三位高管人员的有关信息,未被列入失信被执行人名单。

(7) 查询"信用中国"官方网站的公开信息。

未发现公司及三位高管人员存在不良信用记录。

(8) 查询资本市场诚信数据库。

未查询到公司及三位高级管理人员的相关信息。

(9) 查阅公安机关出具的关于公司法定代表人【 】的无犯罪证明。

公司法定代表人【 】不存在违法犯罪记录。

(10) 对公司高管人员进行了访谈并取得书面确认文件"高管调查表"。

三位高级管理人员均确认其不存在不诚信的情况。

(11) 通过"百度"网站搜索申请人有关信息。

未搜索到公司受到刑事处罚或其他不良信息。

综上,经过本所律师上述核查,申请人及高管人员的诚信情况如下:

公司未受到刑事处罚、金融监管部门行政处罚或者被采取行政监管措施;公司及其高管人员未受到基金业协会的纪律处分;未在资本市场诚信数据库中存在负面信息;未被列入失信被执行人名单;未被列入全国企业信用信息公示系统的经营异常名录或严重违法企业名录;未在"信用中国"网站上存在不良信用记录;公司法定代表人不存在违法犯罪记录。

十二、申请人最近三年涉诉或仲裁的情况

本所律师通过如下方式对申请人涉诉或仲裁的情况进行了核查:

(1) 查询中国裁判文书网。

未发现申请人涉诉或仲裁的信息。

(2) 查询全国法院被执行人信息查询平台。

未发现申请人涉诉或仲裁的信息。

(3) 对公司法定代表人进行访谈。

公司法定代表人确认,公司未涉及任何诉讼或仲裁事项。

(4) 取得公司的书面确认文件。

公司确认，未涉及任何诉讼或仲裁事项，亦不存在可预见的重大诉讼、仲裁案件或被行政处罚的情形。

经过上述核查，本所律师认为，截至本补充法律意见书出具之日，申请人不存在尚未了结的重大诉讼、仲裁或行政案件，亦不存在可预见的重大诉讼、仲裁案件或被行政处罚的情形。

十三、申请人提交的登记申请材料情况

经本所律师核查，申请人拟提交的主要登记申请材料如下：

(一) 常规格式文件
(1) 基金业协会入会申请书。
(2) 基金管理人登记和基金备案承诺函。
(二) 管理人信息
(1) 机构基本资料。
(2) 营业执照。
(3) 公司章程。
(4) 私募股权投资基金管理人各项风险管理与内控制度。
(5) 实际控制人资料。
(三) 股东/合伙人信息
股东身份证明、出资金额和出资比例、实际出资金额和出资比例。
(四) 主要人员信息
公司高级管理人员【　】、【　】、【　】的身份证、学历证、个人履历。
(五) 法律意见书
本所律师认为，申请人向基金业协会提交的上述登记申请材料真实、准确、完整。

十四、需要说明的其他事项

无须要说明的其他事项。

十五、本次私募股权投资基金管理人登记的整体结论性意见

本所律师认为，公司符合《管理人登记和基金备案办法(试行)》规定的申请管理人登记的有关条件，符合基金业协会的相关要求，本次申请私募股权投资基金管理人登记不存在实质性法律障碍。

本法律意见正本叁份，经本所盖章并经经办律师签字后生效。

(以下无正文)

(本页无正文，为《北京××律师事务所关于北京××资本管理有限公司申请私募股权投资基金管理人登记法律意见书》的签字盖章页)

北京××律师事务所

负责人：   经办律师：

经办律师：

年　　月　　日

第三章

私募股权投资基金的募集、设立及备案

学习提示

本章主要阐述了私募股权投资基金募集的方式、渠道和规范要求；介绍了《私募股权投资基金募集说明书》的内容并提供了范本；详细说明了符合监管要求的募集流程；最后以有限合伙型私募股权投资基金为例，介绍了私募股权投资基金设立及备案的相关内容。

第一节 私募股权投资基金的募集

基金募集是私募股权投资基金运营的前提，是私募股权投资基金资本循环与周转的初始点，只有募集金额达到设立的条件，才能进一步开展基金设立和备案工作。无论即将设立的基金是公司型、合伙型还是契约型，稳定充足的资金都是保障私募股权投资基金顺利运转的前提，基金募集额的大小决定了股权投资的规模大小。

一、私募股权投资基金募集的方式、渠道和要求

(一) 基金募集的方式

基金募集，是指基金管理人或者受其委托的募集服务机构向投资者募集资金用于基金设立的行为。成功的基金募集对于私募股权投资基金至关重要，根据环境、形势以及待成立基金自身的特点，选择相匹配的募集方式是成功募集的基础。根据募集主体不同，私募股权投资基金的募集可以分为自行募集和委托募集。

自行募集是由基金发起人自行拟定私募股权投资基金募集说明书、寻找投资者的基金募集方式。自行募集的基金管理人需要在基金业协会办理登记备案，且只限于对自设的基金进行募集。

委托募集是指基金发起人委托第三方机构寻找投资者或者借用第三方的融资渠道完成资金募集工作，并支付相应报酬。《募集行为管理办法》第二条第二款规定："在中国证券投资基金业协会办理私募基金管理人登记的机构可以自行募集其设立的私募基金，在中国证监会注册取得基金销售业务资格并已成为中国基金业协会会员的机构(以下简称基金销售机构)可以受私募基金管理人的委托募集私募基金。其他任何机构和个人不得从事私募基金的募集活动。"由此可见，基金管理人只能委托具有基金销售资格的销售机构募集。基金销售机构则需要取得证监会基金销售资格，并成为基金业协会的会员，且只能接受基金管理人的委托。

《募集行为管理办法》第八条规定，基金管理人应当以书面形式与基金销售机构签订《基金委托销售协议》，并将协议中关于私募基金管理人与基金销售机构权利义务划分的部分以及其他涉及投资者利益的部分共同作为基金合同的附件。这种规定是为了将基金管理人与基金销售机构之间"管理"和"募集"的责任进行划分。在实际中，取得基金销售资格的机构一般都是银行、证券公司等大型金融机构。

对于《基金委托销售协议》，有以下几点需要明确或注意：
(1) 协议双方当事人的资质申明及佣金支付；
(2) 双方权利义务的明确划分，即"募""管"环节的划分；
(3) 募集结算资金专用账户的设置；
(4) 投资冷静期约定及回访确认；
(5) 投资冷静期协议解除权。

需要注意的是，私募股权投资基金管理人委托基金销售机构募集时，不能因为"委托"而免除应依法承担的责任。

对于委托代销基金，有关的监管条例如下：

1. 《证券期货投资者适当性管理办法》

第二十六条 委托其他机构销售本机构发行的产品或者提供服务，应当审慎选择受托方，确认受托方具备代销相关产品或者提供服务的资格和落实相应适当性义务要求的能力，应当制定并告知代销方所委托产品或者提供服务的适当性管理标准和要求。

第二十七条 经营机构代销其他机构发行的产品或者提供相关服务，应当在合同中约定要求委托方提供的信息，包括产品或者服务分级考虑因素等，自行对该信息进行调查核实，并履行投资者评估、适当性匹配等适当性义务。

第二十八条 对在委托销售中违反适当性义务的行为，委托销售机构和受托销售机构应当依法承担相应法律责任，并在委托销售合同中予以明确。

2. 《基金募集机构投资者适当性管理实施指引(试行)》

第三十六条 委托第三方机构提供基金产品或者服务风险等级划分的，基金募集机构应当要求其提供基金产品或者服务风险等级划分方法及其说明。基金募集机构应落实的适当性义务不因委托第三方而免除。

因此，在基金募集时应当结合当前市场的资金充盈程度、自身的募集能力、基金产品特点等因素，综合考虑并采用合适的募集方式。

(二) 基金募集的渠道

私募股权投资基金的资金来源是多元的，如自然人、工商企业、保险公司、信托公司、银行、社保基金、企业年金、外资等。不同主体对于风险收益的权衡不同，要求私募股权投资基金在资金募集过程中准确把握经济环境和自身的特点，有的放矢，找准目标群体。而且，单只基金的资金来源可能并不单一，应设立优先、次级、劣后等结构层次来吸引不同风险偏好的资金。

一般情况下，根据投资者主体性质不同，私募股权投资基金的资金来源大体可归纳为三类：个人投资者、机构投资者、母基金(含政府引导基金)。

1. 个人投资者

个人投资者主要指高净值个人投资者。高净值人群对市场洞察敏锐，思维活跃，有意愿也有能力与优质企业共同成长，所以一直以来都是私募股权投资基金募资时看重的对象。我国个人与家庭的储蓄存款规模十分巨大，纵使在中国经济增速趋缓的背景下，高净值人群的财富增长仍十分稳健。2019年6月5日，招商银行和管理咨询机构贝恩公司在深圳联合发布《2019中国私人财富报告》。报告显示，截至2018年年末，中国个人高净值人群规模达197万人，全国个人持有的可投资资产总体规模达到190万亿元。中国家庭可投资金融资产总额占据中国整体个人财富的半壁江山。随着国家整体经济的增长、个人收入的提高，富有的个人投资者将逐渐成为参与私募股权投资基金的重要力量。然而，对于私募股权投资基金而言，个人投资者往往存在着资金稳定性不足的问题，这需要基金管理人审慎甄别、斟酌判断。

2. 机构投资者

机构投资者是指使用自有资金或者从分散的公众手中筹集资金专门从事投资活动的机构组织，主要包括以下几方面。

(1) 工商企业，包括国有企业、民营企业、外资企业等。上市公司及企业投资者是近十年里中国本土私募投资基金最活跃的参与者，也是目前创业投资基金及私募股权投资基金募资的主要来源。其中，"上市公司+PE"式的产业基金是上市公司参与私募股权投资基金的重要形式。

(2) 金融机构，包括保险公司、商业银行、证券公司、基金子公司等金融机构。

(3) 社会保障基金，作为中国最大的养老金基金，社会保障基金通常将总资产的一定比例投资于股权投资基金。

总体看来，机构投资者较为理性，资金拥有量充足且稳定，对基金管理人有一定的信任。依据成熟资本市场的经验，结合私募股权投资基金周期长的特点，机构投资者在未来应该成为私募股权投资基金资金的主要来源。根据《中国证券投资基金业年报(2016)》，截至2016年年末，在私募股权投资基金投资者出资中，机构投资者出资比例最高，达到

82.29%(含管理人跟投)，其中工商企业出资占比为 32.72%，位居第一，机构投资者出资比例在 50%及以上的私募股权投资基金数量和实缴资金规模的占比分别为 45.30%和 78.70%。其中，出资人全部为机构投资者的基金数量和实缴规模占比分别为 28.23%和 66.92%。由此可见，机构投资者目前已经成为中国私募股权投资基金最主要的出资方。

3. 母基金

母基金，又称基金中的基金，一般通过对私募股权投资基金进行分散化组合投资而实现间接投资于企业的目的。母基金专注于股权投资，有专业化的投资经验和风险分散能力，是长期且优质的资金来源，能代表投资人更好地发挥资金的作用，同时又能在资源、管理、战略上为基金管理人提供更多的帮助和支持。

如今，中国私募股权投资基金行业处于初级发展阶段，离不开政府资金的支持。政府引导基金指由政府设立并按市场化方式运作的政策性基金，作为一种特殊的母基金，其可信度高、稳定性强，是私募股权投资基金最为理想的资金来源方式之一。其宗旨是发挥财政资金的引导和聚集放大作用，引导民间投资等社会资本，增加创业投资资本的供给。特别是通过鼓励创业投资基金，投资处于种子期、起步期等创业早期的企业，弥补一般创业投资基金主要投资于成长期、成熟期和重建期企业的不足。政府引导基金对创业投资基金的支持方式包括参股、融资担保、跟进投资等。

根据《中国证券投资基金业年报(2016)》，截至 2016 年年末，在私募股权投资基金投资者出资占比中，政府引导资金占比大约为 2.30%。虽然政府的出资总量不大，但是有一定的引导意义，通过提供财政专项资金支持，撬动社会资金，引导其投向企业，增加政府资金的运用效果。截至 2018 年 6 月，全国目标规模千亿以上政府投资基金共 13 只，披露总目标规模 21 312 亿元。其中国家级政府投资基金 1 只，总目标规模 1500 亿元，省级政府投资基金 7 只，总目标规模 14 312 亿元，市级政府投资基金 5 只，总目标规模 5500 亿元。这一类基金中，规模较大的是江苏省政府投资基金，成立时间为 2015 年 9 月，用于启动新材料、智能制造、智慧建筑、上市公司并购、国企混改、知识产权等基金的发起设立工作，以支持经济转型升级。政府引导基金对中国创投市场化环境的完善起到更好的带动作用，已逐步成为我国私募股权投资基金发展的重要力量。

总的来说，随着中国私募股权投资基金的发展，资金来源越来越广泛，资金供给也越来越充足，为私募股权投资基金行业发展提供了良好的基础保证。

(三) 基金募集的要求

2016 年之前，私募股权投资基金募集环节存在监管不足，导致在私募股权投资基金行业发展日益壮大的同时，风险不断积聚，风险事件频繁暴露。在募集环节，涉及的违法违规行为包括公开宣传、虚假宣传、保本保收益、向非合格投资者募集资金、非法集资、非法吸收公众存款等。

为加强保护投资者的合法权益，进一步规范私募股权投资基金的募资行为，基金业协会于 2016 年 4 月发布了《募集行为管理办法》，并于 2016 年 7 月 15 日起正式实施。《募集行为管理办法》对私募股权投资基金的资金募集做了明确的规定与指引。基金业协会同时发布了《私募投资基金募集行为管理办法起草说明》，对法规的起草背景、主要内容做了详尽的说明。该办法体现了证监会对私募股权投资基金的监管三原则：重在自律原则、底线监管原则和促进发展原则，同时也是私募股权投资基金行业的三条监管底线(即坚持诚信守法、不得变相公募、严格投资者适当性管理)的具体化表现。

《募集行为管理办法》对基金管理人的募资行为进行了严格规范。从募集办法的适用范围、一般性规定、特定对象调查、推介行为、合格投资者确认、合同签署等方面均做出了详细规定，是较为完备的私募募集行为规范。下面将《募集行为管理办法》的要点进行总结如下，如表3-1所示。

表3-1 《募集行为管理办法》汇总表

章节	主要内容
第一章 总则	两类机构： (1) 基金管理人。须在基金业协会登记； (2) 基金销售机构。须取得销售资格，并成为基金业协会会员 募集方式： (1) 自行募集。基金管理人对自设基金可自行募集； (2) 委托募集。基金销售机构可接受基金管理人的委托募集 募集人员要求：需要取得基金从业资格
第二章 一般规定	(1) 委托销售协议。协议中关于私募基金管理人与基金销售机构权利义务划分以及其他涉及投资者利益的部分作为基金合同(合伙协议)附件； (2) 禁止非法拆分转让； (3) 募集结算资金专用账户。具体包括账户设立、账户监管、资金归属及资金独立性等； (4) 募集程序。特定对象确认，投资者适当性匹配，基金风险揭示，合格投资者确认，投资冷静期，回访确认
第三章 特定对象的确定	(1) 不特定对象的宣传内容：可宣传基金管理人； (2) 特定对象的宣传内容：可推介基金； (3) 特定对象的确认流程：①问卷调查；②投资者书面承诺； (4) 问卷调查的内容和风险评估报告的时效
第四章 私募基金推介	(1) 私募基金推介材料的内容要素； (2) 私募基金推介的禁止行为； (3) 私募基金推介的禁止渠道
第五章 合格投资者确认及基金合同签署	(1) 合格投资者确认流程：说明义务，风险揭示，资金证明； (2) 投资冷静期的设置：合同签署且汇款后不少于24小时(适用于证券投资基金)股权投资基金、创投基金可参照执行或自行约定； (3) 回访确认制度； (4) 投资者回访确认前的合同解除权； (5) 当然合格投资者及专业投资机构的豁免
第六章 自律管理	(1) 基金业协会对会员单位的检查方式； (2) 基金业协会的处罚方式

从《募集行为管理办法》看，募资行为的规范监督主要反映在"私募""禁止行为"和"投资者适当性管理"三方面。

1. "私募"方面

募集机构仅可以通过合法途径公开宣传私募股权投资基金管理人的品牌、发展战略、投资策略、管理团队、高管信息以及由基金业协会公示的已备案私募股权投资基金的基本信息。

募集机构不得通过下列媒介渠道推介私募股权投资基金：

(1) 公开出版资料。
(2) 面向社会公众的宣传单、布告、手册信函、传真。
(3) 海报、户外广告。
(4) 电视、电影、电台及其他音像等公共传播媒体。
(5) 公共、门户网站链接广告、博客等。
(6) 未设置特定对象确定程序的募集机构官方网站、微信朋友圈等互联网媒介。
(7) 未设置特定对象确定程序的讲座、报告会、分析会。
(8) 未设置特定对象确定程序的电话、短信和电子邮件等通信媒介。
(9) 法律、行政法规、中国证监会规定和基金业协会自律规则禁止的其他行为。

2. "禁止行为"方面

募集机构及其从业人员推介私募股权投资基金时，禁止有以下行为：

(1) 公开推介或者变相公开推介。
(2) 推介材料虚假记载、误导性陈述或者重大遗漏。
(3) 以任何方式承诺投资者资金不受损失，或者以任何方式承诺投资者最低收益，包括宣传"预期收益""预计收益""预测投资业绩"等相关内容。
(4) 夸大或者片面推介基金，违规使用"安全""保证""承诺""保险""避险""有保障""高收益""无风险"等可能误导投资人进行风险判断的措辞。
(5) 使用"欲购从速""申购良机"等片面强调集中营销时间限制的措辞。
(6) 推介或片面节选少于6个月的过往整体业绩或过往基金产品业绩。
(7) 登载个人、法人或者其他组织的祝贺性、恭维性或推荐性的文字。
(8) 采用不具有可比性、公平性、准确性、权威性的数据来源和方法进行业绩比较，任意使用"业绩最佳""规模最大"等相关措辞。
(9) 恶意贬低同行。
(10) 允许非本机构雇用的人员进行私募股权投资基金推介。
(11) 推介非本机构设立或负责募集的私募股权投资基金。
(12) 法律、行政法规、中国证监会和基金业协会禁止的其他行为。

为了杜绝私募行业机构投资者将购买的基金份额拆分，转售给非合格投资者的乱象，《募集行为管理办法》第九条特别强调了募集机构确保投资者知悉私募股权投资基金转让的义务，禁止任何机构和个人以非法拆分销售为目的购买私募股权投资基金。

3. "投资者适当性管理"方面

私募股权投资基金募集机构必须履行以下六个方面的义务：①特定对象确定；②投资者适当性匹配；③基金风险揭示；④合格投资者确认；⑤投资冷静期；⑥回访确认。

在向投资者推介私募股权投资基金之前，募集机构应当采取问卷调查等方式履行特定对象确定程序，对投资者风险识别能力和风险承担能力进行评估。投资者应当以书面形式承诺其符合合格投资者标准。募集机构应建立科学有效的投资者问卷调查评估方法，确保问卷结果与投资者的风险识别能力和风险承担能力相匹配。募集机构通过互联网媒介向投资者在线推介私募股权投资基金之前，投资者应承诺其符合合格投资者标准。在投资者签署基金合同之前，募集机构应当向投资者说明有关法律法规，说明投资冷静期、回访确认等程序性安排以及投资者的相关权利，重点揭示私募股权投资基金风险，并与投资者签署风险揭示书。在完成私募股权投资基金风险揭示后，募集机构应当要求投资者提供必要的资产证明文件或收入证明。

募集机构应当合理审慎地审查投资者是否符合私募股权投资基金合格投资者标准，依法履行反洗钱义务，并确保单只私募股权投资基金的投资者人数累计不得超过《证券投资基金法》《公司法》《合伙企业法》等法律规定的特定数量。基金合同应当约定给投资者设置不少于24小时的投资冷静期，募集机构在投资冷静期内不得主动联系投资者。投资冷静期自基金合同签署完毕且投资者缴纳认购基金的款项后起算，也可以自行约定。募集机构应当在投资冷静期满后指令本机构从事基金销售推介业务以外的人员以录音电话、电邮、信函等适当方式进行投资回访，回访过程不得出现诱导性陈述。募集机构在投资冷静期内进行的回访确认无效。需要注意的是，部分被视为合格投资者的专业机构，考虑其专业能力和风险承担能力，可以不按照以上程序进行投资者适当性管理。

尽管基金业协会在《募集行为管理办法》中对投资者适当性管理做出了较为完备的规定，但毕竟属于行业自律规范，效力层级较低。中国证监会随后又于2016年12月发布了《证券期货投资者适当性管理办法》(以下简称《适当性管理办法》)，以部门规章的形式制定了适用于包括私募股权投资基金在内的统一的投资者适当性管理规定。《适当性管理办法》共43条，针对适当性管理中的实际问题，主要做出了以下制度安排。

(1) 形成了依据多维度指标对投资者进行分类的体系，统一投资者分类标准和管理要求。《适当性管理办法》将投资分为普通投资者和专业投资者两类，规定了专业投资者的范围，明确了专业投资者、普通投资者相互转化的条件和程序，规定经营机构可以对投资者进行细化分类且应当制定分类内部管理制度；进一步规范了特定市场、产品、服务的投资者准入要求，明确了考虑因素、主要指标、资产指标等基本要求。由此解决了投资者分类无统一标准、无底线要求和分类职责不明确等问题。

(2) 明确了产品分级的底线要求和职责分工，建立层层把关、严控风险的产品分级机制。《适当性管理办法》规定经营机构应当了解产品或服务信息，对产品或服务进行风险分级并制定分级内部管理制度，明确划分风险等级的考虑因素。规定由行业协会制定并定期更新本行业的产品风险等级名录，经营机构可以制定高于名录的实施标准。由此，建立了监管部门确立底线要求，行业协会规定产品名录指引，经营机构制定具体分级标准的产品分级体系，既给予经营机构必要的空间，又有效防止产品风险被低估而侵害投资者权益。

(3) 规定了经营机构在适当性管理各个环节应当履行的义务，全面从严规范相关行为。《适当性管理办法》规定经营机构应当了解投资者信息，建立投资者评估数据库并每年更新；提出适当性匹配的底线要求，细化动态管理、告知警示、录音录像等义务；明确经营机构代销产品或委托销售中了解产品信息、制定适当性标准等义务，规定委托销售机构和受托销售机构依法共同承担责任；要求经营机构制定落实适当性匹配、风险控制、监督问责等内部管理制度，不得采取鼓励从业人员不适当销售的考核激励措施，定期开展自查，妥善保存资料。《适当性管理办法》突出适当性义务规定的可操作性，细化具体内容、方式和程序，确保经营机构能够据此执行，避免成为原则性的"口号立法"。

(4) 突出对于普通投资者的特别保护，向投资者提供有针对性的产品及差别化服务。《适当性管理办法》规定普通投资者在信息告知、风险警示、适当性匹配等方面享有特别保护。经营机构向普通投资者销售高风险产品或者提供相关服务时，应当履行特别的注意义务，不得向普通投资者主动推介不符合其投资目标或者风险等级高于其风险承受能力的产品或者服务。经营机构与普通投资者发生纠纷的，经营机构应当提供相关资料，证明其已向投资者履行相应义务。

(5) 强化了监管自律职责与法律责任，确保适当性义务落到实处。《适当性管理办法》规定了监管自律机构在审核关注产品或者服务适当性安排、督促适当性制度落实、制定完善适当性规则等方面的职责。本着有义务必有追责的原则，针对每一项义务都制定了相应的违规罚则，要求监管自律机构通过检查督促，采取监督管理措施、行政处罚和市场禁入措施等方式，确保经营机构自觉落实适当性义务，避免《适当性管理办法》成为无约束力的"豆腐立法"和"没有牙齿的立法"。

基金业协会依据《适当性管理办法》于2017年6月28日发布了《基金募集机构投资者适当性管理实施指引(试行)》，针对基金行业的特点确定了投资者适当性管理的具体要求，在其起草说明中指出私募股权投资基金应当按照新老划断的方式适用该指引。即自2017年7月1日起，基金募集机构向新客户销售基金产品或者提供服务、向老客户销售(提供)高于其原有风险等级的基金产品或者服务，需按《适当性管理办法》要求执行。向老客户销售或提供不高于原有风险等级的基金产品或服务的不受影响，继续进行。

二、《私募股权投资基金募集说明书》的制作

《私募股权投资基金募集说明书》(以下简称《基金募集说明书》)是私募股权投资基金管理人募集资金首先需要准备制作的文件，简单来说就是私募股权投资基金的产品说明书，对各方主体的权利义务进行明确的说明和分配，以帮助投资人了解基金。募集说明书旨在

充分披露可能对投资人所做出的投资判断产生重大影响的相关信息，较为详尽地阐释了该基金的设立信息、拟募集的资金规模、参与者的权利义务、拟采取的管理结构与组织架构、管理团队的历史业绩、所募资金的使用规则、基金投资理念、费用类型及比率、获利模式、风险管理、收益分配方式等。募集说明书也是私募股权投资基金管理人向基金业协会进行登记备案时须提交的材料之一，其重要性可见一斑。

募集说明书的作用除了为私募股权投资基金做出详细的说明外，更主要的作用是让投资者产生兴趣并吸引投资者加入。一份优秀的、有吸引力的募集说明书才能真正起到为私募股权投资基金募集阶段奠定坚实基础的作用。

(一) 《基金募集说明书》的主要内容和要求

《募集行为管理办法》第二十三条对私募股权投资基金推介材料(即《基金募集说明书》)的内容做了较为详细的要求，其内容应该包括但不限于以下几点。

(1) 私募股权投资基金的名称和基金类型。

(2) 私募股权投资基金管理人的名称、私募股权投资基金管理人的登记编码、基金管理团队的基本信息。

(3) 私募股权投资基金管理人以及私募股权投资基金公示信息(含相关诚信信息)。

(4) 私募股权投资基金托管情况(如无，应以显著字体特别标注)、其他服务提供商(如律师事务所、会计师事务所等)、是否聘用投资顾问。

(5) 私募股权投资基金的外包情况。

(6) 私募股权投资基金的投资范围、投资策略和投资限制概况。

(7) 私募股权投资基金收益与风险的匹配情况。

(8) 私募股权投资基金的风险揭示。

(9) 私募股权投资基金募集结算资金专用账户及其监督机构信息。

(10) 投资者承担的主要费用及费率，投资者的重要权利(如认购、赎回、转让等限制、时间和要求等)。

(11) 私募股权投资基金承担的主要费用及费率。

(12) 私募股权投资基金信息披露的内容、方式及频率。

(13) 明确指出该文件不得转载或给第三方传阅。

(14) 私募股权投资基金采取合伙企业、有限责任公司组织形式的，应当明确说明入伙(股)协议不能替代合伙协议或公司章程。说明根据《合伙企业法》或《公司法》，合伙协议、公司章程依法应当由全体合伙人、股东协商一致，以书面形式订立。申请设立合伙企业、公司或变更合伙人、股东的，应当向企业登记机关履行申请设立及变更登记手续。

(15) 中国基金业协会规定的其他内容。

对上述要求进行分析，《募集行为管理办法》第二十三条着重强调了以下几点。

① 基金和基金管理人的合规性：登记、备案、相关公示信息等。

② 投资者保护：风险揭示、风险匹配、募集结算资金专用账户、投资者权利等。

以上是基金管理人制作《基金募集说明书》时应该重点注意的几点。一般来讲，《基金募集说明书》的大体章节划分及内容设置如表 3-2 所示。在实务中，可根据基金的实际情况和募集环境进行章节和内容调整。

表 3-2　《基金募集说明书》章节划分与内容设置

章节划分	内容设置
声明	对说明书的性质、真实性、保密要求等进行声明
摘要	可将《募集说明书》的重点内容进行摘要性说明
释义	针对本基金相关词语进行法律定义与描述
第一章　基金概况	主要包括设立背景、要素说明、组织架构、投资策略、退出方式等
第二章　基金管理人	主要包括公司基本信息、基金业协会登记备案情况、组织架构、管理团队简介、过往业绩简介等
第三章　基金的投资	主要包括投资理念、投资方向、投资策略、拟投企业标准、投资限制、投资决策流程、投资收益与风险说明等
第四章　项目储备	主要针对基金拟投项目进行简要说明
第五章　风险及应对	主要对基金的投资风险进行全方位说明
第六章　投资者保护	主要包括说明义务、风险揭示、冷静期设置、无因解约权等
第七章　募集与认购	主要包括认购须知、认购流程等
附件	主要包括委托销售协议相关条款、认购说明、意向认购书等

（二）《基金募集说明书》制作中的关键问题

在私募股权投资基金募集的实际操作过程中，会受到许多因素的影响。基金管理人应对潜在投资者所关心的问题提前考量，最大限度地降低基金募集失败的概率。下面以有限合伙型基金为例，假定普通合伙人作为基金管理人，阐述在私募股权投资基金募集实务中，潜在投资者最为关心的内容。

1. 普通合伙人的出资比例

多数情况下，普通合伙人会作为基金管理人。有限合伙人愿意看到普通合伙人拿出有意义的出资比例，目的是寻求普通合伙人与有限合伙人之间利益一致性的保障。一般而言，普通合伙人的出资比例范围是 1%～2%，这通常取决于普通合伙人的财务状况和有限合伙人的意愿。但在实践中，为了表现自己对基金收益的信心或者为了获取更多的收益分成，普通合伙人的出资金额可能会超过这一比例。

2. 收益分成

私募股权投资基金一般通过收益分成的方式给予基金管理人报酬，这有助于确保普通合伙人的目标与有限合伙人的目标保持一致，即争取基金投资回报的最大化。收益分成计算的基础是基金回报，分成比例通常是 20%，但有些知名的、经验丰富的普通合伙人往往会获取更高的分成比例。近年来，为了奖励普通合伙人，使其利益与有限合伙人更趋一致，在实践中有采用 25%或 30%的分成比例，尤其是对超过约定回报率的部分。

3. 管理费

一般来说，每年的管理费为出资金额的 2%，也有一些协议约定在投资期间，管理费为出资金额的 2%，而在投资结束到基金清盘期间，管理费逐步降至出资金额的 1%。管理费通常是用于基金运营和管理产生的费用(包括工资、办公费用、项目开发费用、交通费、接待费等)，并不是普通合伙人获取报酬的主要来源。对于有些募集规模较大的基金，普通合伙人会面临降低管理费的压力，以便普通合伙人的利益与有限合伙人投资回报的要求保持一致。

4. 收益钩回

是否存在收益钩回条款，也是潜在投资者比较关心的问题。收益分配是以投资项目的退出为基础，部分合伙协议里会有收益钩回条款，以保证普通合伙人的收益不会超过收益分成约定的标准。收益钩回要求普通合伙人返还一部分已收取的收益分成，以防止后续投资项目表现不佳的情况下，普通合伙人获得的总收益超过约定比例。

5. 基金规模

尽管大部分基金管理人希望能募集到尽可能多的资金，但对于潜在投资者来讲，他们很关注基金管理人能否合理有效地利用资金。当募集资金规模过大时，投资者会担心基金管理人无法寻找到足够多符合投资标准的标的，造成资金大量长期闲置。同时，基金规模设定过高时，募集成功的概率会降低。

6. 有限合伙人的职责

为了维持其有限责任，有限合伙人通常不被允许参与基金事务。不过在国内，一些较为强势的有限合伙人通常希望能够以各种可能的方式承担管理职责、参与基金事务管理，以降低自身的投资风险。

7. 投资限制

投资限制主要是指根据基金的性质及规模，约定基金不能或不应从事的投资项目或行为。例如，不可投资某些行业或领域、避免投资于其他基金、对上市公司投资的限制、对再投资的限制、对项目投资股权比例的限制、对单一项目投资额占基金总额的比例限制、对项目的地域限制等。有限合伙人往往关注基金的投资限制内容是否符合自身的收益和风险要求。

8. 关键人条款

普通合伙人的能力和经验通常是有限合伙人决定是否投资的最核心因素之一。在某些基金管理人中，存在一些不可或缺的核心人物，如某些核心管理者或明星投资经理。因此，有限合伙人通常要求设定一些与上述核心人物变动或关键人离职相关联的中止条款。这些条款轻则要求在多数或绝大多数有限合伙人认可的新管理者到位之前，普通合伙人禁止提出新的出资请求；重则要求中止基金开展新的投资活动。

总之，《基金募集说明书》中相关条款的内容是基金管理人在综合考量自身的优劣势、潜在投资者的收益需求和风险要求的基础上做出的，其合理性和合适性直接关系着基金募集的成功与否。

(三)《基金募集说明书》范本

××新能源创新发展基金

募集说明书

【基金管理人 logo】

××基金管理有限公司

年　　月

声 明

1. 文件性质

本募集说明书系由本基金的管理人××基金管理有限公司(以下简称基金管理人)制作,基金管理人确保本募集说明书内容真实、有效,不存在任何虚假记载、误导性陈述或者重大遗漏。

2. 并非投资建议

本募集说明书中包含的任何内容、提及的任何报告或对基金未来表现的陈述均未被赋予任何明示或默示的承诺或保证。本募集说明书中的所有观点、意见、陈述、说明仅为基金管理人基于自身所掌握信息的汇总、分析,相关内容仅供投资者参考,不构成任何形式的投资建议,不构成以任何方式投资本募集说明书中所描述之交易的承诺,亦不构成任何合同、承诺或安排的基础和依据。

本募集说明书不得被视为有关法律、税务或投资方面的咨询意见。投资者应就相关事宜咨询各自的专业顾问,全方位判断因投资于本基金而带来的法律、财务、税收等各方面的投资风险,进而做出投资判断。

3. 非要约及要约邀请

本募集说明书并非要约或要约邀请,亦不被视为要约或要约邀请。基金管理人有权独立依据本次募集规则,决定本基金的适格合伙人人选,有权决定接受或不接受投资者的基金权益认购资金及接受资金的额度。

4. 法律约束力

除本声明外,本募集说明书其他内容均不具有法律约束力。

5. 一致性

本募集说明书仅供基金推介使用,如有任何与《合伙协议》不一致之处,均以《合伙协议》为准。投资者在投资前应全文阅读《合伙协议》并依《合伙协议》作为投资判断。

6. 非公开发行

本基金为私募股权投资基金,仅以非公开发行方式向特定的有资金实力的合格投资者募集资金,并仅以此目的向该等人士提供本募集说明书。

7. 保密义务

本募集说明书仅在贵方有意投资并确认承担保密义务的基础上提交贵方作为投资参考。未经基金管理人书面许可,本募集说明书及本募集说明书内容不得被以任何形式复制、分发或披露于任何第三方。贵方仅可因本次投资目的,向自身高管人员及必要的专业顾问进行内部披露,且相关人员亦同意承担与贵方相同的保密义务。

一旦接收或阅读本募集说明书,贵方即应被视为已经接受此保密义务并做出上述保密承诺。

8. 投资风险自担

投资者应知悉私募股权投资基金存在较高的投资风险、较长的投资时间及较低的流动性。投资者应书面承诺自己符合合格投资者的认定标准并出具资金证明等文件，在自身风险承受能力范围之内进行投资并自行承担投资风险。

9. 分拆销售禁止

投资者应以书面形式承诺是为自己而投资。投资者在任何形式之下，都不得再将所获得的基金份额或基金份额权益进行任何形式的分拆销售或代为持有。经认购本基金份额而成为合伙人后，合伙人基金份额转让必须符合《合伙企业法》及《合伙协议》的规定。在相同条件下，其他合伙人有优先购买权。

10. 不做收益承诺

本基金不对投资者的最低投资收益做任何承诺，亦不保证投资者投资本金可被全部或部分收回。投资者应有充分的资金实力及意愿承担投资风险。

摘　要

- 基金名称：××新能源创新发展基金合伙企业(有限合伙)(以下简称基金)。
- 基金类型：有限合伙型股权投资基金。
- 基金管理人：××基金管理有限公司(以下简称基金管理人)。基金管理人在基金业协会的登记编号为【　】。
- 投资方向：新能源领域。
- 基金期限：存续期5年。其中投资期3年，退出期2年。经合伙人会议同意可延长1年。
- 基金规模：5亿元人民币。
- 基金管理费：投资期为基金总规模的2%，退出期为未退出部分的2%。
- 投资收益分配：在投资收益率小于8%的情况下，普通合伙人不提取业务报酬；在合伙人的投资收益率大于8%(含)的情况下，普通合伙人提取8%以上部分的20%作为业绩报酬。
- 认购期限：【　】至【　】。
- 基金份额：共100份，500万元人民币/份。
- 最低认购额：自然人最低为1000万元人民币；机构投资者最低为5000万元人民币。
- 银行托管：基金与【　】银行签订资金托管协议，并以基金名义设立银行托管账户，由【　】银行全面进行资金监管责任。

目 录

第一章　基金设立背景和目标
　　一、基金设立背景
　　二、基金目标
第二章　基金概况
　　一、基金要素
　　二、基金架构
　　三、基金管理模式
　　四、基金托管
　　五、基金服务机构
　　六、基金盈利模式
　　七、投资退出
　　八、基金费用和管理费
　　九、信息披露
　　十、风险控制
　　十一、有限合伙人权益
第三章　基金管理人
　　一、公司简介
　　二、组织架构
　　三、管理团队
　　四、基金业协会登记信息
　　五、核心优势
　　六、成功案例
第四章　投资管理
　　一、投资理念
　　二、投资目标
　　三、投资方向
　　四、拟投企业标准
　　五、投资限制
　　六、投资流程
　　七、收益分配
第五章　拟投项目
第六章　风险及应对措施
　　一、管理风险

二、经营风险
　　三、流动性风险
　　四、核心团队风险
　　五、退出风险
　　六、被投企业经营风险
第七章　投资者保护
　　一、认购前投资者保护
　　二、认购后投资者保护
第八章　募集及认购
　　一、基金的募集
　　二、认购流程

附件：《认购意向书》

相关词语释义表

基金/本基金	即××新能源创新发展基金合伙企业(有限合伙)
募集说明书	即基金的募集说明书
合伙协议	即基金的合伙协议
合伙企业法	即《中华人民共和国合伙企业法》
募集办法	即《私募投资基金募集行为管理办法》
法律法规	即中华人民共和国现实有效并公布实施的法律、行政法规、行政规章及规范性文件、地方性法规、地方性规章及规范性文件
投资者/认购人	即有意向认购本基金有限合伙份额的投资者在签署《合伙协议》并缴纳首期认购款项之前的统称
有限合伙人(LP)	即与普通合伙人一起组成有限合伙企业的一方，有限合伙人以其出资为限承担有限责任
普通合伙人(GP)	即与有限合伙人一起组成有限合伙企业的一方，普通合伙人对基金管理人合伙企业债务承担无限连带责任
基金管理人	即基金资产的管理者和运作人，在《募集说明书》中指××基金管理有限公司
个人投资者	即以自然人身份认购本基金的投资者
机构投资者	即以法人身份认购本基金的投资者
合格投资者	即符合《募集行为管理办法》第三十二条规定的适格投资者
当然合格投资者	即符合《募集行为管理办法》第三十二条规定的社保等投资主体
基金管理费	即作为管理人向基金提供合伙事务执行及投资管理服务的对价，而由基金向管理人支付的报酬
投资决策委员会	即基金投资决策的最高决策机构，拥有对所管理基金的各项投资事务的最高决策权
投资冷静期	即投资者资金实缴并到账之后的24小时
无因解约权	即在投资冷静期内投资者所拥有的无任何理由即可解除合伙协议的权力、投资者行使此权力无须承担任何法律责任

第一章 基金设立背景和目标

一、基金设立背景

新能源电动汽车行业是我国最重要的战略性新兴产业之一。新能源汽车产业链丰富，具有强大的创新驱动力。新能源电动车产业已经成为各城市新一轮竞争的热点，这既是一场关于工业发展理念的竞争，也是一场关于金融与产业整合能力的竞争。(略)

二、基金目标

1. 经营宗旨

充分发挥资金的示范效应和放大作用，按照商业化、市场化原则进行运作，通过集合投资和专家管理，以股权投资的形式主要投资于"新能源+"行动计划相关领域，推动××市创新型经济发展和经济增长方式转变。

2. 基金运作目标

引导社会资本投向"新能源+"产业，扩大"新能源+"企业融资渠道；推进自主创新成果产业化，扶持"新能源+"企业，培育国民经济新增长点；促进产业集聚，发展特色鲜明、根植性强的"新能源+"产业集群，推动区域产业结构调整和优化；为企业提供增值服务，引导企业建立规范化的经营机制，帮助企业走向资本市场，培育引领当地经济和产业发展的龙头企业。

第二章 基金概况

一、基金要素

本基金要素信息如下。

- 基金名称：××新能源创新发展基金合伙企业(有限合伙)(名称以工商最终核定为准)。
- 基金类型：有限合伙型股权投资基金。
- 基金管理人：××基金管理有限公司。住所为【 】，营业执照号码为【 】。基金管理人在基金业协会的登记编号为【 】。
- 投资方向：新能源汽车及其产业链领域。
- 基金期限：基金存续期自基金工商登记完成证书签发之日起 5 年(3+2 年)，即 3 年投资期，2 年退出回收期。经合伙人会议表决通过后，可以延长上述合伙期限。
- 基金规模：5 亿元人民币。
- 基金管理费：投资期为基金总规模的 2%，退出期为未退出部分的 2%。
- 投资收益分配：在投资收益率小于 8%的情况下，普通合伙人不提取业绩报酬；在合伙人的投资收益率大于 8%(含)的情况下，普通合伙人提取 8%以上部分的 20%作为业绩报酬。
- 认购期限：【 】至【 】。
- 基金份额：共 100 份，500 万元人民币/份。
- 最低认购额：自然人最低为 1000 万元人民币；机构投资者最低为 5000 万元人民币。

- 银行托管：基金与【　】银行签订资金托管协议，并以基金名义设立银行托管账户，由【　】银行全面履行资金监管责任。
- 募集结算资金专用账户：基金在【　】银行以【　】名义设立专用账户并由【　】银行监管；专用账户资金所有权在转入基金银行托管账户前，归各投资人所有。
- 投资冷静期：自投资人签署《合伙协议》且将认购资金汇入募集结算资金专用账户起24小时以上。

二、基金架构
（略）

三、基金管理模式
本基金为有限合伙型股权投资基金。投资者作为有限合伙人，××投资管理有限公司作为普通合伙人。普通合伙人作为基金管理人负责基金的运营和管理，承担无限责任。有限合伙人以投资额为限承担责任，不参加基金的投资决策和管理。

合伙人大会：合伙人大会为基金的最高权力机构，由每位合伙人各自委派1名代表组成。负责批准《合伙协议》约定的相关事宜，审核基金投资方向变更、基金解散和清算等重大事项。

投资决策委员会：投资决策委员会为基金的最高决策机构，由5名成员组成，其中基金管理人委派4名，有限合伙人推选1名。投资决策委员会主席由基金管理人指派人选担任，经合伙人大会授权，全面负责投资项目的决策等重大事项。所有投资项目须经投资决策委员会审核通过后方可进行投资。

四、基金托管
【　】银行作为基金的托管银行，负责基金的资金监管。基金将与【　】银行签订基金托管协议，并按协议约定向【　】银行支付托管费。

五、基金服务机构
基金拟聘请如下机构作为专业服务机构：
1. 审计机构：【　】会计师事务所有限公司；
2. 法律顾问：【　】律师事务所；
3. 资产评估：【　】资产评估公司。

相关聘请工作由基金管理人提名，最终由合伙人大会决议确定。

六、基金盈利模式
盈利主要来自三方面：
1. 被投企业的股权增值；
2. 被投企业派发的红利或股息；
3. 通过投资流动性资产获得的投资收益。

其中主要以被投企业的股权增值收益为主，后两者为补充。

七、投资退出

基金主要通过如下方式退出：

1. IPO 退出；
2. 股权转让退出；
3. 股权回购退出；
4. 清算退出。

八、基金费用和管理费

1. 基金费用

基金应负担所有与基金的设立、运营、终止、解散、清算相关的费用，包括：

(1) 开办费、基金发行和募集费用；

(2) 基金财务报表及报告费用，包括制作、印刷和发送成本；

(3) 基金的会计和税务顾问费用；

(4) 举行合伙人大会、投资决策委员会、风险控制委员会和咨询委员会会议的费用；

(5) 政府相关部门对基金收取的税、费及其他费用；

(6) 基金的审计费用；

(7) 管理费；

(8) 向基金的托管银行支付的托管费用；

(9) 基金的诉讼费和仲裁费；

(10) 基金清算、解散相关的费用。

以及其他未明确列明，但实际发生的、与基金的业务和运营有关的费用。

2. 管理费

(1) 基金每年按计算基数的 2%向基金管理人支付管理费。管理费从基金资产中支出，无须合伙人另行支付。基金设立后第一年的管理费以自合伙企业营业执照颁发日至当年 12 月 31 日的实际管理天数计算，并在合伙企业营业执照发放后二十个工作日内支付；从第二年开始，管理费在每年年初的十个工作日内支付。

(2) 计算基数。管理费的收取基数为基金总额扣除已退出项目投资本金。

九、信息披露

基金管理人、基金托管人和其他基金信息披露义务人应当依法披露基金信息，并保证所披露信息的真实性、准确性和完整性。

1. 基金管理人应当在每年结束之日起 60 日内，向全体合伙人提交基金年度报告。同时，基金托管人应向全体合伙人提交基金托管年度报告；

2. 在基金运作过程中发生如下可能对有限合伙人权益或者基金净值产生重大影响的事件时，基金管理人应当在 2 日内发布重大事项报告：

(1) 基金合伙人大会的召开及决议；

(2) 基金终止运作；

(3) 转换基金运作方式;
(4) 更换基金管理人和托管人;
(5) 基金管理人、基金托管人的法定名称、住所发生变更;
(6) 基金管理人股东及其出资比例发生变更;
(7) 基金管理人的董事长、CEO 及其他高级管理人员发生变动;
(8) 涉及基金管理人、基金财产、基金托管业务的诉讼;
(9) 基金管理人、基金托管人受到监管部门的调查;
(10) 重大关联交易事项;
(11) 基金收益分配事项;
(12) 管理费、托管费等费用计提标准、计提方式和费率发生变更;
(13) 基金改聘会计师事务所。

十、风险控制

基金将采取如下风控措施。

1. 基金不得对外提供担保;
2. 基金管理团队最低以投资金额的 0.1%强制跟投;
3. 基金不得从事承担无限责任的投资;
4. 基金投资原则为参股不控股;
5. 聘请会计师事务所对基金进行年度审计,并及时将审计报告向投资人发送;
6. 遵循完善、科学的投资决策流程,每一笔投资都要经过详尽的尽职调查和内部财务审计,并经过投资决策委员会审慎、严格的项目论证,才会付诸实施;
7. 基金资金由第三方机构托管和监督,实现基金运作管理和基金资金保管的分离,从而防止基金的资金被挪作他用,有效保障资金的安全;
8. 强化对被投资企业的投后管理:
(1) 基金管理人将派遣专业人士任职被投公司董事或监事,协助被投企业制定战略规划;
(2) 基金将监督被投企业的财务运营,防止财务风险的发生;
(3) 基金将要求被投企业定期提供经营报告,并不定期进行实地考察。

十一、有限合伙人权益

有限合伙人将拥有如下权益:

1. 参与决定普通合伙人入伙、性质转变或退伙;
2. 监督普通合伙人对合伙事务的执行情况;
3. 对合伙企业的经营管理提出建议;
4. 参与选择承办合伙企业审计业务的会计师事务所;
5. 获取经审计的合伙企业财务会计报告;
6. 查阅合伙企业财务会计账簿等财务资料;
7. 在合伙企业中的利益受到侵害时,向有责任的合伙人主张权利或者提起诉讼;

8. 普通合伙人怠于行使权利时，督促其行使权利或者为了合伙企业的利益以自己的名义提起诉讼；

9. 依法请求召开、参加或委派代理人参加合伙人大会以及在普通合伙人怠于履行职责时，根据本协议自行召集和主持合伙人大会，并行使相应的表决权。

第三章　基金管理人

一、公司简介
(略)

二、组织架构
(略)

三、管理团队
基金管理人拥有一支富有敬业精神和创造力、经验丰富、高素质和专业化的管理团队，团队成员具有丰富的产业投资、证券投资、投资银行、企业融资、法律研究等专业知识和工作经验。管理团队主要成员如下：

主要成员 1 简介：【　　】；

主要成员 2 简介：【　　】；

主要成员 3 简介：【　　】；

……

四、基金业协会登记信息
基金管理人在基金业协会登记编号为【　　】；

基金管理人登记的基本信息为【　　】；

基金管理人高管的从业资格证信息为【　　】。

五、核心优势
1. 富有敬业精神和创造力、经验丰富、高素质和专业化的管理团队；
2. 准确把握行业发展趋势和政策动向，深刻了解中国企业发展模式；
3. 深厚的政府、行业关系背景，取得政府和业界的大力支持；
4. 科学、合理的投资决策流程和风险控制机制，较高的投资判断能力和稳健的投资风格。

六、成功案例
(略)

第四章　投资管理

一、投资理念
基金管理团队具有独特完整的投资理念，即以互联网为核心，重点关注技术发展；以产业方向为基础，重点研究核心团队；以经营模式为关键，重在分析盈利模式；以精准投资为方向，重在执行战略分层；以产业链构建为抓手，重在发掘企业价值。

二、投资目标

基金重点以股权投资的形式投资于××市"新能源+"的相关领域。通过完善相关产业投融资渠道建设，促进被投企业建立现代企业制度、完善产权约束机制，推进相关产业资源合理配置和促进产业发展，分享"新能源+"给××市带来的成长性收益，追求管理资本的长期稳定增值。

三、投资方向

1. 投资阶段：初创型科技中小企业、高速成长型科技企业；
2. 目标领域：基金主要投资于新能源相关领域；
3. 基金的闲置资金可用于投资低风险或保值的流动性资产，如储蓄、国债、有财政担保的其他政府债券等。

四、拟投企业标准

1. 卓越的商业模式
(1) 主营突出：有清晰、突出的主营业务；
(2) 市场空间大：快速增长的本地市场需求和/或国际市场需求，存在明确的有待满足的庞大市场需求规模；
(3) 核心优势明显：企业有较明显的核心竞争力，以保持其领先地位；
(4) 可持续发展：业务发展战略、增长计划清晰可行，符合国家产业政策和投资导向。

2. 优秀的管理团队
(1) 富有激情：对事业充满激情和信心，对发展富有决心和斗志；
(2) 和善诚信：为人善良、通情达理、心胸开阔、讲求诚信；
(3) 专业敬业：对所从事的业务较为专业，且能专注对待；
(4) 善于学习：能够与时俱进，善于不断学习；
(5) 财富分享：乐于和团队及投资者分享财富；
(6) 价值认同：认同股东价值最大化和积极推动上市。

3. 良好的财务状况
(1) 盈利性企业或亏损但具有良好盈利前景的企业；
(2) 投资前后年增长率在30%以上；
(3) 毛利率高于或等于25%；
(4) 净利润率高于或等于10%。

五、投资限制

基金不得从事以下活动：
1. 不得从事委托贷款、房地产(包括购买自用房地产)等业务；
2. 原则上不进行他项担保、抵押、质押等；
3. 不得投资于股票、期货、信托、理财产品、保险计划及其他金融衍生品；
4. 不得向任何第三方提供赞助、捐赠等；

5. 不得吸引或变相吸引存款；不得向第三人提供贷款和资金拆借；
6. 不得进行承担无限连带责任的对外投资。

六、投资流程

投资流程图如下：

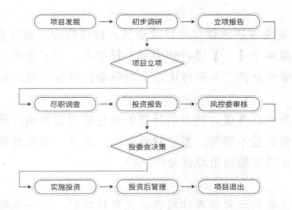

七、收益分配

本基金的收益分配遵循以下原则：

1. 各合伙人按出资额比例享有本基金权益；
2. 投资本金及收益完全归合伙人所有；
3. 基金就其任何项目投资取得的现金收入，基金管理人将在取得现金收入三十日之内尽快向各合伙人进行分配；
4. 在退出期内基金退出投资项目后，基金须将该项目回收的本金和收益一并分配给各合伙人，本基金不进行循环投资；
5. 基金清算完毕，基金将把投资者本金及未分配收益按《合伙协议》约定分配给各合伙人。

第五章 拟投项目

按照基金项目遴选标准及专家论证，已初步建立备投项目池。项目池目前包括【　】家企业，部分企业简介如下。

项目企业 1：

项目企业 2：

项目企业 3：

……

第六章 风险及应对措施

一、管理风险

基金管理人在基金运营管理上可能存在不规范或管理方式不当的情况，影响资金安全，对基金造成不利影响。

应对措施：

1. 基金不得对外提供担保，也不得从事承担无限责任的投资；

2. 基金管理人和基金托管人定期向有限合伙人提交基金运作报告和基金托管报告，基金管理人在基金发生可能对有限合伙人权益或者基金净值产生重大影响的事件时，还将发布重大事项报告；

3. 基金的资金将完全按照法律规定以及合伙人协议的约定进行监管及使用，确保投资者的资金安全。基金拟聘请【　】银行作为基金托管人，对基金的资金进行监管，实现基金运作管理和资金保管的分离，从而防止基金的资金被挪作他用，有效保障资金安全。

二、经营风险

由于基金管理人的判断失误、能力的局限性或经济周期影响，所投资项目未能实现预期经营目标，造成投资收益不理想，甚至投资失败。此外，基金投资的一些高成长性的企业，可能存在投资后业绩短期内出现波动的风险。

应对措施：

基金建立了一套完善的运营管理和投资决策审核机制，每一笔投资都要经过基金详尽的尽职调查和内部财务审计，并经过风险决策委员会和投资决策委员会审慎、严格的项目论证，才会付诸实施。

三、流动性风险

由于基金所投资项目的退出时间无法确定，因此，有限合伙人的出资在基金存续期内缺乏流动性。

应对措施：

首先，基金将合理控制资产比例，力争退出渠道的多元和确保流动性；其次，基金将在投资协议中约定被投企业每年进行高比例的现金分红。

四、核心团队风险

基金的管理和运营需要专业的管理人员，基金的成功与否很大程度上取决于基金核心团队的稳定，核心人员的离职将会对基金造成不利影响。

应对措施：

为有效防止核心人员的流失，基金将与核心人员签订长期劳动合同，并提供优越的薪酬体系和激励机制，确保核心团队在基金存续期内保持稳定。此外，基金还将建立一整套完善的人才引进和培养机制，不断吸引和培养高素质的经营管理人才。

五、退出风险

由于基金主要进行股权投资，退出渠道至关重要。如果因为各种原因造成被投项目推迟退出或无法退出，将对投资者收回本金和取得收益带来风险。

应对措施：

投资期，在选择投资项目和制定投资方案过程中，基金管理人将充分考虑项目的退出时间和退出渠道。在退出期，基金将充分发挥基金管理人在投资、投行领域的人脉和业务工作经验,采取 IPO、股权转让、大股东或管理层回购等多元化退出方式保证被投项目的顺利退出。

六、被投企业经营风险

基金在投资后,由于被投企业出现战略方向选择错误、运营不规范或管理方式不当等情况,可能导致企业经营出现困难,从而对基金投资带来风险。

应对措施:

1. 战略制定。基金将派遣专业人士担任被投公司董事或监事,在保证基金利益的基础上,协助被投企业制定战略规划,控制风险。

2. 财务管理。基金将派遣专业财务人员,监管被投企业的财务运营,防止财务风险的发生。

3. 运营管理。基金不参与被投企业的日常管理工作,但会要求被投企业定期提供经营报告,并不定期进行实地考察,了解企业的日常运营情况,及时发现问题并加以解决。

第七章 投资者保护

一、认购前投资者保护

1. 严格履行投资风险告知义务。

2. 设立募集结算资金专用账户,并由【 】银行监督管理。

3. 依照《募集行为管理办法》设置投资冷静期制度,自投资者签署合伙协议且将认购款汇至募集结算资金专用账户起算 24 小时为投资冷静期。

4. 无因解约权:投资者在投资冷静期及基金管理人回访确认成功前,均可行使无因解约权解除《合伙协议》,且无须承担任何违约责任。

二、认购后投资者保护

1. 作为合伙人,拥有《合伙企业法》及《合伙协议》赋予的全部权利。

2. 作为合伙人,可委派代表参加合伙人大会,并通过合伙人大会行使包括但不限于【 】的所有权利。

3. 在基金存续期间,合伙人可依照《合伙协议》约定转让基金份额。

4. 作为合伙人,享有《合伙协议》赋予的知情权、账目查阅权、监督权。

5. 作为合伙人,享有《合伙协议》赋予的优先受让权、优先认购权等优先权。

6. 法律法规及《合伙协议》约定的其他权利。

第八章 募集及认购

一、基金的募集

募集方式:非公开方式定向募集。

募集对象:适格自然人投资者或机构投资者。

募集规模:5 亿元人民币。

基金份额:100 个基金份额。

基金份额面值:500 万元人民币/份。

基金认购期限：自【　】至【　】。

最低认购额：自然人投资者最低认购额为 1000 万人民币；机构投资者最低认购额为 5000 万元人民币。

认购方式：现金认购。

二、认购流程

(略)

附件：《认购意向书》(略)

三、私募股权投资基金募集的流程

根据《募集行为管理办法》第十五条的规定，基金的募集流程为：特定对象确定→投资者适当性匹配→基金推介→基金风险提示→合格投资者确认→基金合同签署→投资冷静期→回访确认。

上述流程及涉及的文件如图 3-1 所示。

图 3-1　基金募集流程

(一) 特定对象确定及宣传

根据法律法规，募集机构应当向特定对象宣传推介基金。在向投资者推介基金之前，募集机构应当采取问卷调查等方式履行特定对象确定程序，对投资者风险识别能力和风险承担能力进行评估。因此在履行特定对象确定程序前，私募股权投资基金管理人仅可以通过合法途径公开宣传如下内容：私募股权投资基金管理人的品牌、发展战略、投资策略、管理团队、高管信息以及由基金业协会公示的已备案私募股权投资基金的基本信息，并对以上信息的真实性、准确性、完整性负责。

如需进一步宣传相关信息，需要先履行特定对象确定程序。具体来讲，包括以下两种宣传方式。

1. 非互联网媒介宣传推介

(1) 确定方式。采取问卷调查等方式确定特定对象，对投资者风险识别能力和风险承担能力进行评估，由投资者书面承诺其符合合格投资者标准。

(2) 有效期。评估结果有效期最长不得超过 3 年；募集机构逾期再次向投资者推介私募股权投资基金时，需要重新进行投资者风险评估；同一私募股权投资基金产品的投资者持有期间超过 3 年的，无须再次进行投资者风险评估。

2. 互联网媒介宣传推介

(1) 推介渠道。包括官方网站、微博、微信朋友圈、报告会、电话、短信、电子邮箱等。

(2) 确定方式。设置在线特定对象确定程序，投资者应承诺其符合合格投资者标准。

在线特定对象确定程序包括但不限于：

① 投资者如实填报真实身份信息及联系方式；

② 募集机构应通过验证码等有效方式核实用户的注册信息；

③ 投资者阅读并同意募集机构的网络服务协议；

④ 投资者阅读并主动确认其自身符合《私募投资基金监督管理暂行办法》关于合格投资者的规定；

⑤ 投资者在线填报风险识别能力和风险承担能力的问卷调查；

⑥ 募集机构根据问卷调查及其评估方法在线确认投资者的风险识别能力和风险承担能力。

特定对象确定及宣传的流程如图 3-2 所示。

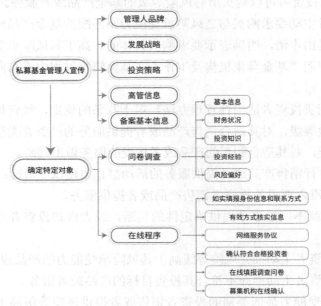

图 3-2　特定对象确定及宣传的流程

(二) 投资者适当性匹配

募集机构在销售产品或者提供服务的过程中，需勤勉尽责，审慎履职，全面了解投资者情况，深入调查分析产品或者服务信息，科学有效评估，充分揭示风险，基于投资者的不同风险承受能力以及产品或者服务的不同风险等级等因素，提出明确的适当性匹配意见，将适当的产品或者服务提供给适合的投资者，并对违法违规行为承担法律责任。

1. 风险评级

在确定特定对象的基础上，私募股权投资基金管理人应当自行或者委托第三方机构对私募股权投资基金进行风险评级。

2. 风险匹配

根据私募股权投资基金的风险类型和评级结果，向投资者推介与其风险识别能力和风险承担能力相匹配的私募股权投资基金。

基金募集机构要按照风险承受能力，将普通投资者由低到高至少分为 C1(含风险承受能力最低类别)、C2、C3、C4、C5 五种类型。基金产品或者服务的风险等级要按照风险由低到高顺序，至少划分为 R1、R2、R3、R4、R5 五个等级。

《基金募集机构投资者适当性管理实施指引(试行)》第四十四条规定，基金募集机构要根据普通投资者风险承受能力和基金产品或者服务的风险等级建立以下适当性匹配原则。

(1) C1 型(含最低风险承受能力类别)普通投资者可以购买 R1 级基金产品或者服务。

(2) C2 型普通投资者可以购买 R2 级及以下风险等级的基金产品或者服务。

(3) C3 型普通投资者可以购买 R3 级及以下风险等级的基金产品或者服务。

(4) C4 型普通投资者可以购买 R4 级及以下风险等级的基金产品或者服务。

(5) C5 型普通投资者可以购买所有风险等级的基金产品或者服务。

若普通投资者主动要求购买与之风险承受能力不匹配的基金产品或者服务的，则需要向基金募集机构提出申请，明确表示要求购买具体的、高于其风险承受能力的基金产品或者服务，且同时声明"基金募集机构及工作人在基金销售过程中没有向其主动推介该产品或服务"。

根据《证券期货投资者适当性管理办法》第十八条的规定，经营机构应当根据产品或者服务的不同风险等级，对其适合销售产品或者提供服务的投资者类型做出判断，再根据投资者的不同分类，对其适合购买的产品或者接受的服务做出判断。

经营机构在进行销售产品或者提供服务的活动禁止出现以下情况：

(1) 向不符合准入要求的投资者销售产品或者提供服务。

(2) 向投资者就不确定事项提供确定性的判断，或者告知投资者有可能使其误认为具有确定性的意见。

(3) 向普通投资者主动推介风险等级高于其风险承受能力的产品或者服务。

(4) 向普通投资者主动推介不符合其投资目标的产品或者服务。

(5) 向风险承受能力最低类别的投资者销售或者提供风险等级高于其风险承受能力的

产品或者服务。

(6) 其他违背适当性要求，损害投资者合法权益的行为。

(三) 私募股权投资基金宣传推介

1. 推介原则

私募股权投资基金推介材料应由私募股权投资基金管理人制作并使用，同时应对其内容的真实性、完整性、准确性负责。

2. 禁止推介行为

募集机构及其从业人员推介私募股权投资基金时，禁止有以下行为：

(1) 公开推介或者变相公开推介。

(2) 推介材料虚假记载、误导性陈述或者重大遗漏。

(3) 以任何方式承诺投资者资金不受损失，或者以任何方式承诺投资者最低收益，包括宣传"预期收益""预计收益""预测投资业绩"等相关内容。

(4) 夸大或者片面推介基金，违规使用"安全""保证""承诺""保险""避险""有保障""高收益""无风险"等可能误导投资人进行风险判断的措辞；使用"欲购从速""申购良机"等片面强调集中营销时间限制的措辞。

(5) 片面节选少于 6 个月的过往整体业绩或过往基金产品业绩。

(6) 登载个人、法人或者其他组织的祝贺性、恭维性或推荐性的文字。

(7) 采用不具有可比性、公平性、准确性、权威性的数据和方法进行业绩比较，任意使用"业绩最佳""规模最大"等相关措辞或是恶意贬低同行。

(8) 允许非本机构雇用的人员进行私募股权投资基金推介。

(9) 推介非本机构设立或负责募集的私募股权投资基金。

(10) 法律、行政法规、中国证监会和基金业协会禁止的其他行为。

3. 禁止推介渠道

募集机构不得通过下列媒介渠道推介私募股权投资基金：

(1) 公开出版资料。

(2) 面向社会公众的宣传单、布告、手册、信函、传真。

(3) 海报、户外广告。

(4) 电视、电影、电台及其他音像等公共传播媒体。

(5) 未设置特定对象确定程序的募集机构官方网站、微信朋友圈等互联网媒介。

(6) 未设置特定对象确定程序的讲座、报告会、分析会。

(7) 未设置特定对象确定程序的电话、短信和电子邮件等通信媒介。

(8) 法律、行政法规、中国证监会规定和基金业协会自律规则禁止的其他行为。

(四) 基金风险揭示

在推介材料过程中，私募股权投资基金管理人应在私募股权投资基金推介材料中采取合理的方式揭示基金风险。风险提示环节尤为重要，要求相关内容清晰、醒目，并以合理的方式提醒投资者注意，让投资者在充分了解基金风险的情况下做出投资与否的决定。

在投资者签署基金合同之前，募集机构应当向投资者说明有关法律法规，说明投资冷静期、回访确认等程序性安排以及投资者的相关权利，重点揭示私募股权投资基金风险，并与投资者签署风险揭示书。风险揭示书的主要内容如图3-3所示。

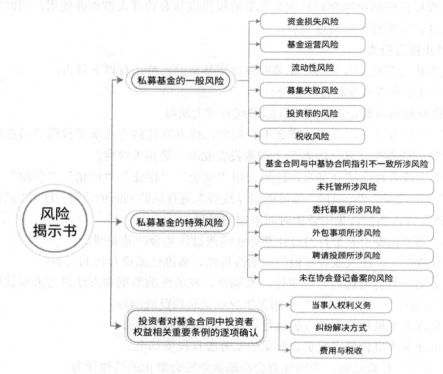

图3-3　风险揭示书的主要内容

（五）合格投资者确认

在完成私募股权投资基金风险揭示后，募集机构应当要求投资者提供必要的资产证明文件或收入证明，进行资格审查。募集机构应合理审慎地审查投资者是否符合私募股权投资基金合格投资者标准，依法履行反洗钱义务，并确保单只私募股权投资基金的投资者人数累计不得超过《证券投资基金法》《公司法》《合伙企业法》等法律规定的特定数量。不同组织形式私募股权投资基金的投资者人数如图3-4所示。

合格投资者认定标准为具备相应的风险识别能力和风险承担能力，投资于单只私募股权投资基金的金额不低于100万元人民币且符合下列相关标准的单位和个人：

（1）净资产不低于1000万元人民币的单位。

（2）金融资产不低于300万元人民币或者最近三年个人年均收入不低于50万元人民币的个人。金融资产包括银行存款、股票、债券、基金份额、资产管理计划、银行理财产品、信托计划、保险产品、期货权益等。

合格投资者确认流程如图3-5所示。

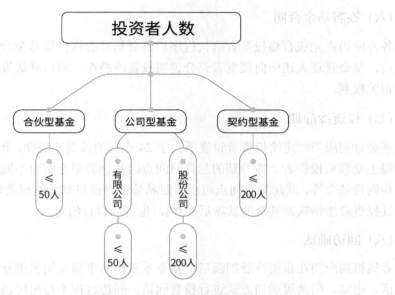

图3-4 不同组织形式私募股权投资基金的投资者人数

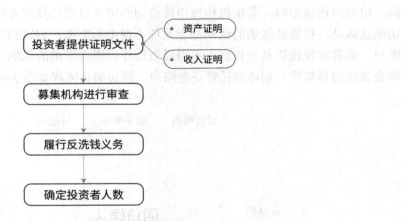

图3-5 合格投资者确认流程

在此过程中,应采用穿透核查。以合伙企业、契约等非法人形式,通过汇集多数投资者的资金直接或者间接投资于私募股权投资基金的,私募股权投资基金管理人或者私募股权投资基金销售机构应当穿透核查最终投资者是否为合格投资者,并合并计算投资者人数。

下列投资者视为合格投资者(不再穿透核查最终投资者是否为合格投资者和合并计算投资者人数):

(1) 社会保障基金、企业年金等养老基金,慈善基金等社会公益基金。

(2) 依法设立并在基金业协会备案的投资计划。

(3) 投资于所管理私募股权投资基金的私募股权投资基金管理人及其从业人员。
(4) 中国证监会规定的其他投资者。

(六) 签署基金合同

各方应当在完成合格投资者确认程序后签署私募股权投资基金合同，但在签署基金合同之前，基金管理人还应向投资者充分说明投资冷静期、回访确认等程序性安排以及投资者的相关权利。

(七) 投资冷静期

基金合同应当约定给投资者设置不少于24小时的投资冷静期，募集机构在投资冷静期内不得主动联系投资者。冷静期的起算时间点因基金类型不同而不同。对于私募股权投资基金和创投基金等，其起算时间点可以参照私募证券投资基金的相关要求(自基金合同签署完毕且投资者缴纳认购基金的款项后起算)，也可以自行约定。

(八) 回访确认

募集机构应当在投资冷静期满后，指令本机构从事基金销售推介业务以外的人员以录音电话、电邮、信函等适当方式进行投资回访。回访过程不得出现诱导性陈述。募集机构在投资冷静期内进行的回访确认无效。投资者在募集机构回访确认成功前有权解除基金合同。出现前述情形时，募集机构应当按合同约定及时退还投资者的全部认购款项。未经回访确认成功，投资者缴纳的认购基金款项不得由募集账户划转到基金财产账户或托管资金账户，私募股权投资基金管理人不得投资运作投资者缴纳的认购基金款项。确认后，认购基金款项由募集账户划转到托管资金账户。回访确认流程如图3-6所示。

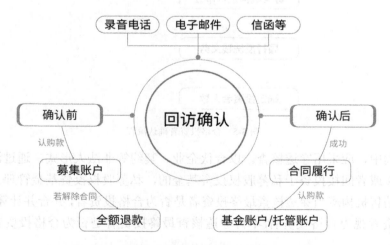

确认前，私募基金经理人不得投资运作投资者缴纳的认购基金款项

图3-6　回访确认流程

基金募集机构还要建立完善的档案管理制度,妥善保存投资者适当性管理业务资料。投资者适当性管理制度、投资者信息资料、告知警示投资者资料、录音录像资料、自查报告等至少应当保存 20 年。

第二节 私募股权投资基金的设立

有限合伙型私募股权投资基金因其天然优势,是绝大多数私募股权投资基金优先选择的法律架构。截至 2016 年年末,有限合伙型私募股权投资基金共 11 336 只,占私募股权投资基金的 69.63%,实缴资本 31 913.61 亿元,占比为 77.48%。在我国,有限合伙型私募股权投资基金的法律基础主要是《合伙企业法》《合伙企业法登记管理办法》《外国企业或个人在中国境内设立合伙企业管理办法》《国务院关于个人独资企业和合伙企业征收所得税问题的通知》等。

本节以有限合伙型私募股权投资基金的设立为例进行说明。

一、私募股权投资基金设立的规定与步骤

(一) 有限合伙型私募股权投资基金设立的相关规定

1997 年,《合伙企业法》的制定标志着合伙型企业成为我国一种新的企业组织形式。《合伙企业法》于 2007 年进行了修订,正式确立了有限合伙型制度,为有限合伙型私募股权投资基金的设立构建了法律基础。

有限合伙型私募股权投资基金根据《合伙企业法》设立,一般由基金管理人负责设立有限合伙企业,从事直接股权投资。合伙人分为普通合伙人和有限合伙人。其中,普通合伙人通常是由基金管理人自身担任,在有限合伙型基金中承担无限责任,负责基金的投资、经营、管理。基金的其他投资人作为有限合伙人,以其认缴的出资额为限承担有限责任,只负责对基金的出资,不具体涉及基金的经营管理。有限合伙型私募股权投资基金一般会设立合伙人大会,合伙人通过合伙人大会对私募股权投资基金行使相关权利。

合伙型私募股权投资基金企业的设立要求和程序遵循《合伙企业登记管理办法》《关于做好合伙企业登记管理工作的通知》《企业登记程序规定》等文件的要求,不过各地在设立条件及程序方面可能会存在一定差异。根据《合伙企业法》的相关规定,设立有限合伙企业应当具备下列条件。

(1) 有限合伙企业由 2 个以上、50 个以下合伙人设立,但是法律法规另有规定的除外。而且应当至少有一个普通合伙人。

(2) 有书面合伙协议。

(3) 有限合伙企业名称中应当标明"有限合伙"字样。

(4) 有合伙人认缴或者实缴的出资。
(5) 有限合伙人可以用货币、实物、知识产权、土地使用权或者其他财产权利作价出资，但不得以劳务出资。
(6) 法律法规规定的其他条件。

(二) 有限合伙型私募股权投资基金设立的步骤

1. 进行名称预先核准

有限合伙企业应按照规定申请名称核准，名称必须标明"有限合伙"。在进行名称核准之前，应至少确定企业的商号、注册资本、投资人及投资比例等相关事项。但各地对名称核准的要求可能有所差异，设立时应以注册地命名要求为准。

2. 申请设立登记

设立有限合伙企业，应按照工商登记部门的要求提交申请材料。申请人应当由全体合伙人指定的代表或者共同委托的代理人向企业登记机关提交设立所需文件。通常应当提交的文件如表3-3所示。

表3-3 合伙企业设立登记提交材料目录

序号	文件、材料名称
1	全体合伙人签署的《合伙企业登记(备案)申请书》
2	《指定代表或者共同委托代理人授权委托书》及指定代表或委托代理人的身份证件复印件(出示原件)
3	全体合伙人签署的《合伙协议》
4	全体合伙人的主体资格证明或者自然人身份证件复印件
5	全体合伙人签署的对各合伙人缴付出资的确认书
6	全体合伙人签署的委托执行事务合伙人的委托书；执行事务合伙人是法人或其他组织的，还应当提交其委派代表的委托书和身份证明复印件
7	财务负责人及联络员的身份证件复印件
8	主要经营场所证明
9	《企业名称预先核准通知书》
10	以非货币形式出资的，提交全体合伙人签署的协商作价确认书或者经全体合伙人委托的法定评估机构出具的评估作价证明
11	从事法律、行政法规或者国务院决定规定在登记前须经批准的经营项目，须提交有关批准文件
12	法律、行政法规规定设立特殊的普通合伙企业需要提交合伙人的职业资格证明的，提交相应证明
13	其他有关申请材料

各地政府对于有限合伙型私募股权投资企业的设立登记可能还会提出其他一些文件要求，因此投资者应当对注册地的相关政策充分了解。

上述应提交的文件中，《合伙协议》是重中之重。尽管有限合伙型私募股权投资基金企业有其特殊性，但组织形式上仍然是"有限合伙企业"，其约定应符合《合伙企业法》的规定。一般应当载明合伙企业的名称和主要经营场所的地点；合伙目的和合伙经营范围；合伙人的姓名或者名称、住所；合伙人的出资方式、数额和缴付期限；利润分配、亏损分担方式；合伙事务的执行；入伙与退伙；争议解决办法；合伙企业的解散与清算；违约责任。

同时，因其特殊性决定，一般还应在《合伙协议》中约定以下几个方面的事宜。

(1) 管理费。基金管理人负责执行合伙企业的事务，承担基金的管理责任。因此，《合伙协议》中会确定管理费的比例。通常来说，每年的管理费为出资额的 2%。

(2) 收益分成。为了激励基金管理人，争取基金投资回报最大化，《合伙协议》中也会规定执行事务管理人的报酬以及报酬提取方式。收益分成比例通常为 20%。

(3) 承诺和出资。在基金中，各合伙人承担其出资义务。因此，需要在《合伙协议》中约定各合伙人的出资比例和时间。

(4) 基金存续期限。《合伙协议》中应当约定基金的期限，即合伙企业的存续期限。实务中，基金的整个投资周期通常为 5~7 年，甚至更长。合伙企业的存续期限一般应等于或高于这一期限。《私募投资基金备案须知(2019 版)》适当提高了私募基金的期限门槛，要求私募股权投资基金约定的存续期不得少于 5 年，同时鼓励基金管理人设立存续期在 7 年及以上的私募股权投资基金。

(5) 单笔投资额。为了降低投资风险，合伙人可在《合伙协议》中约定向单一项目投资的比例，以此来避免因个别项目投资失误使基金发生灭顶之灾。

(6) 投资领域。基金在设立时通常会限定基金的投资领域，如以国家的产业政策为导向，投资新材料、智能装备等领域。同时投资者也可在《合伙协议》中限定不以任何方式投入某些项目或领域。

3. 领取营业执照

申请人提交的申请资料齐全，符合法定形式且企业登记机关能够当场登记的，应予当场登记，颁发营业执照。合伙企业营业执照签发日期为合伙企业成立日期。领取营业执照后，还应刻制企业印章(至少应刻制公章、财务章、执行事务合伙人及其授权代表人的人名章等)，申请纳税登记，开立银行基本账户等。

4. 备案登记

根据《私募投资基金管理人登记和基金备案办法(试行)》的规定，私募股权投资基金管理人应当在私募股权投资基金募集完毕后 20 个工作日内，通过私募股权投资基金登记备案系统进行备案，并根据私募股权投资基金的主要投资方向注明基金类别，如实填报基金名称、资本规模、投资者、基金合同、基金公司章程或者合伙协议等内容。

二、《私募股权投资基金合伙协议》范本

2016 年 4 月 18 日，基金业协会发布了《私募投资基金合同指引 3 号(合伙协议必备条款指引)》，该指引基本上全面依据《合伙企业法》《私募投资基金监督管理暂行办法》等法律、法规及相关文件的要求，同时参照当前业内一些常用做法，借鉴了部分优秀案例，非

常贴近私募股权投资基金的运作需要。因此，给基金管理人起草和制定《合伙协议》提供了非常全面的思路，对实践具有较好的指导意义和借鉴意义。

有限合伙型私募股权投资基金合伙协议既要符合《合伙企业法》对有限合伙企业的相关要求，又要体现私募股权投资基金的特殊需要，同时也要满足监管的需要。因此，可以把《合伙协议》的相关条款和内容按上述三个方面进行分类(见表3-4)。

表3-4 私募股权投资基金合伙协议必备条款及分类表

类型	条款
合伙企业需要	一、基本信息 二、合伙人及其出资 三、合伙人的基本权利义务 四、执行事务合伙人 五、有限合伙人 六、合伙人会议 七、入伙、退伙、合伙权益转让 八、税务承担 九、财务会计制度 十、合伙协议的修订 十一、争议解决
私募股权投资基金的特殊需要	一、管理方式 二、托管事项 三、投资事项 四、利润分配及亏损分担 五、费用和支出 六、信息披露制度
满足监管需要	一、首页说明 二、一致性 三、份额信息备份 四、报送披露信息

结合基金业协会发布的《私募投资基金合同指引3号》，提供有限合伙型私募股权投资基金合伙协议范本如下，供读者参考。

××新能源创新发展基金合伙企业(有限合伙)

合伙协议

基金主体：××新能源创新发展基金合伙企业(有限合伙)

基金管理人：××基金管理有限公司

【　　】年【　　】月【　　】日

私募股权投资基金管理人声明与承诺

私募股权投资基金管理人【　】作为本合伙型私募股权投资基金的管理人，做出如下声明和承诺。

1. 本公司保证在募集资金前已在基金业协会登记为私募股权投资基金管理人，管理人登记编码为【　】。

2. 本公司向投资者进一步申明：基金业协会为私募股权投资基金管理人和私募股权投资基金办理登记备案不构成对私募股权投资基金管理人投资能力、持续合规情况的认可；不作为对基金财产安全的保证。

3. 本公司保证已在签订本协议前揭示了相关风险；已经了解私募股权投资基金投资者的风险偏好、风险认知能力和承受能力。

4. 本公司承诺按照恪尽职守、诚实信用、谨慎勤勉的原则管理运用基金财产，不对基金活动的盈利性和最低收益做出承诺。

私募股权投资基金管理人(盖章)：

法定代表人或授权代表(签名或盖章)：
日期：　　年　　月　　日

私募股权投资基金投资者声明与承诺

本公司/本人作为【　】合伙企业(有限合伙)的投资者，做出如下声明和承诺。

1. 本投资者为符合《私募投资基金监督管理暂行办法》规定的合格投资者，保证财产的来源及用途符合国家有关规定，并已充分理解本协议条款，了解相关权利义务，了解有关法律法规及所投资基金的风险收益特征，愿意承担相应的投资风险。

2. 本投资者承诺向私募股权投资基金管理人提供的有关投资目的、投资偏好、投资限制、财产收入情况和风险承受能力等基本情况真实、完整、准确、合法，不存在任何重大遗漏或误导，知晓私募股权投资基金管理人及相关机构对基金财产的收益状况不作任何承诺或担保。

私募股权投资基金投资者(盖章)：××公司
(说明：如为自然人，请填写自然人姓名和身份证号，并签名按手印。)

法定代表人或授权代表(签名或盖章)：
日期：　　年　　月　　日

目 录

第一条　定义
1.1　定义
1.2　标题
1.3　特定词语含义

第二条　合伙企业
2.1　名称
2.2　主要经营场所
2.3　目的
2.4　经营范围
2.5　存续期限
2.6　登记、备案
2.7　合伙人对合伙企业债务的责任
2.8　无固定回报承诺

第三条　合伙人及其出资
3.1　合伙人
3.2　认缴出资
3.3　缴付出资
3.4　逾期缴付出资
3.5　冷静期及回访安排

第四条　合伙人的权利和义务
4.1　普通合伙人的权利和义务
4.2　有限合伙人的权利和义务

第五条　合伙事务的执行
5.1　执行事务合伙人
5.2　执行合伙事务
5.3　执行事务合伙人委派的代表
5.4　执行事务合伙人违约处理办法
5.5　执行事务合伙人的除名和更换
5.6　利益冲突和关联交易
5.7　责任限制
5.8　有限合伙人不执行合伙事务

第六条　合伙人会议
6.1　年度会议和临时会议

6.2 合伙人会议职权
6.3 会议召集和召开
6.4 会议表决方式

第七条 管理方式、管理费和业绩报酬

7.1 管理人
7.2 管理费

第八条 募集资金监督和托管事项

8.1 募集结算资金专用账户
8.2 托管账户

第九条 入伙、退伙及合伙权益的转让

9.1 有限合伙人入伙
9.2 有限合伙人退伙
9.3 普通合伙人入伙
9.4 普通合伙人退伙
9.5 有限合伙人合伙权益的转让
9.6 普通合伙人合伙权益的转让
9.7 合伙权益出质
9.8 有限合伙人和普通合伙人身份转换

第十条 投资事项

10.1 投资范围
10.2 投资方式
10.3 投资标准
10.4 投资限制
10.5 投资决策
10.6 投资后的管理
10.7 共同投资

第十一条 利润分配、亏损分担及税务承担

11.1 利润分配
11.2 亏损分担
11.3 所得税

第十二条 费用和支出

12.1 合伙费用
12.2 合伙费用的支付
12.3 其他费用

第十三条 财务会计制度及报告

13.1 记账
13.2 会计年度
13.3 审计
13.4 报告
13.5 查阅会计账簿
13.6 其他披露事项和份额信息备份

第十四条 解散与清算

14.1 解散
14.2 清算

第十五条 其他

15.1 适用法律和争议解决
15.2 保密
15.3 修改协议
15.4 通知
15.5 附属协议
15.6 全部协议
15.7 可分割性
15.8 弃权
15.9 签署文本
15.10 协议生效

鉴于各方均有意按照本协议所定条款及条件，依据《中华人民共和国民法总则》《中华人民共和国合同法》《中华人民共和国合伙企业法》《中华人民共和国合伙企业登记管理办法》及《私募投资基金监督管理暂行办法》的有关规定，发起设立一家有限合伙企业从事投资活动。经各方协商一致，达成如下协议，以资共同遵守。

第一条 定义

1.1 定义

在本协议中，除非上下文另有明确说明，下列词语分别具有本条所指含义。

相关术语释义表

本协议	即《××新能源创新发展基金合伙企业(有限合伙)合伙协议》，包括按照本协议约定所做的有效修订及补充
合伙企业	即《××新能源创新发展基金合伙企业(有限合伙)》(暂定名，最终以工商机关核准登记的为准)
合伙企业成立日	即合伙企业首份营业执照上所载明的合伙企业成立之日

(续表)

合伙人	即普通合伙人和有限合伙人
普通合伙人	即【 】，以及按照本协议相关条款的约定继任的合伙企业之普通合伙人
有限合伙人	即作为有限合伙人认缴合伙企业出资且被执行事务合伙人同意的人士，以及通过受让合伙权益而作为有限合伙人加入合伙企业的继受有限合伙人
执行事务合伙人	即执行本合伙企业之合伙事务的普通合伙人【 】，以及按照本协议相关条款的约定继任的执行事务合伙人
管理人	即受合伙企业的委托，凭借专业的知识与经验为合伙企业提供服务，使合伙企业获取尽可能多收益的机构。本合伙企业管理人为【 】，以及按照本协议相关条款的约定继任的管理人
监督机构	即接受合伙企业委托，按照法律法规和账户监督协议(以实际签署的协议名称为准)，对合伙企业的募集结算专用账户实施有效监督，承担保障合伙企业募集结算资金划转安全的连带责任的机构
募集结算资金专用账户	即合伙企业在监督机构开立的用于统一归集合伙企业募集结算资金(即各合伙人缴付的出资和其他认购款项)、向合伙人分配收益、返还投资本金以及分配合伙企业清算后剩余财产等的账户，该账户由监督机构实施监督
托管人	即接受合伙企业委托，对合伙企业的全部现金资产实施托管/保管的具备托管资质的机构
托管账户	即合伙企业在托管人处开立的账户，合伙企业募集完成后，托管人按照本协议及托管协议(以实际签署的协议名称为准)约定对该账户内资金的运用进行监督
认缴出资额	即某一合伙人承诺向合伙企业缴付的出资金额，合伙人的认缴出资额见附件一
实缴出资额	即某一合伙人实际向合伙企业缴付的出资金额，本协议明确约定不作为合伙人出资的金额除外
合伙权益	即每一合伙人按照本协议的约定在合伙企业中享有的权益。对于有限合伙人而言，是指其基于出资而在合伙企业中享有的财产份额，包括收回投资成本及获得投资收益的权利；对于普通合伙人而言，除基于出资所享有的上述权益外，还包括其对合伙事务的执行及管理权
投资项目	即每一合伙人按照本协议的约定在合伙企业中享有的权益。对于有限合伙人而言，是指其基于出资而在合伙企业中享有的财产份额，包括收回投资成本及获得投资收益的权利；对于普通合伙人而言，除基于出资所享有的上述权益外，还包括其对合伙事务的执行及管理权
投资收益	即合伙企业于投资项目活动中获得的全部收入扣除合伙企业为获得该等现金收入而发生的税费、用以支付合伙企业应付的或可合理预期未来将发生的费用、债务和其他义务的金额后可供分配的部分，包括但不限于从投资项目获得股息红利、债权收益、转让股权收益、上市后的股份变现等
投资期	即合伙企业自首笔出资到账之日起的【 】年。投资期内，执行事务合伙人按照本协议约定开展合伙企业的投资活动
退出期	即投资期满后的【 】年。退出期内，合伙企业应当逐步退出所投资项目。未经合伙人会议同意，执行事务合伙人在退出期内不得开展新投资业务

(续表)

合格上市	即在上海证券交易所、深圳证券交易所首次公开发行并上市，或者被在上述交易场所上市的公众公司收购、兼并
关联方	对于任何人士而言，指受该等人士控制的人士、控制该等人士的人士以及与该等人士共同受控制于同一人士的人士。此处的"控制"是指一方直接或间接支配另一方主要商业行为或个人活动的权力，该等权力的形成可以是基于直接或间接股权、投票权以及其他通常认为有支配力或重大影响力的关系。此处的"人士"包括自然人或合伙企业、公司等法律或经济实体
周年	即自起算日起365日届满之日的期间。季度、半年度、年，分别即日历季度、日历半年度、日历年度
日	除特指为工作日之外，指自然日
元	如无特别说明，指人民币元

1.2 标题

在本协议中所载的各部分的标题只是为了方便参考和索引之用，并非以任何方式界定、限定或扩展或描述本协议的范围或本协议任何条文的意图。

1.3 特定词语含义

本协议所述的"以上""以下""不低于""不少于""不超过"均包含本数，"超过""不足""不满""少于""高于""低于"均不含本数。

第二条 合伙企业

2.1 名称

2.1.1 合伙企业的名称为××新能源创新发展基金合伙企业(有限合伙)(暂定名，最终以工商机关核准登记的为准)。

2.1.2 执行事务合伙人可根据合伙企业的经营需要独立决定变更合伙企业的名称。执行事务合伙人应及时将合伙企业名称变更的情况书面通知各合伙人，并依法办理相应的变更登记手续。

2.2 主要经营场所

2.2.1 合伙企业的主要经营场所为【 】。

2.2.2 执行事务合伙人可根据合伙企业的经营需要独立决定变更合伙企业的主要经营场所或增加新的经营场所。执行事务合伙人应及时将合伙企业注册的主要经营场所变更的情况书面通知各合伙人，并依法办理相应的变更登记手续。

2.3 目的

合伙企业的目的为根据本协议约定从事投资业务，主要投向新能源领域相关企业，通过取得、持有及处置投资项目权益，为合伙人获取投资回报。

2.4 经营范围

合伙企业的经营范围为：【 】(最终以工商行政机关核准登记的经营范围为准)。

2.5 存续期限

2.5.1 合伙企业的存续期限为自成立之日起【 】年,其中投资期【 】年,退出期【 】年。

2.5.2 根据合伙企业的经营需要,经合伙人会议同意,可延长合伙企业的存续期限,但延长以【 】次为限,且每次延长不超过【 】年。执行事务合伙人有权根据合伙企业的经营情况将延长期限在投资期和退出期之间进行合理分配。

2.6 登记、备案

2.6.1 合伙企业存续期间,如适用法律规定的合伙企业登记、备案事项发生变更,执行事务合伙人应依法及时到登记机关办理企业变更登记、备案手续。

2.6.2 各方同意并承诺,为合伙企业完成符合适用法律规定及本协议约定的登记、备案提供一切必要的配合,包括但不限于签署、提供所需的全部文件,履行所需的全部程序。

2.7 合伙人对合伙企业债务的责任

2.7.1 普通合伙人对合伙企业的债务承担无限责任。

2.7.2 有限合伙人以其认缴出资额为限对合伙企业的债务承担责任。

2.8 无固定回报承诺

本协议的任何条款不得被视为合伙企业、普通合伙人、管理人及其各自关联方对有限合伙人承诺提供任何固定回报,亦不得被视为合伙企业、管理人、普通合伙人及其各自关联方就合伙企业未来经营绩效对有限合伙人做出任何保证。

第三条 合伙人及其出资

3.1 合伙人

合伙企业的合伙人共【 】名,其中普通合伙人 1 名,有限合伙人【 】名。普通合伙人和有限合伙人的信息如本协议附件一所示。非执行事务合伙人相关信息发生变更的,应当在变更后 5 个工作日内书面通知执行事务合伙人;执行事务合伙人相关信息发生变更的,应在变更完成之日起 5 个工作日内通知非执行事务合伙人。

3.2 认缴出资

3.2.1 合伙企业的总认缴出资额为【 】元,每个合伙人的认缴出资额如本协议附件一所示。合伙人均以现金方式出资。

3.2.2 经全体合伙人一致同意,合伙企业可增加总认缴出资额,执行事务合伙人应办理相应的企业变更登记手续。

3.3 缴付出资

根据项目实际情况约定,以下缴付方式仅作为参考。

3.3.1 首期出资为认缴出资额的 50%,该等出资各合伙人应于合伙企业成立之日起【 】个工作日内由各合伙人支付至募集结算资金专用账户;第二期出资由执行事务合伙人按照投资项目的进展书面通知。各合伙人在收到缴付通知后应在【 】个工作日内进行缴纳。

3.3.2 执行事务合伙人要求合伙人缴付出资时，应向相关合伙人发出缴付出资通知，缴付出资通知应于其所载明的该期出资的缴付日期（"到账日"）之前提前至少15日送达合伙人。

3.3.3 合伙企业应在合伙人出资到账后三个工作日内向已缴纳出资的合伙人出具出资证明。

3.4 逾期缴付出资

3.4.1 各合伙人应根据本协议的相关规定履行出资义务。如合伙人未能按时足额履行出资义务，执行事务合伙人应在到期日当日通知其在【　】日内履行补缴义务。

逾期缴纳出资的合伙人未能补缴的，执行事务合伙人有权将该份额转由其他合伙人进行缴纳，并对违约合伙人收取应缴金额【　】%的违约金。

3.4.2 如因任一合伙人未按照规定缴纳首期出资而导致合伙企业不能正常设立，该合伙人应赔偿其他守约合伙人因本合伙企业不能正常设立的损失，包括但不限于本合伙企业的筹办费、中介顾问费等，此外，还应按其认缴出资额的【　】%向其他守约合伙人支付赔偿金。各守约合伙人按各自认缴出资比例分享上述赔偿金。

3.4.3 经全体合伙人决定，可以依法增加或减少对合伙企业的出资。合伙企业决定增加出资的，对增加的出资，合伙人有优先认购权。两个以上合伙人均主张行使优先认购权的，如不能协商一致，则按照各自的实缴出资比例进行分配；如合伙人均不行使优先认购权或认购份额不足，则可由第三人以新入伙的方式进行认购。

3.5 冷静期及回访安排

3.5.1 在普通合伙人与任一合伙人签署认购文件或本协议后，管理人给予该合伙人24小时的投资冷静期，管理人在投资冷静期内不得主动联系该合伙人。

3.5.2 冷静期满后，管理人从事募集以外的人员以录音电话、电邮、信函等适当方式进行对实缴出资的合伙人进行投资回访。该等合伙人在管理人回访确认成功前有权解除本协议。出现前述情形时，管理人应当及时退还该等合伙人的全部实缴出资。

3.5.3 未经回访确认成功，各合伙人的实缴出资不得由募集结算资金账户划转到合伙企业托管账户，管理人不得投资运作各合伙人的实缴出资，法律另有规定的除外。

3.5.4 合伙人在合伙企业中的权益以其实缴出资来确定。执行事务合伙人担任管理人的，按照本协议约定享有管理人相关权益。

3.5.5 本条关于冷静期和回访安排不适用于特定类型投资者，特定类型投资者以《私募投资基金募集行为管理办法》第三十二条相关规定为准。

第四条 合伙人的权利和义务

4.1 普通合伙人的权利和义务

4.1.1 有权作为执行事务合伙人根据本协议的约定以及投资决策委员会的决议执行合伙事务。

4.1.2 因管理、运用或处分合伙企业财产所支出的费用和对第三人所负债务，有权要求以合伙企业财产承担。

4.1.3 有权按照本协议的约定收取管理费。

4.1.4 普通合伙人及其授权代表已经取得签订本协议和履行本协议下义务所需的全部授权和批准，代表其在本协议上签字的人为其合法有效的代表。

4.1.5 普通合伙人签订和履行本协议项下的义务不会违反其营业执照、公司章程的规定。不会违反任何适用法律的规定，也不会违反其作为当事人一方的其他任何协议或合同。

4.1.6 普通合伙人将按照本协议的约定向合伙企业及时、足额缴付出资，并对合伙企业的债务承担无限连带责任。

4.1.7 未经全体有限合伙人一致同意，不在其合伙权益上设定质押以及其他类似权利负担。

4.1.8 合伙企业存续期间，除本协议另有约定外，普通合伙人不会采取任何行动主动解散或终止。

4.2 有限合伙人的权利和义务

4.2.1 有权参加合伙人会议，并根据本协议行使合伙人权利，获得合伙企业利润分配。

4.2.2 有权监督合伙企业运作情况，获取合伙企业管理与运营等方面的资料。

4.2.3 有权督促普通合伙人按本协议的规定承担应尽的义务。

4.2.4 有限合伙人为具有完全民事行为能力的中国籍自然人，或根据中国法律成立并有效存续的实体。

4.2.5 具备认缴合伙企业出资、作为有限合伙人加入合伙企业的主体资格，其签订本协议已按其内部程序做出有效决议并获得充分授权，代表其在本协议上签字的人为其合法有效的代表。

4.2.6 签订本协议不会导致其违反适用法律、其章程/合伙协议或其他组织性文件或其在其他协议项下的义务。

4.2.7 符合《私募投资基金监督管理暂行办法》《私募投资基金募集行为管理办法》及其他适用法律规定的合格投资者要求，不存在影响合伙企业在基金业协会备案的情形。

4.2.8 保证缴付至合伙企业的出资来源合法，该资金为其自有资金，不存在来源于任何金融机构、资产管理公司、信托机构或其他借贷平台的理财产品、资产管理计划、信托计划或其他资金集合计划的情形，但有限合伙人事先明确披露并经普通合伙人接受的除外。

4.2.9 向合伙企业和普通合伙人、管理人提交的有关其主体资格和法律地位等资料或信息真实、准确，如该等资料或信息发生变化，其将尽早通知执行事务合伙人。

4.2.10 已获得普通合伙人、管理人此前向其提交的募集文件并仔细阅读了该等文件的内容，其理解参与合伙企业可能承担的风险并有能力承担该等风险。

4.2.11 根据自己的独立意志判断决定参与合伙企业，其认缴合伙企业出资并不依赖于普通合伙人、管理人或他们的关联方提供的法律、投资、税收等任何建议。

4.2.12 已仔细阅读本协议并理解本协议条款的确切含义，不存在重大误解情形。

4.2.13 未经执行事务合伙人同意，不在合伙权益上设定质押或其他权利负担。

第五条　合伙事务的执行

5.1　执行事务合伙人

全体合伙人签署本协议即视为同意【　】被选定为合伙企业的执行事务合伙人。合伙企业仅可在普通合伙人依本协议约定退伙、被除名或更换时更换执行事务合伙人。

5.2　执行合伙事务

5.2.1　为执行合伙事务，执行事务合伙人应：

(1) 除本协议另有约定外，对合伙企业的财产进行投资、管理、运用和处置拥有独占及排他的权力，并可对本协议约定执行事务合伙人有权独立决定的事项独立做出决定而无须取得其他合伙人的同意；

(2) 为实现合伙目的及履行本协议，拥有完全的权力和授权代表合伙企业缔结合同及达成其他约定、承诺，从事所有其他必要的行动，并对合伙企业产生约束效力；

(3) 为正常管理合伙企业事务投入所需的时间和精力，并安排管理人及其代理人、顾问或雇员在其管理和执行上述事务时提供必要的协助；

(4) 根据《合伙企业法》的规定接受有限合伙人对其执行合伙事务情况的监督。

5.2.2　第 5.2.1 条项下执行事务合伙人独占及排他的权力包括但不限于：

(1) 按本协议约定对合伙企业的投资及投资退出做出最终决策；

(2) 代表合伙企业取得、拥有、管理、维持和处分合伙企业的财产；

(3) 采取为维持合伙企业合法存续、以合伙企业身份开展经营活动所必需的一切行动；

(4) 代表合伙企业选定和更换监督机构、托管机构并与其订立、变更和执行相关协议；

(5) 开立、维持和撤销合伙企业的银行账户和证券账户，开具支票和其他付款凭证；

(6) 聘用专业人士、中介及顾问机构为合伙企业提供服务；

(7) 订立与合伙企业日常运营和管理有关的协议；

(8) 处分合伙企业因正常经营业务而持有的不动产、知识产权及其他财产权利；

(9) 根据本协议约定向合伙人进行分配，及/或在合伙人被分配返还实缴出资额后减少合伙人的认缴和实缴出资额；

(10) 变更合伙企业名称和主要经营场所；

(11) 为合伙企业的利益代表合伙企业提起诉讼或应诉，进行仲裁；与争议对方进行妥协、和解等，以解决合伙企业与第三方的争议；

(12) 监督被投资项目的业绩，决定向被投资企业委派董事、监事、财务监管人员和其他人员，代表合伙企业行使在被投资企业的所有权利；

(13) 根据国家税务管理规定处理合伙企业的涉税事项；

(14) 代表合伙企业对外签署、交付和执行文件；

(15) 与管理人共同享有因管理、控制、运营合伙企业所获得的全部业务资料，本协议另有约定必须向有限合伙人披露或提供的除外；

(16) 采取为实现合伙目的、维护或争取合伙企业合法权益所必需的其他行动以及根据

《合伙企业法》或本协议享有的其他权力。

5.2.3 全体有限合伙人通过签署本协议向执行事务合伙人进行一项不可撤销的特别授权,授权执行事务合伙人代表全体合伙人或任一有限合伙人在下列文件上签字:

(1) 按本协议的约定修改或修订本协议;

(2) 合伙企业的审批、登记、备案文件,包括但不限于合伙企业的名称、主要经营场所、执行事务合伙人、经营范围、合伙人姓名或者名称及住所、认缴或者实际缴付的出资数额、缴付期限、合伙期限及《合伙企业法》规定的其他登记、备案事项涉及的变更登记申请书、认缴或实缴出资确认书、变更决定书、执行事务合伙人委托书、执行事务合伙人委派代表的委派书等;

(3) 根据《私募投资基金监督管理暂行办法》及相关规定,办理私募股权投资基金业协会私募股权投资基金产品备案、信息更新相关事宜的文件;

(4) 为完成根据本协议应由特定比例的有限合伙人通过的事项,执行事务合伙人凭相关的书面决议或有限合伙人表决证明,即可代表全体有限合伙人签署本协议的修订及相关文件;

(5) 当执行事务合伙人和管理人组成合伙企业的清算组时,合伙企业根据本协议约定及《合伙企业法》的要求解散和终止的相关文件。

5.3 执行事务合伙人委派的代表

5.3.1 执行事务合伙人应以书面通知合伙企业的方式委派其执行事务合伙人代表。执行事务合伙人应确保其委派的执行事务合伙人代表独立执行合伙事务并遵守本协议约定。

5.3.2 执行事务合伙人可以书面通知合伙企业的方式更换其委派的执行事务合伙人代表,更换时应办理相应的企业变更登记手续。

5.4 执行事务合伙人违约处理办法

执行事务合伙人应基于诚实信用原则为合伙企业谋求利益。若因执行事务合伙人的故意或重大过失行为致使合伙企业受到损害,执行事务合伙人应承担赔偿责任。

5.5 执行事务合伙人的除名和更换

5.5.1 执行事务合伙人因违反本协议或存在其他故意不当或重大过失行为致使合伙企业受到重大损害时,经全体有限合伙人一致同意,可将执行事务合伙人除名。持有合伙企业三分之二以上实缴出资额的有限合伙人可推选新的执行事务合伙人。如没有继任的执行事务合伙人,则合伙企业进入清算程序。

5.5.2 执行事务合伙人被除名的,合伙企业将除名通知送达被除名执行事务合伙人之日为除名生效日。自除名生效日起,执行事务合伙人自动变为有限合伙人。在此情形下,执行事务合伙人被替换前的合伙权益(包括但不限于其在合伙企业的投资收益中应得份额)仍属其所有。继任执行事务合伙人应修改本协议以反映继任执行事务合伙人作为替换的执行事务合伙人加入合伙企业、被替换的执行事务合伙人不再担任普通合伙人。且在前述任命之后适用法律规定的期限内向原登记机关进行变更登记。

5.5.3 除非执行事务合伙人按本协议约定退伙、被除名或经全体合伙人协商一致同意，合伙企业不得更换执行事务合伙人；但执行合伙人按照本协议约定转让合伙权益导致执行事务合伙人发生变更的情形除外。

5.6 利益冲突和关联交易

5.6.1 执行事务合伙人、管理人或其关联方自行或与他人合作从事与合伙企业相同或类似的业务不应因其参与管理或执行合伙事务而受到任何限制，亦不构成与合伙企业相竞争。但执行事务合伙人、管理人应以诚实信用原则，尽最大努力保证合伙企业利益不受损害。

5.6.2 合伙企业和执行事务合伙人、管理人管理的其他企业以及执行事务合伙人的关联人之间将不可避免地存在某种程度的利益冲突与关联交易，执行事务合伙人秉承诚实信用原则，在管理并执行本合伙企业事务过程中发生利益冲突与关联交易的，不得损害本合伙企业利益。相应的，在执行事务合伙人遵守诚实信用原则和充分告知的前提下，有限合伙人也不得因为前述不可避免的利益冲突与关联交易向执行事务合伙人提出任何损失或损害补偿的要求。

5.7 责任限制

5.7.1 执行事务合伙人、管理人及其关联方不应被要求返还任何合伙人的出资，亦不对有限合伙人的投资收益保底；所有出资返还及投资回报均应源自合伙企业的可分配现金。

5.7.2 除非由于故意不当或重大过失行为，执行事务合伙人、管理人及其各自的管理人员不应对因其作为或不作为所导致的合伙企业或任何有限合伙人的损失负责。

5.7.3 各合伙人同意，执行事务合伙人、管理人及其各自的股东、合伙人、管理团队、雇员、关联方及其聘请的代理人、顾问和工作人员等人士，以及投资委员会成员(以下合称"受补偿方")，为履行其对合伙企业的各项职责、处理合伙企业委托事项而产生的责任及义务均及于合伙企业。如受补偿方因履行本协议约定职责或办理本协议约定受托事项遭致索赔、诉讼、仲裁、调查或其他法律程序，合伙企业应补偿受补偿方因此导致的全部索赔、责任、成本和费用(包括律师费、判决费，以及用来抗辩与和解的费用)，确保受补偿方免受损害，但以下情形除外：①经有权法院或仲裁机构裁决认为该等损失、费用是由于受补偿方的故意或重大过失所引起；②该等损失、费用是由于受补偿方之间的纠纷或争议引起。

5.7.4 尽管有本协议的其他约定，若合伙企业财产不足以履行免责保证义务或其他债务，执行事务合伙人可要求全体合伙人向本合伙企业返还足够的分配金额，或要求其在各自认缴出资余额范围内履行实际出资义务。但是各合伙人在本条下的分配返还义务应以截止至执行事务合伙人提出该要求的时点的各自累计分配金额为限，并按照其各自认缴出资比例而做出。任何合伙人按照本条约定返还已分配款项应被视为合伙企业对该等款项分配的取消，而不应被视为该合伙人向合伙企业缴付出资。

5.8 有限合伙人不执行合伙事务

5.8.1 有限合伙人不执行合伙事务，不得对外代表合伙企业。

5.8.2 有限合伙人的下列行为，不视为执行合伙事务：

(1) 按照本协议约定，参与决定普通合伙人入伙、退伙、除名和更换；
(2) 对合伙企业的经营管理提出建议；
(3) 参与选择承办合伙企业审计业务的会计师事务所；
(4) 获取合伙企业经审计的财务会计报告；
(5) 对涉及自身利益的情况，查阅合伙企业的会计账簿；
(6) 在合伙企业中的利益受到侵害时，向有责任的合伙人主张权利或者提起诉讼；
(7) 执行事务合伙人怠于行使权利时，督促其行使权利或者为了合伙企业的利益以自己的名义提起诉讼；
(8) 依法为合伙企业提供担保。

第六条　合伙人会议

6.1　年度会议和临时会议

6.1.1　合伙人会议分为年度会议和临时会议。

6.1.2　自合伙企业成立日后第一个年度结束时起，合伙企业每年召开一次年度会议，年度会议由执行事务合伙人负责召集，其内容为沟通信息及执行事务合伙人向有限合伙人报告上一年度投资情况和财务情况。年度会议不应讨论合伙企业拟议投资项目，有限合伙人不应通过此会议对合伙企业的管理及其他活动施加控制。

6.1.3　根据合伙企业经营的需要，合伙人可召集临时会议。

6.2　合伙人会议职权

除本协议另有约定外，合伙人会议行使下列职权：
(1) 决定执行事务合伙人的除名和更换；
(2) 决定接纳继任的执行事务合伙人；
(3) 决定普通合伙人向非关联方转让其合伙权益；
(4) 决定有限合伙人和普通合伙人身份转换；
(5) 决定合伙企业提前解散和清算；
(6) 聘任和更换合伙企业的管理人；
(7) 聘任和更换合伙企业财务报表的审计机构；
(8) 为实现合伙企业的目的而合理转让和处分合伙企业财产；
(9) 审议批准投资决策委员会议事规则；
(10) 修改本协议内容；
(11) 本协议约定的由合伙人会议决定的其他事项；
(12) 执行事务合伙人提交合伙人会议讨论的其他事宜。

6.3　会议召集和召开

6.3.1　年度会议由执行事务合伙人经提前15日向有限合伙人发出会议通知而召集并由执行事务合伙人主持。

6.3.2　临时会议由会议召集人提前15日向全体合伙人发出会议通知而召集。临时会议由执行事务合伙人召集和主持，但合伙人讨论第 6.2 条第(1)、(2)项事项时，合计持有有限合伙人认缴出资额三分之二以上的有限合伙人可召集临时会议并推举一名有限合伙人主持会议。

6.3.3　年度会议和临时会议的会议通知应为书面形式，且应至少包含如下内容：
(1) 会议的时间、地点；
(2) 会议议程和议案资料；
(3) 联系人和联系方式。

6.3.4　合伙人会议可以由合伙人以现场及/或非现场方式参加并表决，非现场方式包括电话会议、视频会议等一种或几种全体参会合伙人均可有效获取信息的方式，对于属执行事务合伙人召集临时会议讨论的事项，执行事务合伙人亦可决定不召集会议，而以书面形式征求其他合伙人意见，书面表示同意的合伙人的数量达到本协议约定同意数的，可形成有效决议。

6.4　会议表决方式

6.4.1　除本协议中另有规定，持有合伙企业认缴出资额【　】%以上的合伙人亲自/通过代理出席，合伙人会议方可有效召开。

6.4.2　合伙人会议所讨论的事项，本协议对相关事项所需的同意数有明确约定的，获得相应的同意后可做出决议，其他事项应经合计持有总认缴出资额三分之二以上的合伙人同意方为有效。

第七条　管理方式、管理费和业绩报酬

7.1　管理人

7.1.1　全体合伙人一致同意，合伙企业聘任【　】作为管理人向合伙企业提供日常运营及投资管理服务。有关基金管理服务的具体内容，以合伙企业全体合伙人与管理人签订的基金管理协议为准。

7.1.2　经全体合伙人一致同意，合伙企业可视经营需要增加和更换基金管理人。

7.2　管理费

7.2.1　作为管理人向合伙企业提供的日常运营及投资管理服务的对价，合伙企业应当向管理人支付管理费，管理费以有限合伙人实缴出资额为基数按【　】%/周年计算。

7.2.2　合伙企业应在有限合伙人每笔实缴出资的到账日支付该笔实缴出资当年度的管理费，计算期间为该笔实缴出资的到账日至到账日所在年度的 12 月 31 日。每年度结束后 15 日内，管理人以截至上一年度 12 月 31 日合伙企业实缴出资额为基数预收本年度的管理费。

7.2.3　如果合伙企业向合伙人返还实缴出资的，则自合伙企业返还出资日起至返还日所在年度的 12 月 31 日之间已预收的该返还实缴出资所对应的管理费应用于抵扣下一年度合伙企业应当支付的管理费。

第八条 募集资金监督和托管事项

8.1 募集结算资金专用账户

8.1.1 合伙企业应在监督机构开立募集结算专用账户,用于统一归集合伙企业的募集结算资金(即各合伙人缴付的出资和其他认购款项)、向合伙人分配收益、退还财产份额以及分配合伙企业清算后剩余财产等。合伙人按本协议约定缴付各期出资后,由监督机构将该等出资金额划入合伙企业托管账户。除按法律法规规定进行操作外,该账户不得挪作其他用途。

8.1.2 合伙企业应根据其与监督机构签订的账户监督协议,向监督机构支付费用,该等费用计入合伙企业费用,具体金额和支付安排以账户监督协议约定为准。

8.2 托管账户

8.2.1 合伙企业的全部现金资产应委托符合法律法规规定的具备托管资质的机构("托管人")进行托管/保管。合伙企业向托管人支付费用,该等费用计入合伙企业费用,具体金额和支付安排以托管协议约定为准。

8.2.2 合伙企业发生任何资金支出的,均应按照与托管人签订的托管协议规定的程序执行。

8.2.3 合伙企业以自身名义在托管人处开立独立的托管账户,该账户与执行事务合伙人、管理人的资产财产账户或其所管理的其他主体的账户相互独立。

8.2.4 经合伙人会议同意,合伙企业可以解聘和更换托管人。

第九条 入伙、退伙及合伙权益的转让

9.1 有限合伙人入伙

执行事务合伙人有权根据合伙企业的需要,自主决定接纳新的有限合伙人入伙。新的合伙人加入合伙企业,应签署书面文件确认同意受本协议约束。

9.2 有限合伙人退伙

9.2.1 除非根据本协议约定转让其持有的合伙权益从而退出合伙企业,有限合伙人无权要求退伙。

9.2.2 如有限合伙人发生《合伙企业法》规定被视为当然退伙的情形,对于该有限合伙人拟退出的合伙权益,普通合伙人和其他守约合伙人按照以下程序享有和行使优先受让权:同等条件下普通合伙人有权自行或指定第三方第一顺序优先受让,有限合伙人有权第二顺序优先受让。如普通合伙人放弃优先受让权,有限合伙人之间有权根据其认缴出资比例确定受让份额。如有限合伙人也放弃受让权的,合伙企业总认缴出资额相应减少。

9.2.3 上述有限合伙人退伙后,基于其实缴出资额应享有的分配,该有限合伙人应在当然退伙的情形发生后就合伙企业的现金分配和亏损分担仍被视为有限合伙人,并且由执行事务合伙人根据本协议的规定,就其应得的分配及应承担的亏损设置单独的资本账户予以记载,执行事务合伙人应在合伙企业清算后将该有限合伙人在该资本账户中的余额向该

有限合伙人以法律法规允许的方式进行分配。

9.3 普通合伙人入伙

【 】担任普通合伙人期间，除非其根据本协议的约定将其合伙权益全部转让给继任的普通合伙人，否则合伙企业不接纳新的普通合伙人入伙。

9.4 普通合伙人退伙

9.4.1 普通合伙人在此承诺，除非根据本协议的约定被除名或将其合伙权益全部转让给继任的普通合伙人，在合伙企业按照本协议约定解散或清算之前，普通合伙人始终履行本协议项下的职责；在合伙企业解散或清算之前，不要求退伙；其自身亦不会采取任何行动主动解散或终止。

9.4.2 普通合伙人发生《合伙企业法》规定的当然退伙的情形时，除非合伙企业立即接纳了新的普通合伙人，否则合伙企业解散、进入清算程序。

9.5 有限合伙人合伙权益的转让

9.5.1 未经执行事务合伙人的书面同意，有限合伙人不应以任何方式转让其在合伙企业当中的任何权益。转让方申请转让其持有的全部或部分合伙权益的，应向执行事务合伙人提出书面申请，当下列条件全部满足(或某一条件不能满足但得到执行事务合伙人书面豁免)时方为一项"有效申请"：

(1) 权益转让不会导致合伙企业违反适用法律的规定，或由于转让导致合伙企业的经营活动受到额外的限制；

(2) 权益转让不会导致对本协议的违反；

(3) 受让方已向执行事务合伙人提交关于其同意受本协议约束、承继转让方相应义务的承诺；

(4) 该等申请于拟转让日期之前至少 30 日送达执行事务合伙人；

(5) 受让方已提供执行事务合伙人认为适宜要求的其他文件、法律意见书、证件及信息；

(6) 转让方及/或受让方已书面承诺承担该次转让引起的合伙企业及执行事务合伙人所发生的所有费用。

9.5.2 当一项有关合伙权益转让的申请成为有效申请时，执行事务合伙人有权独立做出同意或不同意的决定；但如果有限合伙人向其关联方转让合伙权益并承诺对受让方的后续出资承担连带保证责任的，执行事务合伙人不应不合理地否决。

9.5.3 对于执行事务合伙人同意转让的合伙权益，同等条件下，其他合伙人享有优先受让权，但有限合伙人向其关联方转让的除外。

9.6 普通合伙人合伙权益的转让

9.6.1 普通合伙人可独立决定将其持有的合伙权益转让给其关联方；经全体有限合伙人一致同意，普通合伙人可将其持有的合伙权益转让给上述人士以外的其他人。除上述外，普通合伙人不应以其他任何方式转让其持有的合伙权益。

9.6.2 如根据本协议的规定，合伙企业决定将普通合伙人强制除名并决定接纳继任的普通合伙人，则原普通合伙人可转换为有限合伙人。

9.7 合伙权益出质

除非本协议另有约定，合伙人不得将其持有的合伙权益出质或在合伙权益上设置任何形式的权利负担。

9.8 有限合伙人和普通合伙人身份转换

除非适用法律另有规定、本协议另有明确约定，未经全体合伙人一致同意，有限合伙人不能转变为普通合伙人，普通合伙人亦不能转变为有限合伙人。

第十条 投资事项

10.1 投资范围

合伙企业投资于【　】。

10.2 投资方式

(1) 合伙企业主要以股权投资、与股权相关的投资及其他适用法律允许的方式进行投资。

(2) 经投资决策委员会同意，合伙企业可将待投资、待分配及费用备付的现金资产以存放银行，购买国债、其他稳健型理财产品或其他符合适用法律规定的安全方式进行管理。

10.3 投资标准

合伙企业以股权投资方式进行投资的，投资项目应当满足以下条件：(略)。

10.4 投资限制

除非经合伙人会议同意，合伙企业不得从事以下投资：(略)。

10.5 投资决策

10.5.1 管理人组建投资决策委员会，对合伙企业的项目投资的立项、投资、投后管理及退出进行审核并做出最终决策。

10.5.2 投资决策委员会委员共【　】人，均由管理人聘任。投资决策委员会委员名单应在确定或变更后，执行事务合伙人应及时通知其他合伙人。

10.5.3 投资决策委员会会议以不定期方式召开，由投资决策委员会主任委员召集。投资决策委员会委员对议案进行表决，表决意向分为同意和反对，每一委员享有一票表决权，投资决策委员会会议做出决策应经三分之二以上委员投票同意方可通过。

10.5.4 出席投资决策委员会会议的委员应当在会议记录上签名，会议记录由投资决策委员会主任委员保存。

10.6 投资后的管理

合伙企业进行投资后，投资决策委员会负责对被投公司的投后相关重大事宜进行审议，并在适宜的时机对实现投资变现做出决策。

10.7 共同投资

10.7.1 在遵守本协议其他约定的前提下，在合伙企业存续期限内，执行事务合伙人有权(但无义务)向有限合伙人和其他人士提供与合伙企业一起向拟投公司进行投资的机会

("共同投资")。共同投资金额的大小、有关时机及其他条件均由执行事务合伙人根据项目投资的实际情况自行决定。对于任何涉及合伙企业项目投资的共同投资机会,执行事务合伙人有权自行决策并对共同投资总额进行分配。

10.7.2 如果执行事务合伙人认为适当,任何共同投资行为可以通过专门设立的一个或多个合伙企业或其他实体("共同投资载体")进行。共同投资载体由执行事务合伙人或其关联方控制并管理。

第十一条 利润分配、亏损分担及税务承担

11.1 利润分配

11.1.1 除本协议另有约定或合伙人会议决定以其他形式进行分配,合伙企业应将其投资全部变现,以现金方式进行分配。

11.1.2 合伙企业存续期间单个投资项目退出时均不进行分配,在合伙企业所有投资项目全部退出后或合伙企业依法进行清算时,合伙企业财产在合伙人之间按照下列优先顺序进行分配。

(1) 首先,按实缴出资比例分配给所有合伙人,直至使所有合伙人所获分配额等于截止到该分配时点其累计实缴出资额;

(2) 如有剩余,根据合伙企业年均投资收益率向全体合伙人进行收益分配:如合伙企业年均投资收益率不超过8%,则全部投资收益在有限合伙人之间按实缴出资比例进行分配;如合伙企业投资年均收益率超过8%不足12%,则在满足有限合伙人年均收益率达到8%后,其余的投资收益分配给普通合伙人;如合伙企业投资年均收益率超过12%,则存续期内所有投资收益的80%分配给有限合伙人(有限合伙人之间按实缴出资比例分配),20%分配给普通合伙人。

11.1.3 在合伙企业清算完毕之前,执行事务合伙人应尽其合理努力将合伙企业的投资变现、避免以非现金方式进行分配;但如无法变现或根据执行事务合伙人的独立判断认为非现金分配更符合全体合伙人的利益,可以以非现金方式进行分配。如任何分配同时包含现金和非现金,在可行的情况下,每一合伙人所获分配中现金与非现金的比例应相同。以非现金方式分配的资产价值应按照独立第三方专业机构的评估而确定,该专业机构的聘请由执行事务合伙人决定。

11.2 亏损分担

11.2.1 合伙企业发生亏损时的债务承担:

(1) 普通合伙人对合伙企业的债务承担无限连带责任;

(2) 有限合伙人对合伙企业的债务以其认缴的出资额为限承担有限责任;

(3) 合伙财产不足以清偿债务时,债权人可以要求普通合伙人以其所有的全部财产清偿。

11.2.2 有限合伙人的自身财产不足以清偿其与合伙企业无关的债务的,该合伙人可以用其从合伙企业中分取的收益清偿;债权人也可以依法请求人民法院强制执行该合伙人在

合伙企业中的财产份额用于清偿。人民法院强制执行有限合伙人的财产份额时，应当通知全体合伙人。在同等条件下，其他合伙人有优先购买权。

11.3 所得税

本合伙企业实行先分后税的原则。合伙企业不作为纳税主体进行纳税，各合伙人按照收益所得自行纳税。根据《中华人民共和国个人所得税法》规定，合伙企业对自然人合伙人的个人所得税实行代扣代缴。

第十二条 费用和支出

12.1 合伙费用

合伙企业应负担所有与合伙企业的设立、运营、终止、解散、清算等相关的费用("合伙费用")，包括但不限于：

12.1.1 开办费，包括但不限于募集费用、法律、会计、税务、打印、通信、差旅、备案登记等与合伙企业的设立和筹建以及募集相关的所有成本和费用；

12.1.2 合伙企业直接或间接发生的，与项目投资、现金管理相关的所有费用和支出，包括但不限于其评估、获取、持有、管理及变现所发生的法律、审计、评估、中介及其他第三方费用，以及所有合理的差旅费、接待费；

12.1.3 管理费；

12.1.4 合伙企业日常运营和管理的法律、会计和审计、税务、评估及其他第三方顾问费用；

12.1.5 合伙企业的财务报表及报告费用，包括制作、印刷和发送成本；

12.1.6 合伙人会议、投资决策委员会会议费用以及与合伙企业运营有关的其他会议费用；

12.1.7 政府部门对合伙企业收取的税、费及其他费用；

12.1.8 合伙企业为维持合法存续而发生的登记、备案、年检等工商、审计、税务相关的费用；

12.1.9 合伙企业的募集结算资金专用账户监督费、托管账户托管费用和银行汇划手续费；

12.1.10 由合伙企业发起或针对合伙企业的诉讼、仲裁或其他司法或行政程序的费用，与该等诉讼、仲裁或程序相关的律师费，以及由此产生的任何支出；

12.1.11 合伙企业向受补偿方直接或间接支付的补偿，或合伙企业应付的保险费；

12.1.12 合伙企业清算、解散相关的费用；

12.1.13 其他未明确列出，但合伙企业发生的与合伙企业业务和运营有关的费用。

12.2 合伙费用的支付

合伙费用由合伙企业支付，普通合伙人、管理人或其关联方为合伙企业垫付合伙费用的，合伙企业应予报销；交割日之前，普通合伙人或其关联方垫付的开办费等费用，由合伙企业在具备支付条件后立即予以报销或返还。

12.3 其他费用

合伙企业发生的下列费用由普通合伙人、管理人自行承担：

12.3.1 普通合伙人、管理人的日常支出，包括向其各自的董事、管理人员和/或雇员直接支付的人事开支，如工资、奖金和福利等费用；

12.3.2 普通合伙人、管理人的办公场所租金、办公设施费用及其他日常办公经费；

12.3.3 普通合伙人、管理人发生的与合伙企业的设立、运营、终止、解散、清算等无关的差旅费、会议费、接待费等费用。

第十三条 财务会计制度及报告

13.1 记账

执行事务合伙人应当在法定期间内维持符合适用法律规定的会计账簿，作为向有限合伙人提交财务报表的基础依据。

13.2 会计年度

合伙企业的会计年度与日历年度相同；首个会计年度自合伙企业成立日起到当年的12月31日。

13.3 审计

合伙企业应于每一会计年度结束之后，由独立审计机构对合伙企业的财务报表进行审计。

13.4 报告

13.4.1 执行事务合伙人应于每年9月30日前向其他合伙人提交半年度(每年1月1日至6月30日)报告，内容为该半年度未经审计的半年度财务报表，并包括合伙企业该半年度的投资、退出、分配等信息。但每年的第四季度结束后，普通合伙人将按照第13.4.2条提交年度报告，无须再单独提交该半年度的半年度报告。

13.4.2 执行事务合伙人应于每年4月30日前向有限合伙人提交年度报告，内容为上一年度投资活动总结及上一年度经审计的年度财务报表，并包括合伙企业当年的投资、退出、分配等信息。

13.4.3 对于受合伙企业与投资合作方达成之保密协议限制或由于适用法律限制不能披露的信息，执行事务合伙人无须向其他合伙人提供。

13.5 查阅会计账簿

有限合伙人在提前10个工作日书面通知的前提下，有权在正常工作时间的合理时限内亲自或委托代理人为了与其持有的合伙权益直接相关的正当事项查阅合伙企业的会计账簿，费用由其自行承担，但不得影响合伙企业的正常运营。有限合伙人在行使本条项下权利时应对所获得的信息严格予以保密。

13.6 其他披露事项和份额信息备份

13.6.1 除本协议已经明确写明的事项外，执行事务合伙人将按照适用法律规定建立信息披露管理制度，并根据本协议以及信息披露管理制度的约定、适用法律的规定向有限合伙人披露合伙企业信息。

13.6.2 全体合伙人同意执行事务合伙人或其他信息披露义务人应当按照基金业协会的规定对合伙企业的信息披露信息进行备份。

13.6.3 全体合伙人同意执行事务合伙人、合伙权益登记机构或其他合伙权益登记义务人应当按照基金业协会的规定办理合伙权益登记(全体合伙人)数据的备份。

第十四条 解散与清算

14.1 解散

当下列任何情形之一发生时，合伙企业应被解散并清算：
(1) 经全体合伙人一致同意决定合伙企业提前解散；
(2) 合伙企业存续期限届满，合伙人会议决定不再延长存续期限的；
(3) 普通合伙人根据本协议约定退伙或被除名，且合伙企业没有接纳新的普通合伙人；
(4) 合伙企业被吊销营业执照；
(5) 出现《合伙企业法》规定的其他解散原因。

14.2 清算

14.2.1 各合伙人在此同意指定执行事务合伙人和管理人共同组成清算组，清算组成员由执行事务合伙人和管理人决定。所有合伙企业未变现的资产由清算组负责管理。

14.2.2 合伙企业清算时，合伙财产在支付清算费用、缴纳所欠税款、清偿合伙企业债务后剩余的可分配部分，按照本协议约定的原则进行分配。

14.2.3 合伙企业财产不足以清偿合伙债务的，由普通合伙人向债权人承担连带清偿责任。

第十五条 其他

15.1 适用法律和争议解决

15.1.1 本协议适用中华人民共和国法律。

15.1.2 因本协议引起的及与本协议有关的一切争议，首先应由相关各方通过友好协商解决。如相关各方不能协商解决，则应提交中国国际经济贸易仲裁委员会，按该会当时有效的仲裁规则在北京仲裁解决。仲裁裁决是终局的，对相关各方均有约束力。除非仲裁庭有裁决，仲裁费用应由败诉一方负担。败诉方还应承担胜诉方的律师费、差旅费等支出。

15.2 保密

15.2.1 未经执行事务合伙人事先书面同意，各合伙人不得就执行事务合伙人、管理人或其任何关联方或者合伙企业向其提供的包括但不限于如下信息向任何第三人进行披露：本协议、本协议提及的任何其他协议、合伙企业的财务报表及其他信息、任何被投公司的信息等。但是以下情况除外：
(1) 非因该有限合伙人或其任何代理人违反本条的约定而已被公众所知的信息；

(2) 该有限合伙人因履行适用法律下的法定义务或在任何法律程序中必须提供的信息;

(3) 向其雇员和专业顾问披露的信息(包括该有限合伙人的审计师和法律顾问),并且该等人士已书面保证遵守该有限合伙人在本协议下的保密义务;

(4) 应具有适当管辖权之监管机构的要求而提供的信息。

15.2.2 根据本条约定而披露信息的合伙人须在适用法律范围内事先通知执行事务合伙人,以便执行事务合伙人有足够时间采取其认为必要的合理措施。

15.2.3 无论本协议其他条款如何约定,执行事务合伙人有权在其认为合理的期间内就下列事项不向其他合伙人披露并予以保密:①执行事务合伙人善意认为披露该信息有损合伙企业或其投资的信息;②适用法律或与第三方人士的约定要求合伙企业保密的信息。

15.2.4 执行事务合伙人可以披露适用法律所要求披露的合伙企业或其他合伙人的任何必要信息。同时,应执行事务合伙人之要求,各合伙人应将所有必要信息及时提供给执行事务合伙人。

15.3 修改协议

15.3.1 任何对本协议的修改,应经全体合伙人一致同意。

15.3.2 尽管有第 15.3.1 条约定,执行事务合伙人可独立决定就下列事项修改本协议。

(1) 执行事务合伙人根据本协议的约定有权自行决定的事项;

(2) 合伙企业的合伙人或其认缴出资额发生符合适用法律规定或本协议约定的变化后,对本协议进行修订;

(3) 在该修改不会对任何有限合伙人造成任何不利影响的情况下:明确条款含义、对本协议可能存在的笔误做出修正、更正排版印刷错误或遗漏;

(4) 经与拟接纳入伙的有限合伙人协商对本协议进行的非实质性修改,且该修改不会对先前已接纳入伙的有限合伙人的权利义务造成任何不利影响。

15.3.3 在根据第 15.3.2 条进行修改后,执行事务合伙人应立即向全体有限合伙人发送该修改内容的副本或描述该修改的书面通知。

15.4 通知

15.4.1 本协议项下任何通知、要求或信息传达均应采用书面形式,交付或发送至下列地址,即为完成发送或送达。

(1) 给合伙企业的通知发送至:

地址:

传真:

电话:

收件人:

(2) 给各合伙人的通知发送至附件所列的地址。

任何一方可经提前 3 个工作日向合伙企业发出通知而变更地址。

15.4.2 除非有证据证明其已提前收到,否则:

(1) 在派专人交付的情况下，通知于送至第15.4.1条所述的地址之时视为送达；

(2) 在通过特快专递发出的情况下，通知于邮寄后5个工作日视为送达；

(3) 在以传真发送的情况下，通知于发件人传真机记录传输确认时视为送达。

15.5 附属协议

不管本协议有任何其他约定，经合伙人同意，执行事务合伙人有权与任一有限合伙人就与合伙企业或本协议相关的事项达成附属协议（"附属协议"），附属协议可能使特定有限合伙人在本协议项下的权利增加，或对本协议进行修改或补充，附属协议对执行事务合伙人及相关有限合伙人具有法律约束效力。在附属协议未导致其他合伙人在本协议项下的权利义务受到不利影响且仅约束执行事务合伙人和该等有限合伙人的前提下，其他有限合伙人对该等安排无异议、不要求同等享受该等附属协议项下的任何权利且承认该等附属协议的效力。

15.6 全部协议

本协议、入伙协议(或类似文件)及任何有限合伙人与普通合伙人达成的附属协议构成相关各方之间的完整协议并取代该等相关方先前达成的所有协议、安排或备忘。

15.7 可分割性

如本协议的任何条款或该条款对任何人或情形适用时被认定无效，其余条款或该条款对其他人或情形适用时的有效性并不受影响。

15.8 弃权

合伙人未能行使或迟延行使权利不构成对该权利的放弃。任何权利的单独或部分行使不构成对该权利的进一步行使或其他权利行使的排除。本协议规定的权利与救济可以累积，且不排除法律规定的其他任何权利或救济。

15.9 签署文本

15.9.1 本协议正本由各方分别签署后合成一份完整版本，可根据需要签署若干份。各份具有同等法律效力。

15.9.2 各方同意为工商登记注册之目的于本协议签署同时另行签署与本协议内容实质一致的简式版本，前述简式版本应当在签署后根据适用法律规定提交工商登记。前述简式版本与本协议的规定不一致的，以本协议为准。

15.9.3 本协议的内容与合伙人之间的其他协议或文件内容相冲突的，以本协议为准。若合伙协议有多个版本且内容相冲突的，以在基金业协会备案的版本为准。

15.10 协议生效

本协议经各方授权代表签署(自然人签字、法人或其他组织授权代表签字并加盖公章)之日起生效。本协议一式【 】份，每份具有同等法律效力，各方各执【 】份，其余由合伙企业留存。

(本页无正文，为《××新能源创新发展基金合伙企业(有限合伙)合伙协议》签署页)
普通合伙人(盖章)
法定代表人或授权代表：_____
有限合伙人(盖章)
法定代表人或授权代表：_____
有限合伙人(盖章)
法定代表人或授权代表：_____

签署日期：　　年　　月　　日

合伙人信息登记表

合伙人姓名或企业名称	认缴出资金额	认缴出资比例	住所或经营场所	联系人	联系电话	电子邮箱
普通合伙人：						
有限合伙人：						

第三节　私募股权投资基金的备案

根据《私募投资基金管理人登记和基金备案办法(试行)》的规定，私募股权投资基金管理人应当在募集完毕后20个工作日内，通过"私募基金登记备案系统"进行备案，并根据主要投资方向注明基金类别，如实填报基金名称、资本规模、投资者信息、基金合同、基金公司章程或者合伙协议。

需要特别说明的是，《私募投资基金监督管理暂行办法》第九条规定，基金业协会为私募基金管理人和私募基金办理登记备案不构成对私募基金管理人投资能力、持续合规情况的认可；不作为对基金财产安全的保证。

一、基金产品备案的准备工作

基金产品备案的主要工作是在备案平台填写信息并上传相关文件，填报后等待基金业协会的反馈。如存在反馈问题，根据反馈内容补充修改即可。因此，在准备阶段的主要工作就是准备相关文件。

其中上传需要准备的文件及模板具体如下。

1. 营业执照/主体资格证明文件(有限合伙型、公司型基金必备)

只有有限合伙型、公司型的基金产品需要上传此项文件，契约型基金因不存在组织结构，不需要上传。需要说明的是，这里需要上传的是基金产品的营业执照，而非基金管理人的营业执照。

2. 《基金募集说明书》(非必备)

《基金募集说明书》是投资者了解基金的最基本也是最重要的文件之一，是投资前的必读文件。但在基金备案系统内，该项属于非必须上传的文件，可以在系统内选择"不适用"。

3. 《基金风险揭示书》(必备)

《私募投资基金监督管理暂行办法》第十六条明确要求，私募基金管理人自行销售私募基金的，应当采取问卷调查等方式，对投资者的风险识别能力和风险承担能力进行评估，由投资者书面承诺符合合格投资者条件；应当制作风险揭示书，由投资者签字确认。

基金业协会于2016年4月15日发布了《私募投资基金募集行为管理办法》，同时发布了《私募投资基金投资者风险问卷调查内容与格式指引(个人版)》及《私募投资基金风险揭示书与格式指引》，参考网址为 http://www.amac.org.cn/xhdt/zxdt/390479.shtml。

4. 《投资者承诺函》(必备)

对于《基金风险揭示书》与《投资者承诺函》，所有投资者都需要提交签字文件。《投资者承诺函》参考模板如图3-7所示。

投资者承诺函

××××投资管理有限公司：

　　本人/本单位作为符合中国证券监督管理委员会规定的私募股权/证券投资基金的合格投资者(即个人投资者的金融资产不低于300万元或者最近3年个人年均收入不低于50万元，机构投资者的净资产不低于1000万元)，具有相应的风险识别能力和风险承受能力，投资资金来源合法，没有非法汇集他人资金投资私募股权投资基金。本人/本单位在参与贵公司发起设立的私募股权投资基金的投资过程中，如果因存在欺诈、隐瞒或其他不符合实际情况的陈述所产生的一切责任，由本人/本单位自行承担，与贵公司无关。

　　特此承诺。

投资人(自然人签字或机构盖章)
日　　期

图3-7 《投资者承诺函》参考模板

5. 《机构承诺函》(必备)

这是需要基金管理人出具的承诺函，并且会因管理股权类或证券类产品的不同，而有细微差别。

《机构承诺函》参考模板如图3-8所示。

> 机构承诺函
>
> 中国证券投资基金业协会：
> 　　本机构××××投资管理有限公司作为私募股权投资基金管理人，承诺遵守基金业协会《私募投资基金募集行为管理办法》和《私募投资基金合同指引》，以及证监会《证券期货经营机构私募资产管理业务运作管理暂行规定》(这里只有备案证券基金时需要承诺遵守资管暂行规定，备案股权基金时不需要添加)的相关规定。
>
> 承诺机构
日　　期

图 3-8 《机构承诺函》参考模板

6. 募集规模证明/实缴出资证明(必备)

募集规模证明包括托管人开具的资金到账证明、会计师事务所开具的验资证明、银行对账单(加盖银行公章)、工商登记调档材料等第三方出具的证明。

由于目前网上银行、手机银行的使用非常普遍，实缴出资证明并非一定要银行加盖公章的纸质稿文件，可以用截屏代替，但是截屏的内容中必须要包含银行的电子章。

7. 基金合同/合伙协议/公司章程(必备)

在进行基金产品备案时，最重要也是最容易遭遇反馈的文件就是基金合同。2016年4月18日，基金业协会正式发布酝酿已久的基金合同指引，对契约型、公司型、有限合伙型三类基金分别采取了不同的指引方式。在制作公司章程/合伙协议/基金合同时，要对应具体的合同指引要求，对文件进行制作。

合同指引的参考网址为 http://www.amac.org.cn/xhdt/zxdt/390510.shtml。

8. 《委托管理协议》(非必备)

《委托管理协议》属于非必须上传的文件，可以在系统内勾选"不适用"选项。但是当合伙型基金外聘了第三方机构对基金进行管理时，则必须上传。

9. 《托管协议》(非必备)

证券类基金和股权类基金都可以选择不托管，但是基金业协会经常会对此进行反馈，即要求上传所有投资者签署的《无托管确认函》。《无托管确认函》中需要明确说明"本基金无托管"。按照基金合同指引，无托管的基金产品需要在基金合同内说明私募股权投资基金财产安全的制度措施以及纠纷解决机制。

《无托管确认函》参考模板如图 3-9 所示。

> 无托管确认函
>
> 致：＿＿＿＿＿＿＿＿
> 　　本人/本机构确认并同意按照本人与基金管理人签署的《＿＿＿＿＿＿合伙企业(有限合伙)之合伙协议》的约定，＿＿＿＿＿＿合伙企业(有限合伙)基金的银行账户不进行托管，由基金管理人负责开设独立的银行账户，用于资金募集、管理和投资。
> 　　本人/本机构知晓基金银行账户不进行托管可能产生的风险，并在此不可撤销地确认同意＿＿＿＿＿＿合伙企业(有限合伙)基金的银行账户不进行托管。
>
> 投资者：
年　月　日

图 3-9 《无托管确认函》参考模板

10. 销售归集/托管账户信息(必备)

这意味着基金产品备案需要两个前提：一是已经开好专户，二是募集资金已经进入专户。在有托管或者 PB 综合托管业务(主经纪商业务)的情况下，需要开通托管账户和销售归集两个账户，如果没有托管和外包业务，只需要开一个销售归集账户即可。

11. 《投资者明细》(必备)

《投资者明细》包括序号、姓名/机构名称、证件号码、认缴金额、实缴金额、汇总金额、备注等。其中备注包括 GP/LP、优先/劣后、是否是管理人或员工跟投等信息。汇总金额应当与登记备案系统填报的实缴金额一致。同时只需要基金管理人加盖机构公章，不需要投资者再次签字。

12. 对销售业务的管理制度(必备)

可直接提供基金管理人的内控制度文件，并加盖基金管理人公章。

13. 对份额登记业务的管理制度(必备)

可直接提供基金管理人的内控制度文件，并加盖基金管理人公章。

二、基金产品备案的操作步骤

随着基金业协会对私募基金产品备案规则的不断改进与完善，基金管理人对于备案要求的学习与把握也越发重要。基金备案操作流程如图 3-10 所示。

图 3-10 基金备案操作流程

本书按照基金业协会产品备案系统的填写顺序，以股权类私募基金产品的备案要求为例进行系统性的梳理，总结出 18 项关键点，作为产品备案的参考。

1. 基金类型(见图 3-11)

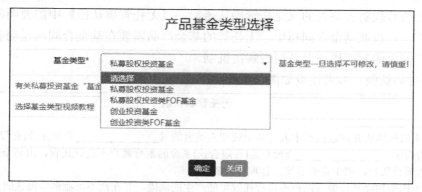

图 3-11 基金类型

基金类型包括四类，分别是：私募股权投资基金、私募股权投资类 FOF 基金、创业投资基金、创业投资类 FOF 基金。具体选取哪一类型可以根据产品基本信息里的产品类型/

种类判断。

2. 产品类型/种类(见图 3-12)

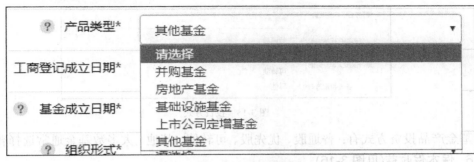

图 3-12 基金产品类型/种类

私募股权投资基金产品类型主要有：并购基金、房地产基金、基础设施基金、上市公司定增基金、其他基金。

私募股权投资类 FOF 基金产品类型主要有：母基金、投向单一资管计划的基金。

创业投资基金无产品类型/种类选项。

创业投资类 FOF 基金类型与私募股权投资类 FOF 基金相同。

从以上分类可以看出，大部分股权投资基金按照基金业协会分类应属于创业投资基金；并购基金、房地产基金、基础设施基金、上市公司定增基金等特殊类型基金属于私募股权投资基金；母基金根据子基金类型不同选择私募股权投资类 FOF 基金或创业投资类 FOF 基金。

3. 基金成立日期和到期日(见图 3-13)

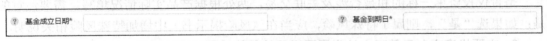

图 3-13 基金成立日期和到期日

基金成立日期是指私募基金的成立日期，当基金组织形式为契约型时，基金成立日期应填写托管人开具的资金到账通知书中的资金到账日期；当组织形式为合伙型或公司型时，基金成立日期应填写基金合同签署日期或投资者对本基金首轮实缴款到位时间。基金到期日是指私募基金的到期日，指与投资者约定的基金终止运作的日期。基金合同、合伙协议或公司章程中设置了延长期的基金，只填写常规到期日，不包含延长期。

4. 本基金审计安排(见图 3-14)

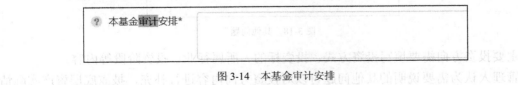

图 3-14 本基金审计安排

除契约型基金外，其他组织形式的基金均应当说明其审计安排，包括说明审计频率(年度或半年度)、是否有指定的会计师事务所、审计报告披露方式和频率等内容。

5. 投资方式(见图 3-15)

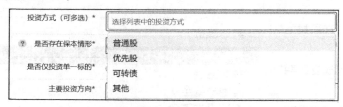

图 3-15　投资方式

基金产品投资方式有：普通股、优先股、可转债、其他。大多数基金通常选择普通股。

6. 保本保收益(见图 3-16)

图 3-16　是否"保本保收益"

是否存在保本情形和是否存在保收益情形，此两处通常情况下应为"否"。

7. 单一投资标的和关联交易(见图 3-17)

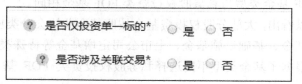

图 3-17　单一投资标的和关联交易

是否仅投资单一标的和是否涉及关联交易，两处根据产品实际情况填写。需要注意的是：如果选"是"，则属于特殊风险，应当在《风险揭示书》中增加特殊风险相关说明。

8. 主要投资方向及管理人认为需要说明的其他问题(见图 3-18)

图 3-18　其他问题

主要投资方向需要填写投资方式、投资标的、所属行业、投资阶段等内容。

管理人认为需要说明的其他问题可以对投资方向内容进行补充，披露底层资产实际情况。例如，母基金备案时，需要说明子基金的投资标的具体情况。

9. 结构化产品（见图3-19）

图3-19 结构化产品

对于结构化产品来说，需要按照基金合同的具体结构化安排填写本项内容，并注意介于优先和劣后之间的"中间级"份额归于"劣后级"，股权、创投、其他类投资基金可归为中间级。

10. 募集方式（见图3-20）

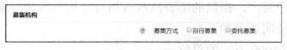

图3-20 募集方式

募集方式可以选择自行募集和委托募集。此处应注意，管理人发行的首只基金产品应当通过自行募集完成。

11. 募集结算资金专用账户

管理人可以通过"监督机构名称"列表，查看联系的监督机构是否符合基金业协会的要求。

12. 其他募集信息

"募集行为程序确认""向投资者揭示如下基金风险"和"相关风险提示是否获得投资者如下承诺"下所有选项，必须选择"是"。

13. 合同信息

本项内容应当严格参照基金协议内容进行填写，不要习惯性地全部选"是"。

另外，费用填写时，对于固定费用按照每年的费用填写，而不是填写总费用。

14. 托管情况（见图3-21）

图3-21 托管情况

目前，基金业协会要求契约型私募股权投资基金必须托管，有限合伙型和公司型可以不用托管。无托管情形下，"其他保障财产安全的制度措施和纠纷解决机制内容"需要按照基金协议内容进行归纳性说明，切勿原文照搬。对于基金协议里没有此部分内容或者内容不完整的，应当同时把基金协议相关内容补充完整。

当基金存在托管时，基金业协会往往会要求部分托管机构提供《托管说明函》，并上传系统。在选择托管的情况下，应当先确认托管机构是否上了"黑名单"，以免在今后备案中"骑虎难下"。说明函一般需要通过托管机构总部开具，难度较大。

15. 投资者信息

对于投资者信息填报需要注意以下三点。

(1) 私募股权投资基金管理人可以不出资，但是不担任管理人的普通合伙人必须按照合格投资者的要求，出资 100 万元以上。

(2) 对于投资类机构的出资者，需要另外出具说明函说明资金来源是自有资金还是来自于募资，并作为附件上传。

(3) 对于自然人投资者为主的私募股权投资基金产品，基金业协会可能会要求提供合格投资者资产证明文件，一般要求提供金融资产证明或工资流水证明。

此处资产指的是净资产，提供的工资流水应当与年均收入相匹配。

合格投资者资产证明要求如下。

① 净资产不低于 1000 万元的单位；

② 金融资产不低于 300 万元或者最近三年个人年均收入不低于 50 万元的个人。

16. 文件内容基本要求

应当注意所有上传文件的内容均不可出现空白未填部分，如银行账户信息、投资者信息、签字和盖章等。

所有文件(包括上传和未上传)的签署日期应当注意一致性与合理性，对于有前后签署顺序要求的文件，如风险揭示书、投资者问卷调查、基金协议、回访确认函等文件，尤其要仔细核对签署日期。

17. 其他相关文件

根据基金业协会反馈意见，产品备案文件除了列表中要求必须上传的文件外，还有以下文件可能会要求一并上传，包括工商信息截图、交易结构图、基金成立公告、投资者资金情况说明、后续募集及拟投资计划、投资安排说明、投资者资产证明等。以上文件如果能提前准备，将有助于减少审核反馈次数，缩短产品备案时间。

整体来讲，私募股权投资基金产品备案是一项对工作细致程度要求很高的工作。基金管理人应该按计划完成私募股权投资基金产品备案的准备工作，把握好每一个环节的填报要求，保证一次性提交规范完整的备案文件，有助于缩短备案审核时间，提高募集资金的使用效率。另外，私募股权投资基金产品在结构设计上也应当充分考虑实际备案难度，提前规避风险。

三、基金产品备案的发展方向

2020 年 1 月 17 日，基金业协会发布《从信用积累走向信用运用 差异化引导行业规范发展——中国证券投资基金业协会将推出私募基金产品备案"分道制+抽查制"改革试点》(以下简称《私募备案改革试点》)一文，文中指出自 2020 年 2 月 7 日起，将对持续合规运行、信用状况良好的私募基金管理人，试行采取"分道制+抽查制"方式办理私募基金产品备案。即符合条件的私募基金管理人通过 AMBERS 系统提交私募基金备案申请后，基金业协会将在官网(www.amac.org.cn)以公示该私募基金基本情况的方式完成该基金备案。备案完成后，基金业协会再抽查其合规情况，若抽查中发现该基金存在不符合法律法规和自律规则的情形，将要求管理人进行整改。

所谓"分道制"，即基金业协会对符合条件的私募基金管理人以及未达条件的私募基金管理人在私募基金产品备案程序上采用不同的办理方式，也就是：

(1) 对于符合条件的私募基金管理人在提交私募基金备案申请后，将于次日在基金业协会官网以公示该私募基金情况的方式完成该基金备案；

(2) 针对未达条件的私募基金管理人提交的私募基金备案申请仍维持现有人工办理方式。

其中符合条件是指根据《私募备案改革试点》，基金业协会基于已公布的《私募证券/股权、创业投资基金管理人会员信用信息报告》所列的"合规性、稳定度、专业度、透明度"四大维度指标的动态表现和分值分布，将探索形成试行"分道制+抽查制"私募基金管理人的客观指标基准和条件，具体是指将会员信用信息报告指标体系运用于所有已登记管理人，合规类指标存在问题的管理人将首先被剔除；再以管理人每项指标的六十分位作为指标基准，筛选出非合规性指标中80%的指标在基准线以上的管理人。

所谓"抽查制"，即对于符合条件的私募基金管理人以公示完成备案的基金，基金业协会应在该基金备案后抽查其合规情况。若抽查中发现该基金存在不符合法律法规和自律规则的情形，基金业协会将要求管理人进行整改。

基金业协会初步测算，按以上条件将筛选出约700家私募基金管理人，其中证券类管理人可覆盖私募证券投资基金在管规模的57.2%；股权、创投类管理人可覆盖私募股权、创投基金在管规模的14.6%。

"分道制+抽查制"的备案方式一方面为优质的私募基金管理人开通了绿色通道，节约了时间和资金成本，资源向优质私募倾斜，通过扶优限劣来规范行业发展；另一方面，协会会定期测算并更新私募基金管理人适用指标基准和条件，动态调入或调出适用"分道制+抽查制"的私募基金管理人，有助于促进私募行业信用体系建设。

根据《私募备案改革试点》规定，基金业协会将在"分道制+抽查制"试行期间及时更新指标和条件，动态调整符合条件的私募基金管理人范围，适用"分道制+抽查制"私募基金管理人的指标基准和条件则拟于2020年下半年正式发布。

本章小结

基金募集，是指私募股权投资基金管理人或者受其委托的募集服务机构向投资者募集资金用于设立私募股权投资基金的行为。根据募集主体不同，私募股权投资基金的募集可以分为自行募集和委托募集。私募股权投资基金管理人应当结合当前市场的资金充盈程度、自身的募集能力、基金产品特点等因素，综合考虑并采用合适的募集方式。

私募股权投资基金的资金来源是多元的，如自然人、工商企业、保险公司、信托公司、银行、社保基金、企业年金、外资等。一般情况下，根据投资者主体性质不同，私募股权投资基金的资金来源大体可归纳为三类：个人投资者、机构投资者、母基金(含政府引导基金)。

基金募集说明书是私募股权投资基金管理人募集资金时首先需要准备制作的文件。简单来说就是私募股权投资基金的产品说明书，对各方主体的权利义务进行明确的说明和分配，帮助投资人了解基金。

基金的募资流程为：特定对象确定→投资者适当性匹配→基金推介→基金风险提示→合格投资者确认→基金合同签署→投资冷静期→回访确认。

根据《私募投资基金管理人登记和基金备案办法(试行)》的规定，私募股权投资基金管理人应当在私募股权投资基金募集完毕后 20 个工作日内，通过私募股权投资基金登记备案系统进行备案，并根据私募股权投资基金的主要投资方向注明基金类别，如实填报基金名称、资本规模、投资者、基金合同、基金公司章程或者合伙协议。

复习思考题

1. 基金募集包括哪些方式？选择时应考虑哪些因素？
2. 私募股权投资基金的资金来源包括哪些？各种来源的优缺点有哪些？
3. 基金募集说明书的主要内容包括哪些部分？
4. 基金募集流程包括哪些环节？如何做好合格投资者确认工作？
5. 基金备案时应准备哪些材料？

第四章

私募股权投资基金的尽职调查

学习提示

本章主要介绍了私募股权投资基金投资项目的来源及立项工作；阐述了尽职调查的概念、目的及策略；详细说明了尽职调查的原则、流程及方法；最后对尽职调查的主要内容和结论进行了重点阐述。

第一节 投资项目来源与立项

一、项目来源及登记

(一) 项目信息的来源

丰富的项目来源是私募股权投资机构投资成功的坚实基础。能够快速发现、接触和了解项目是私募股权投资机构的核心能力之一。

私募股权投资机构最重要的任务就是寻找优质的投资标的。根据实务经验，投资项目的来源主要有内部管理团队的寻找与筛查、外部中介机构以及同行机构的推介、公司路演和一些投融资交流会。近年来，我国政府为建立完善的资本市场，积极推动资本市场的发展，各地有关政府部门(如金融办、上市办、招商局、高新区管委会)纷纷通过成立引导基金、举办路演会、吸引基金企业入驻等方式，为基金提供项目来源，以实现本地企业与资本之间的对接。

1. 个人人脉资源

私募股权投资基金投资机构的负责人或合伙人一般都是资深的金融从业人士，在证券公司、银行、信托、上市公司等领域都有比较广泛的社会资源和人际网络，因而可以通过这些资源获取可以投资的项目信息。另外，私募股权投资基金的投资者一般为高净值人群，大多会来源于某些特定行业，他们深谙该行业的发展情况，熟悉该行业的发展趋势，了解竞争对手及合作伙伴的相关状况，因此也能够为基金提供一些可投资项目的信息。

2. 团队挖掘及筛查

团队挖掘及筛查主要是指私募股权投资机构在全国各地设立分支机构或者办事处，并派驻常驻人员，确保能够第一时间接触到当地的优质项目，这种策略要求私募股权投资机构的员工数量达到一定规模。

在当前主流的私募股权投资基金机构中，昆吾九鼎投资控股股份有限公司(简称"九鼎投资")是团队挖掘项目的典型机构。九鼎投资具有一支庞大的项目经理团队，人数最多时达到400余人，根据各省的经济发展及企业发展情况，分配分支机构人员数量，以便挖掘当地的优质企业。除九鼎投资外，深圳同创伟业资产管理股份有限公司、深圳市达晨创业投资有限公司(以下简称"达晨创投")等机构近几年也逐步在多个经济发达地区布局分支机构。

团队挖掘的优势在于能够先人一步发现和接触标的项目，在项目竞争激烈的环境下快速抢占资源，其劣势则体现在成本较大，一旦当地项目不足，会形成无谓的资源浪费。

3. 政府及业务合作伙伴

私募股权投资基金投资机构通常会与政府、商业银行、证券公司、律师事务所、会计师事务所、行业协会及相关媒体机构保持频繁的业务往来，甚至形成战略合作伙伴关系。这些机构在开展业务时会接触到各个行业的诸多企业，特别是像商业银行这种分支比较多的机构，有着广泛的客户群，因此他们往往能够给基金提供比较有价值的项目信息。

私募股权投资基金可以选择与政府合作发起成立私募股权投资基金，或引入政府引导基金作为有限合伙人。而各地政府为扶持当地经济，往往也会选择积极招商引资。近年来，与政府合作的基金数量明显增多。与政府合作的优势是可以充分利用政府在当地的资源与威信，使得与项目方的沟通变得更加顺畅；不足之处在于，政府通常为了保证资金用于本地发展，会对基金的投资地域、行业加以限制。

除了与政府合作外，一些私募股权投资基金机构也会选择与商业银行合作，因为商业银行手中掌握着数目巨大的优质企业资源，与商业银行建立战略合作关系是非银行背景私募股权投资机构经常采用的策略。

4. 专门的中介服务机构

随着私募股权投资基金行业的不断成熟，市场上出现了一些专门服务于私募股权投资基金的中介服务机构，如华兴资本、易凯资本、投中资本等新型投行。这些机构在与私募股权投资基金保持紧密联系的同时不断收集投资项目的信息，为基金的投资者和需要融资的企业牵线搭桥，以收取咨询费用作为收入来源。这种合作模式由于需要支付咨询费，使得基金运营成本增加，因此这种策略基本只作为其他策略的辅助和补充。

5. 已投项目上下游资源

该策略是指沿着某个优质项目的脉络向上游、下游延伸，顺藤摸瓜地寻找产业链上的其他优质项目。与之相对，倘若某投资机构口碑较好，在行业内形成了一定的权威，那么当其之前所投项目的上下游企业有融资需求时，会主动寻求该机构的投资。此外，由于新挖掘的项目与之前已投项目存在一定的关联，使得基金与新挖掘项目方的沟通接触会顺畅许多。

6. 投融资交流会及行业会议

投融资交流会及行业会议也是项目的主要来源渠道之一。政府相关部门为了推介本地优质项目、私募股权投资机构为了获取项目来源都会主动发起这种类型的会议。投资机构可以通过投资接洽会、中小企业融资对接会等形式的会议广泛接触投资项目信息，并将合适的项目列入项目储备库，然后再择机开展下一步的深入调查工作。如果私募股权投资机构能够在这种类型的会议上派出代表发言，介绍本机构管理团队的专业水平和过往的投资记录，能够提升机构的知名度，吸引投资者和合作方。

(二) 项目的信息登记

获取项目信息后，一般由投资部门收集该项目的相关信息及资料，包括但不限于《项目商业计划书》、企业简介、工商资料、行业发展信息、技术介绍、过往业绩、实际控制人情况、财务报告等。收集完毕后，填写《项目信息登记表》，同时做好项目信息和资料的存档工作。

二、项目初审与立项

鉴于项目来源广泛，基金管理人一般会收集到很多企业的商业计划书和项目信息，但并不是每一个项目都符合投资机构的投资要求，这就需要投资机构在繁多的项目信息中筛选出有投资价值的项目。

具体来说，评判一个项目首先要对企业的商业计划书做出一个客观的判断，因为商业计划书是融资方提供的，很容易缺乏客观公正性，因此投资机构需要抛开融资方所提供的资料，对项目开展独立的公司调研。将调研结果和融资方提供的资料进行结合，才能综合判断企业的投资价值。

(一) 商业计划书的评估

筛选项目时投资机构要判断清楚该项目的商业模式是否可行、该项目所提供的产品或服务的未来前景如何、公司是否具有核心技术能力等问题。因此投资机构在拿到一个项目的商业计划书后，应当先关注项目的产品、服务、盈利模式，然后考察该项目所提供的产品或服务所处的发展阶段、市场容量以及背后核心团队等。

1. 行业特征

行业特征包括目标市场的成长性、现有技术或产品的新颖性、技术或产品开发的可行性、市场竞争情况、潜在需求、成长潜力状况。

2. 管理团队成员能力

一个企业能否健康持续发展，关键在于管理层的能力。因此投资机构要对项目的管理团队及核心技术人员的经历、人品、习性、职业素养等进行综合分析。

3. 财务状况初步调查

首先要对目标企业过去几年的业绩进行初步审查，然后对其未来几年的发展规模进行初步评判，进而对其未来几年的资金需求进行初步评估，以此为基础判断其所提出融资方案的合理性。

4. 经营目标与发展前景估测

即对目标项目此前的经营业绩与相关经营情况进行分析，对该企业未来几年的经营业绩进行预估。

5. 投资收益评估

即以前面所做的基本判断结合项目的融资规模、资金的期限结构、资金的投入方式等对于投资项目的可能收益进行估测。

6. 风险管理与控制评估

即分析该项目中可能存在的各种风险和不确定性，以及相应的应对措施。

(二) 行业研究

所谓行业研究是指以"产业"为研究对象，研究产业内部各企业间相互作用关系、产业本身发展、产业间互动联系以及空间区域中的分布等。

行业研究的内容大致包括以下几个方面。

1. 行业环境分析

行业环境的好坏是影响企业发展好坏的最直接因素，一个公司要想发展壮大需要有良好的行业环境，包括国家政策的扶持、规范的市场竞争等。

2. 行业结构分析

行业结构分析主要分析行业的资本结构、市场结构等内容。简单来说就是分析进入行业的财务壁垒、技术壁垒是否过高。在门槛较高的情况下，潜在的进入者就很少，企业面临的威胁小，竞争程度较低。

3. 行业市场分析

主要分析行业市场需求的性质、要求、发展变化，以及行业的市场容量、分销通路模式、销售方式等。

4. 行业组织分析

主要研究行业对企业生存状况的要求及现实反映，具体包括企业内的关联性、行业内的专业化及一体化程度、规模经济水平、组织变化状况等。

5. 行业成长性分析

主要分析行业所处的成长阶段和发展方向。行业发展一般具有周期性，因此应分析该行业所处的发展阶段，判断其发展空间和未来增速。同时还应动态地结合行业周期变化，分析公司市场销售趋势与价值变动。

(三) 公司研究

对于项目公司，投资机构应该广泛地运用各种途径去收集该公司的资料，并利用这些资料展开独立、客观的研究。

1. 研究公司的核心竞争力

主要从盈利模式、市场定位、品牌影响、技术壁垒、成本优势等要素入手，但最后总结的核心竞争力应落在一个或几个点上。

2. 管理团队研究

主要通过价值观、人格魅力、领导力、专业素养、诚信度与社会责任感等多个角度来考察管理团队的企业家素质。另外还要看公司的分工是否合理，是否人尽其才。

3. 盈利能力考察

通过财务指标来分析公司的盈利能力。主要从毛利率、净利率、总资产收益率、净资产收益率、经营性现金流等财务指标进行考量，可以与行业排名前几位的企业均值进行比较。

4. 风险因素分析

研究、分析制约企业发展的要素和可能对企业未来业绩造成重大影响的因素。

(四) 立项

在对项目进行初步的审查后，对于可以立项的项目应该根据所查阅的资料做一份完整的立项报告，并提交到公司的投资决策机构进行研究讨论。项目经过公司投资决策机构的评审并通过后，意味着该项目从"备选项目库"进入务实的"项目评估与投资决策库"中。由于在之后的尽职调查工作中，会涉及目标公司重要内部机密文件以及相关费用承担等问题，为保护投融资双方的利益，双方需要签订保密协议，签订之后投资机构即可安排人员开展正式的尽职调查工作。

第二节 尽职调查的概念、目的与策略

一、尽职调查的概念

尽职调查又称谨慎性调查，是私募股权投资基金的投资机构对项目形成初步投资意向之后必须完成的重要工作，主要是对拟投资的目标公司在行业、财务、法律、公司治理等各个方面进行全面、深入、细致的调查，从而为基金的投资分析和决策提供基础与支持。

在投资操作中，企业方与基金方存在明显的信息不对称。尽职调查的作用在于最大限度地消弭信息不对称带来的劣势，为投资决策提供依据。同时，这也是基金管理人对基金投资者"应尽的勤勉义务"。尽职调查使得基金方全面了解目标公司以及目标公司所在的行业，通过对目标企业的历史沿革、财务状况、运营情况、发展预期等基本信息进行调查，以弥补交易双方在信息上的不对称。通过尽职调查还可以发现目标公司存在的问题和潜在的投资风险，有助于投资决策者更客观地评估项目的必要性和可行性，更

合理地设计交易方案，更妥善地制定风险防护措施。同时还为双方谈判、价值评估、日后整合以及长远规划提供依据。

二、尽职调查的目的

尽职调查的根本原因在于信息不对称，只有通过详尽专业的调查才能掌握被调查企业的情况并做出判断。

尽职调查的目的主要有以下三方面：价值发现、风险发现和投资可行性。

1. 价值发现

私募股权投资的意义在于发现"价值的洼地"，很多企业由于各种各样的原因并未在市场中完整体现出自身的价值，尽职调查的一个重要作用就是判断企业是否存在"价值的洼地"，即是否具有投资价值。尽职调查的作用除了验证过去财务业绩的真实性，更重要的还在于预测企业未来的业务和财务数据，并在此基础上对企业进行估值。企业的估值方法各式各样，不同的估值方法对企业的价值判断差异巨大。即便是采用同一种方法，不同的参数设置也会导致估值存在较大差异，所以买方和卖方对企业的估值通常是不一样的。除了企业自身因素之外，行业、资本市场和宏观经济等因素也会对企业价值产生影响，尽职调查也会涵盖这些内容。

2. 风险发现

尽职调查的另外一个目的是发现潜在的投资风险并评估其对投资项目的影响。无风险的投资只存在于理论中，基金管理人需要收集充分的信息，并评估风险触发的可能性以及是否值得承担。企业经营风险、股权瑕疵、或有债务、法律诉讼、环保问题以及监管问题等都是考察的内容。

3. 投资可行性

尽职调查还有助于交易各方了解投资的可操作性并帮助各方确定交易的时间表。目标企业通常会对自身各项风险因素有清楚的了解，而投资机构却并不知情。因而，投资机构有必要通过实施尽职调查来弥补双方在信息获知上的不平衡。一旦通过尽职调查明确了存在哪些风险和法律问题，买卖双方便可以就相关风险和义务应由哪方承担进行谈判，同时投资者可以决定在何种条件下继续进行投资活动。

三、尽职调查的策略

尽职调查为判断企业的价值提供依据，是私募股权投资基金投资环节中的重要部分。根据投资规模、投资节奏、成本控制的不同，各私募股权投资基金管理人在尽职调查方面会采用以下几种不同的策略。

(一) 外包给第三方机构

由于尽职调查工作非常庞杂且专业性极强，一部分投资机构会选择将尽职调查工作外包给第三方机构。这里的第三方机构主要包括会计师事务所、律师事务所、资产评估机构等。

其中，会计师事务所主要负责企业的财务审计，律师事务所主要负责企业的法律合规性调查，资产评估机构主要负责对企业资产的公允价值进行评估。第三方机构通常具有成体系的工作方法和大量的项目尽职调查经验，能够出具专业的尽职调查报告。一般来说，中小规模的投资机构都会选择将尽职调查工作外包给第三方，或者将某一方面的尽职调查工作外包出去。这样既可以节约成本，又可以获得全面完整的尽职调查成果。

但是，外包策略也有不足之处，这主要体现在两个方面。

1. 效率受限

第三方机构完成尽职调查的时间通常在 1~3 个月不等，无法给出具体准确的进度流程，使得投资机构较难把握尽职调查的工作时效，打乱投资节奏。尤其在几家投资机构同时竞争一个项目时，尽职调查的效率尤为重要。

2. 产生道德风险

外包机构一般只是收取固定费用作为酬劳，项目投资的成功与否和这些机构的利益并不直接挂钩，因此可能产生道德风险。为了规避风险，大部分投资机构会选择有公信力和品牌效应的第三方机构，如在会计师事务所方面选择知名度较高的会计师事务所。但即使如此，也难以完全避免上述道德风险。

(二) 自主开展尽职调查

自主开展尽职调查需要雇用专门人才，所以成本较高。但对于投资项目多、节奏快的私募股权投资基金投资机构来说，能够产生规模效应。同时，投资机构能够自己掌握主动权，保证尽职调查的效率。

另外，由于不借助第三方机构，项目的保密性得以保证。在优质项目资源稀缺、竞争激烈时，自主尽职调查的优势能够充分体现出来。但是，在私募股权投资基金市场降温、投资节奏放慢的情况下，一些雇用庞大尽职调查团队的投资机构难免面临成本过高等问题。基于此，为了避免在人员上盲目扩张，很多机构采用更加灵活的自主和外包相结合的策略。

第三节 尽职调查的原则、流程与方法

一、尽职调查的原则

1. 证伪原则

站在"中立偏疑"的立场，循着"问题—怀疑—取证"的思路展开尽职调查，用经验和事实来发掘目标企业的投资价值。

2. 实事求是原则

尽职调查人员依据投资机构的投资理念和标准，在客观公正的立场上对目标企业进行调查，如实反映目标企业的真实情况。

3. 事必躬亲原则

尽职调查人员要亲临目标企业现场，进行实地考察、访谈，亲身体验和感受，而不是根据道听途说进行判断。

4. 突出重点原则

尽职调查人员有针对性地选择目标，避免陷入"眉毛胡子一把抓"的境地。

5. 以人为本原则

尽职调查人员在对目标企业从技术、产品、市场等方面进行全面考察的同时，还需重点关注对管理团队的创新能力、管理能力、诚信程度的评判。

6. 横向比较原则

尽职调查人员对同行业的国内外企业(尤其是已上市公司)发展情况进行比较分析，从而判断目标企业的投资价值。

二、尽职调查的流程

尽职调查的范围很广，调查对象的规模亦千差万别，每一个尽职调查项目均是独一无二的。对于一个重大投资项目，尽职调查通常需经历以下程序：项目立项—成立小组—拟订计划—收集及汇总资料—工作展开—撰写报告—内部复核—递交汇报—归档管理。尽职调查的流程及主要内容如表4-1所示。

表 4-1 尽职调查的流程及主要内容

环节	主要内容或说明
项目立项	首先根据项目来源方提供的信息，确定项目是否符合投资范围及投资要求。如符合，应填写《项目尽职调查立项表》，请示内部相关部门进行项目尽职调查立项
成立小组	根据目标公司的情况，确定尽职调查小组的人员数量及人员名单。一般来讲，尽职调查小组至少应包含一名负责人、一名行业研究人员、一名财务专业人士、一名法律专业人士。必要时，可以考虑聘用会计师事务所、律师事务所协助开展尽职调查工作
拟订计划	在尽职调查进场之前，尽职调查小组应当拟订尽职调查计划，查找目标公司的公开信息、相关行业分析及特点，进场前应当对目标公司有初步了解，同时也需要明确尽职调查的重点，确定尽职调查边界，合理安排尽职调查时间。做到有的放矢，突出重点，以期按质按期完成尽职调查目标
收集及汇总资料	依据尽职调查清单或访谈提纲，通过调查问卷、人员访谈、现场走访、实地调查、网络搜索等方式，收集和汇总相关资料
工作展开	依照尽职调查目标，综合运用各种方法，对收集的资料等信息进行整理、分析，得出有效结论
撰写报告	各项目成员将各自负责领域内的相关内容和结论提交给小组负责人，由小组负责人进行有效整合，并充分讨论，根据讨论结果撰写《尽职调查报告》

环节	主要内容或说明
内部复核	《尽职调查报告》撰写完毕后,需要在小组内部进行讨论和复核。复核过程中,风险控制部门也需参与其中
递交汇报	《尽职调查报告》复核完成后,应提交投资决策委员会进行投资决策。如有需要,可以由尽职调查小组负责人采用 Word 或 PPT 等形式进行汇报
归档管理	将尽职调查工作底稿、《尽职调查报告》等工作材料提交给归档部门进行统一管理

三、尽职调查的方法

尽职调查的方法包括但不限于查阅资料、访谈人员、召集会议、实地调查、数据分析、信息印证。尽职调查小组需根据项目的实际情况选择合适的尽职调查方法。

(一) 查阅资料

查阅资料是尽职调查的首要方法,也是每个项目都会用到的方法。通过查阅公司的工商材料、章程、财务报告、年度总结、重大交易合同、董事会会议记录、股东会会议记录、账簿、合同、业务文件及重要的法律合同等,全面了解企业的实际情况。这里所说的全面包括企业日常运行所依赖的主体制度、业务流程以及内部控制措施,更具体的来说是指组织人事、财务会计、资产管理、公司治理、业务采购、流程渠道、权限划分、审批层级、复核查证、操作程序、业务模块、岗位职责分工、内部制衡机制、应急措施等。

同时,也要注重外部信息资料的获取。通过网络、杂志和报纸等媒体查阅相关信息,了解并验证行业及企业情况。收集企业竞争对手和上下游的企业信息(尤其是上市公司的信息披露)对评估企业和行业的真实状况有很大帮助。

查阅资料的来源有以下几方面。

(1) 被尽职调查企业提供;

(2) 通过工商税务查询系统获得;

(3) 通过中国人民银行的"银行信贷登记咨询系统"获得相关资料;

(4) 通过媒体、互联网收集。

(二) 访谈人员

对企业高层、中层及基层员工分别进行访问,了解并验证相关业务、财务及法律问题。此外,与企业外聘的法律顾问和审计师的沟通也非常重要。尽职调查团队还应访问被调查企业的竞争对手及上下游企业负责人并获取他们对目标企业的评价。

一般对不同的访谈对象需要制定相应的访谈目标。

(1) 对企业高管人员访谈,目标是了解企业的主营业务、企业未来的发展目标、企业的计划及其实现的情况。

(2) 对企业财务人员进行访谈，目标是了解企业财务状况的真实性、内部控制的有效性。

(3) 对企业销售人员进行访谈，目标是掌握企业的主要客户的来源，供应商是否稳定，评估企业主要产品的市场前景以及原材料的供应情况。

(4) 对公司员工进行访谈，目标是评价企业内部沟通和反馈机制，包括公司是否具备体系化的信息系统，以保证员工能够充分了解公司的重要活动、政策，以及顺畅的反馈渠道。

(5) 对公司内部审计部门人员进行访谈，目的是了解并评价公司内部控制活动与措施的监督情况。私募股权投资人通常根据询问、验证、查阅内部审计报告和监事会报告等方法，考察公司内部控制和评价制度的效率。

为了使尽职调查的思路清晰，在尽职调查前一般会先做好书面形式的《尽职调查资料清单》。在进行访谈之前要根据前期所收集、汇总及掌握的关于目标企业及所在行业的资料，配合《尽职调查资料清单》及访谈对象自身特点挑选出需要深度了解的内容和方向。

(三) 列席会议

列席会议是指参加目标企业在尽职调查期间的股东会会议、董事会会议及高级管理层会议，从中发现股东所关注的问题以及企业存在的需要解决的问题，特别是债务融资方面，要了解其发行的目的、用途、资金安排等事项。

(四) 实地调查

对企业相关的工作地点进行现场调查，包括但不限于厂房、设备、土地、产品和存货等。通过实地考察可以加深对企业经营管理水平、设备运行情况、安全生产情况和环境保护情况的直观了解，同时可以核实企业的固定资产及无形资产情况。同时，也应注重对企业的上下游进行实地调查。

(五) 信息分析

信息分析是指通过适当的方法对收集的信息、资料进行分析归纳，从而得出结论性意见。例如，通过国家产业政策、产业周期分析企业所处的市场环境，进一步地分析目标企业产品的市场占有率，确定行业的地位。通过计算企业主营业务的增长率、主营利润增长率等指标，分析企业主要产品的市场前景，除此之外，还应分析企业的收入、成本、费用等指标的变动趋势和比例关系。

收集资料之后，尽职调查团队还要验证资料的可信度。同时，尽职调查团队也要加强内部沟通，团队内部各方就彼此收集的信息进行交流，可以互相补充，使得事半功倍。总之，尽职调查方法灵活多样，根据项目的实际情况选择最合适的方法才能提高调查效率。

第四节 尽职调查的内容和结论

一、尽职调查的内容

尽职调查主要可以分为业务尽职调查、财务尽职调查和法律尽职调查三大部分。

(一) 业务尽职调查主要关注点

整个尽职调查工作的核心部分是业务尽职调查,财务、法律等方面的尽职调查都是围绕业务尽职调查展开的。

业务尽职调查的主要关注点包括以下几点。

(1) 企业基本情况、管理团队、产品与服务、市场、融资运用、风险分析等。
(2) 企业从成立至调查时点的股权变更及相关工商变更情况。
(3) 控股股东或实际控制人的背景。
(4) 行业发展的方向、市场容量、监管政策、竞争态势和利润水平等情况。
(5) 客户、供应商和竞争对手。

(二) 财务尽职调查主要关注点

财务尽职调查重点关注的是标的企业过去的财务业绩情况,主要是为了评估企业存在的财务风险及投资价值。财务尽职调查主要关注点包括:

(1) 企业相关的财务报告。
(2) 企业的现金流、盈利及资产事项。
(3) 企业现行会计政策等。
(4) 对企业未来价值的预测。

(三) 法律尽职调查主要关注点

法律尽职调查是为了全面评估企业资产、业务、合同等方面的合规性及可能存在的法律风险。法律尽职调查主要关注点包括:

(1) 公司设立及历史沿革问题。
(2) 主要股东情况。
(3) 公司重大债权债务文件。
(4) 公司重大合同。
(5) 公司重大诉讼、仲裁、行政处罚文件。
(6) 关联交易及同业竞争。
(7) 税收及政府优惠政策。

由于尽职调查工作非常庞杂且专业性极强,一般需要提前拟定尽职调查提纲,以便在尽职调查过程中有章可循。下面为常见的尽职调查参考提纲，供读者参考。

二、尽职调查的参考提纲

（一）设立与发展历程

1. 设立的合法性

取得公司设立时的政府批准文件、营业执照、公司章程、合资协议、评估报告、审计报告、验资报告、工商登记文件等资料，核查其设立程序、工商注册登记的合法性、真实性。

2. 历史沿革情况

查阅公司历年营业执照、公司章程、工商登记、工商年检等资料，了解其历史沿革情况。

3. 股东出资情况

了解公司名义股东与实际股东是否一致。关注自然人股东在公司的任职情况，以及其亲属在公司的投资、任职情况。查阅股东出资时验资资料，调查股东的出资是否及时到位、出资方式是否合法，是否存在出资不实、虚假出资、抽逃资金等情况。核查股东是否合法拥有出资资产的产权，资产权属是否存在纠纷或潜在纠纷，以及其出资资产的产权过户情况。对以实物、知识产权、土地使用权等非现金资产出资的，应查阅资产评估报告。对以高新技术成果出资入股的，应查阅相关管理部门出具的高新技术成果认定书。

4. 主要股东情况

(1) 主要股东的主营业务、股权结构、生产经营等情况。

(2) 主要股东之间的关联关系及相关协议。

(3) 主要股东所持公司股份的质押、冻结和其他限制权利的情况。

(4) 控股股东和受控股股东、实际控制人支配的股东所持有的公司股份重大权属纠纷情况。

(5) 主要股东和实际控制人最近三年内变化情况或未来潜在变动情况。调查主要股东是否存在影响公司正常经营管理、侵害公司及其他股东的利益、违反相关法律法规等情形。

5. 重大股权变动情况

(1) 查阅与公司重大股权变动相关的股东会、董事会、监事会的有关文件，以及政府批准文件、评估报告、审计报告、验资报告、股权转让协议、工商变更登记文件等，核查公司历次增资、减资、股东变动的合法、合规性。

(2) 核查公司股本总额、股东结构和实际控制人是否发生重大变动。

6. 重大重组情况

(1) 了解公司设立后发生过的合并、分立、收购、出售资产、资产置换、重大增资或减资、债务重组等事项。

(2) 取得重大重组事项的"三会"决议文件、重组协议文件、政府批准文件、审计报告、评估报告、中介机构专业意见、债权人同意债务转移的相关文件、重组相关的对价支付凭证和资产过户文件等资料。

(3) 分析重组行为对公司业务、控制权、高管人员、财务状况和经营业绩等方面的影响,判断重组行为是否导致公司主营业务和经营性资产发生实质变更。

(二) 组织结构、公司治理及内部控制

1. 公司章程

查阅公司章程,调查其是否符合《公司法》《证券法》及中国证监会和交易所的有关规定;关注董事会授权情况是否符合规定。

2. 组织结构

取得公司内部组织结构图,核查公司内部控制决策的形式、层次、实施和反馈情况,分析评价公司组织运作的有效性,判断公司组织机构是否健全、清晰,其设置是否体现分工明确、相互制约的治理原则。

3. "三会"设立及职责履行

取得公司治理制度规定,包括"三会"议事规则、董事会专门委员会议事规则、总经理工作制度、内部审计制度等文件资料。核查公司是否依法建立了健全的股东大会、董事会、监事会、独立董事、董事会秘书制度,了解公司董事会、监事会以及战略、审计、提名、薪酬与考核等专门委员会的设置情况。检验公司章程中规定的上述机构和人员依法履行的职责是否完备、明确。

4. 独立性情况

查阅公司相关资料,结合公司的生产、采购和销售记录,实地考察其产、供、销系统,调查分析公司是否具有完整的业务流程、独立的生产经营场所以及独立的采购、销售系统,并分析公司对产、供、销系统和其下属公司的控制情况。了解公司关联采购额和关联销售额分别占其同期采购总额和销售总额的比例,分析是否存在影响公司独立性的重大或频繁的关联交易,判断其业务独立性。

对于商标、专利、版权、特许经营权等无形资产以及房产、土地使用权、生产经营设备等主要财产,调查公司是否具备完整、合法的财产权属凭证以及是否实际占有。调查商标权、专利权、版权、特许经营权等权利的期限情况,并核查这些资产是否存在法律纠纷或潜在纠纷。调查金额较大、期限较长的其他应收款、其他应付款、预收及预付账款产生的原因及交易记录、资金流向。调查公司是否存在资产被控股股东或实际控制人及其关联方控制和占用的情况,判断其资产独立性。

调查公司高管人员是否在控股股东、实际控制人及其控制的其他企业中担任除董事、监事以外的其他职务,公司财务人员是否在控股股东、实际控制人及其控制的其他企业中兼职。高管人员是否在公司领取薪酬,是否在控股股东、实际控制人及其控制的其他企业领取薪酬;调查公司员工的劳动、人事、工资报酬以及相应的社会保障是否独立管理,判断其人员独立性。

调查公司是否设有独立的财务会计部门和独立的会计核算体系,是否具有规范的财务

会计制度和针对分公司、子公司的财务管理制度,是否独立进行财务决策、独立在银行开户、独立纳税等,判断其财务独立性。

调查公司的机构是否与控股股东或实际控制人完全分开且独立运作,是否存在混合经营、合署办公的情形,是否完全拥有机构设置自主权等,判断其机构独立性。

5. 独立董事制度

核查公司是否建立独立董事制度,并判断公司独立董事制度是否合规。

核查公司独立董事的任职资格、职权范围等是否符合相关部门的有关规定。

6. 业务控制

与公司相关业务管理及运作部门进行沟通,查阅公司关于各类业务管理的相关制度规定,了解各类业务循环过程,评价公司的内部控制措施是否有效实施。

调查公司是否接受过政府审计及其他外部审计,如有,核查该审计报告所提问题是否已得到有效解决。调查公司报告期及最近一期的业务经营运作是否符合监管部门的有关规定。调查公司是否存在因违反工商、税务、审计、环保、劳动保护等部门的相关规定而受到处罚的情形,如有,核查其对公司业务经营、财务状况的影响,并调查该事件是否已改正,不良后果是否已消除。

对公司已发现的由于风险控制不力所导致的损失事件进行调查,了解事件发生过程及对公司财务状况、经营业绩的影响,了解该业务环节内部控制制度的相关规定及有效性,以及事件发生后公司所采取的紧急补救措施和效果,并追踪公司针对内控的薄弱环节所采取的改进措施及效果。

7. 会计管理控制

核查公司以下内容:会计管理是否涵盖所有业务环节;公司是否制定了专门的、操作性强的会计制度;公司各级会计人员是否具备了专业素质;公司是否建立了持续的人员培训制度;公司中有无控制风险的相关规定;公司中会计岗位设置是否贯彻"责任分离、相互制约"的原则;公司是否执行重要会计业务和电算化操作授权规定以及是否按规定组织对账等。

评价公司会计管理内部控制的完整性、合理性及有效性。

(三) 同业竞争与关联交易

1. 同业竞争

分析公司、控股股东或实际控制人及其控制企业的财务报告及主营业务构成等相关数据,必要时取得上述单位相关生产、库存、销售等资料,并通过询问、走访等途径,调查公司控股股东或实际控制人及其控制企业的实际业务范围、业务性质、客户对象、与公司产品的可替代性等情况,判断是否构成同业竞争,并核查公司控股股东或实际控制人是否对避免同业竞争做出承诺以及承诺的履行情况。

2. 关联方与关联方关系

通过与公司高管人员谈话、咨询中介机构、查阅公司及其控股股东或实际控制人的股权结构和组织结构、查阅公司重要会议记录和重要合同等方法,按照《公司法》和企业会计准则的规定，确认公司的关联方及关联方关系，调档查阅关联方的工商登记资料。

调查公司高管人员及核心技术人员是否在关联方单位任职、领取薪酬，是否存在由关联方单位直接或间接委派等情况。

3. 关联交易

(1) 核查关联交易是否符合相关法律法规的规定，是否按照公司章程或其他规定履行了必要的批准程序。

(2) 定价依据是否充分，定价是否公允，与市场交易价格或独立第三方价格是否有较大差异及其原因，是否存在明显属于单方获利性交易。

(3) 分析向关联方销售产生的收入占公司主营业务收入的比例、向关联方采购额占公司采购总额的比例，是否达到了影响公司经营独立性的程度。

(4) 计算关联方的应收、应付款项余额分别占公司应收、应付款项余额的比例，关注关联交易的真实性和关联方应收款项的可收回性。

(5) 计算关联交易产生的利润占公司利润总额的比例是否较高，是否对公司业绩的稳定性产生影响。

(6) 调查关联交易合同条款的履行情况，以及有无大额销售退回情况及其对公司财务状况的影响。

(7) 分析关联交易的偶发性和经常性。对于购销商品、提供劳务等经常性关联交易，分析增减变化的原因及是否仍将持续进行，关注关联交易合同重要条款是否明确且具有可操作性以及是否切实得到履行。

(8) 对于偶发性关联交易，分析其对当期经营成果和主营业务的影响，关注交易价格、交易目的和实质，评价交易对公司独立经营能力的影响。

(四) 业务发展目标

1. 发展战略

取得公司中长期发展战略的相关文件，包括战略策划资料、董事会会议纪要、战略委员会会议纪要、独立董事意见等相关文件，分析公司是否已经建立清晰、明确、具体的发展战略，包括战略目标及实现战略目标的依据、步骤、方式、手段等各方面的行动计划。

2. 经营理念和经营模式

了解公司的经营理念和经营模式，分析公司经营理念、经营模式对公司经营管理和发展的影响。

3. 历年计划执行及实现情况

取得公司历年发展计划、年度报告等资料，调查公司各年计划的执行和实现情况，分析公司高管人员制订经营计划的可行性和实施计划的能力。

4. 业务发展目标

取得公司未来2～3年的发展计划和业务发展目标及其依据等资料，调查未来行业的发展趋势和市场竞争状况，并通过与公司员工、主要供应商、主要销售客户谈话等方法，调查公司未来发展目标是否与公司发展战略一致。

调查公司是否制定了具体的战略规划，这些战略规划是否与公司未来发展目标相匹配，是否具备良好的可实现性。

分析未来发展目标实施过程中存在的风险，如是否存在不当的市场扩张、过度的投资等。分析公司未来发展目标及具体计划与公司现有业务的关系。如果公司实现上述计划涉及与他人合作的，核查公司的合作方及相关合作条件。

(五) 高管人员调查

1. 任职情况及任职资格

通过查阅有关"三会"文件、公司章程等方法，了解高管人员任职情况，核查相关高管人员的任职是否符合法律、法规所规定的任职资格，聘任是否符合公司章程规定的任免程序和内部人事聘用制度。调查高管人员相互之间是否存在亲属关系。对于高管人员任职资格需经监管部门核准或备案的，应获得相关批准或备案文件。

2. 经历及行为操守

通过与高管人员单独谈话、查阅高管人员履历资料、查询高管人员所工作过的其他上市公司的财务及监管记录、咨询主管机构、咨询中介机构、跟公司其他员工交流沟通等方法，调查了解高管人员的教育经历、专业资历以及是否存在违法违规行为或不诚信行为，是否存在受过处罚及对曾任职的破产企业负个人责任的情况。取得公司与高管人员所签订的协议或承诺文件，关注高管人员做出的重要承诺，以及有关协议或承诺的履行情况。

3. 薪酬和兼职情况

调查公司为高管人员制定的薪酬方案、股权激励方案。

调查高管人员在公司内部或外部的兼职情况，分析高管人员兼职情况是否会对其工作效率、质量产生影响。关注高管人员最近一年从公司及其关联企业领取收入的情况，以及所享受的其他待遇、退休金计划等。

4. 报告期内高管人员变动情况

核查报告期内高管人员的变动情况，内容包括但不限于变动经过、变动原因、变动是否符合公司章程规定的任免程序和内部人事聘用制度与程序，控股股东或实际控制人推荐人选是否通过合法程序，是否存在控股股东或实际控制人干预公司董事会和股东大会已经做出的人事任免决定的情况等。

5. 高管人员持股及其他对外投资情况

取得高管人员的声明文件，调查高管人员及其近亲属以任何方式直接或间接持有公司股份的情况，调查高管人员及其近亲属近三年所持股份的增减变动以及所持股份的质押或冻结情况。

调查高管人员的其他对外投资情况，包括持股对象、持股数量、持股比例以及有关承诺和协议。

核查高管人员及其直系亲属是否存在自营或为他人经营同类业务的情况，是否存在与公司利益发生冲突的对外投资，是否存在重大债务负担。

(六) IPO 风险因素及其他重要事项

(1) 风险分析与评价。

(2) 多渠道了解公司所在行业的产业政策、未来发展方向。

(3) 分析对公司业绩和持续经营可能产生不利影响的主要因素以及这些因素可能带来的主要影响。对公司影响重大的风险，应进行专项核查。

(4) 评估公司采购、生产和销售等环节存在的经营风险，分析公司获取经常性收益的能力。调查公司产品或服务的市场前景、行业经营环境的变化、商业周期或产品生命周期、市场饱和或市场分割、是否过度依赖单一市场、市场占有率变动等情况，评价其对公司经营是否产生重大影响。

(5) 调查公司经营模式是否发生变化、经营业绩是否稳定、主要产品或主要原材料价格是否波动、是否过度依赖某一重要原材料或产品、经营场所是否过度集中或分散等情况，评价其对公司经营是否产生重大影响。

(6) 调查公司是否存在因内部控制有效性不足导致的风险、资金周转能力较差导致的流动性风险、现金流状况不佳或债务结构不合理导致的偿债风险、主要资产减值准备计提不足的风险、主要资产价值大幅波动的风险、非经常性损益或合并财务报表范围以外的投资收益金额较大导致净利润大幅波动的风险、重大担保或诉讼等或有事项导致的风险情况，评价其对公司经营是否产生重大影响。

(7) 调查公司是否存在由于财政、金融、税收、土地使用、产业政策、行业管理、环境保护等方面法律、法规、政策变化引致的风险，评价其对公司经营是否产生重大影响。调查公司是否存在可能严重影响其持续经营的其他因素，如自然灾害、安全生产、汇率变化、外贸环境、担保、诉讼和仲裁等情况，评价其对公司经营是否产生重大影响。

(8) 核查有关公司的重大合同是否真实、是否完整提供，并核查合同条款是否合法、是否存在潜在风险。查阅公司内部订立合同的权限规定，核查合同的订立是否履行了内部审批程序、是否超越权限决策，分析重大合同履行的可能性，关注因不能履约、违约等事项对公司产生或可能产生的影响。

(七) 行业及竞争概况

1. 行业类别

根据公司主营业务确定其所属行业及行业相关宏观政策。收集行业主管部门制定的发展规划、行业管理方面的法律法规及规范性文件，了解行业监管体制和政策趋势。

2. 行业概况及竞争

了解公司所属行业的市场环境、市场容量、市场细分、市场化程度、进入壁垒、供求状况、竞争状况、行业利润水平和未来变动情况，判断行业的发展前景及行业发展的有利和不利因素，了解行业内主要企业及其市场份额情况，调查竞争对手情况，分析公司在行业中所处的竞争地位及变动情况。

3. 行业经营模式

调查公司所处行业的技术水平及技术特点，分析行业的周期性、区域性或季节性特征。了解公司所属行业特有的经营模式，调查行业企业采用的主要商业模式、销售模式、盈利模式。

4. 行业产品链

分析该行业在产品价值链的作用，通过对该行业与其上下游行业的关联度、上下游行业的发展前景、产品用途的广度、产品替代趋势等进行分析论证，分析上下游行业变动及变动趋势对公司所处行业的有利和不利影响。根据财务资料，分析公司出口业务情况，如果出口比例较大，调查相关产品进口国的有关进口政策、贸易摩擦对产品进口的影响，以及进口国同类产品的竞争格局等情况，分析出口市场变动对公司的影响。

（八）采购情况

1. 市场供求

通过与采购部门人员、主要供应商沟通，查阅相关研究报告和统计资料等方法，调查公司主要原材料、重要辅助材料、所需能源动力的市场供求状况。

2. 采购模式

调查公司的采购模式，查阅公司产品成本计算单，定量分析主要原材料、所需能源动力价格变动、可替代性、供应渠道变化等因素对公司生产成本的影响，调查其采购是否受到资源或其他因素的限制。

3. 主要供应商

取得公司主要供应商(至少前10名)的相关资料，计算最近三个会计年度公司向主要供应商的采购金额占公司同类原材料采购金额和总采购金额比例(属于同一实际控制人的供应商，应合并计算采购额)，判断是否存在严重依赖个别供应商的情况，如果存在，是否对重要原材料的供应做出备选安排。

取得公司同前述供应商的长期供货合同，分析交易条款，判断公司原材料供应及价格的稳定性。

4. 采购与生产的衔接

调查公司采购部门与生产计划部门的衔接情况、原材料的安全储备量情况，关注是否存在严重的原材料缺货风险。计算最近几期原材料类存货的周转天数，判断是否存在原材料积压风险。

5. 存货相关制度

通过查阅制度文件、现场实地考察等方法，调查公司的存货管理制度及其实施情况，包括但不限于存货入库前是否经过验收、存货的保存是否安全以及是否建立存货短缺、毁损的处罚或追索等制度。

6. 关联采购

与公司主要供应商沟通，调查公司高管人员、核心技术人员、主要关联方或持有公司5%以上股份的股东在主要供应商中所占的权益情况，是否发生关联采购。

如果存在影响成本的重大关联采购，抽查不同时点的关联交易合同，分析不同时点的关联采购价格与当时同类原材料市场公允价格是否存在异常，判断关联采购的定价是否合理，是否存在大股东与公司之间的利润输送或资金转移情况。

（九）生产情况

1. 生产流程

取得公司生产流程资料，结合生产核心技术或关键生产环节，分析评价公司生产工艺、技术在行业中的领先程度。

2. 生产能力

取得公司主要产品的设计生产能力和历年产量有关资料并进行比较，与生产部门人员沟通，分析公司各生产环节是否存在瓶颈制约。

3. 主要无形资产

取得公司专利、非专利技术、土地使用权、水面养殖权、探矿权、采矿权等主要无形资产的明细资料，分析其剩余使用期限或保护期情况，关注其对公司生产经营的重大影响。

取得公司许可或被许可使用资产的合同文件，关注许可使用的具体资产内容、许可方式、许可年限、许可使用费，分析未来对公司生产经营可能造成的影响。调查上述许可合同中，公司所有或使用的资产存在纠纷或潜在纠纷的情况。

取得公司拥有的特许经营权的法律文件，分析特许经营权的取得、期限、费用标准等，关注对公司持续生产经营的影响。

4. 成本优势分析

查阅公司历年产品(服务)成本计算单，计算主要产品(服务)的毛利率、贡献毛利占当期主营业务利润的比重指标。与同类公司数据比较，分析公司较同行业公司在成本方面的竞争优势及劣势。

5. 优势或劣势

分析公司主要产品的盈利能力，分析单位成本中直接材料、直接人工、燃料及动力、制造费用等成本要素的变动情况，计算公司产品的主要原材料、动力、燃料的比重，存在单一原材料所占比重较大的，分析其价格的变动趋势，并分析评价可能给公司销售和利润所带来的重要影响。

6. 生产质量管理

与公司质量管理部门人员沟通并取得质量控制制度文件，现场实地考察，了解公司质量管理的组织设置、质量控制制度及实施情况。

获取质量技术监督部门文件，调查公司产品(服务)是否符合行业标准，报告期是否因产品质量问题受过质量技术监督部门的处罚。

7. 生产安全管理

取得公司安全生产及以往安全事故处理等方面的资料，调查公司是否存在重大安全隐患、是否采取保障安全生产的措施。

调查公司成立以来是否发生过重大的安全事故以及受到处罚的情况，分析评价安全事故对公司生产经营、经营业绩可能产生的影响。

8. 环保情况

调查公司的生产工艺是否符合环境保护相关法规，调查公司历年来在环境保护方面的投入及未来可能的投入情况。

现场观察"三废"的排放情况，核查有无污染处理设施及其实际运行情况。

调查公司是否因环保问题存在受到处罚的情况。

(十) 销售情况

1. 销售模式及品牌情况

了解公司的销售模式，分析其采用该种模式的原因和可能引致的风险。

了解公司的市场认知度和信誉度，评价产品的品牌优势。

了解市场上是否存在假冒伪劣产品，如有，调查公司的打假力度和维权措施实施情况。

2. 产品的市场地位

调查公司产品(服务)的市场定位、客户的市场需求状况，是否有稳定的客户基础等。

收集公司主要产品市场的地域分布和市场占有率资料，结合行业排名、竞争对手等情况，对公司主要产品的行业地位进行分析。

收集行业产品定价普遍策略和行业龙头企业的产品定价策略，了解公司主要产品的定价策略，评价其产品定价策略合理性。

调查报告期公司产品销售价格的变动情况。

获取或编制公司报告期按区域分布的销售记录，调查公司产品(服务)的销售区域，分析公司销售区域局限化现象是否明显，产品的销售是否受到地方保护主义的影响。

3. 主要客户

获取或编制公司报告期对主要客户(至少前 10 名)的销售额占年度销售总额的比例及回款情况，是否过分依赖某一客户(属于同一实际控制人的销售客户，应合并计算销售额)。

分析其主要客户的回款情况，是否存在以实物抵债的现象。

如果存在会计期末销售收入异常增长的情况，需追查相关收入确认凭证，判断是否属于虚开发票、虚增收入的情形。

4. 关联销售

调查主营业务收入、其他业务收入中是否存在重大的关联销售，关注高管人员和核心技术人员、主要关联方或持有公司 5%以上股份的股东在主要客户中所占的权益。

抽查不同时点的关联销售合同，分析不同时点销售价格的变动，并与同类产品当时市场公允价格比较。调查上述关联销售合同中，产品最终实现销售的情况。如果存在异常，分析其对收入的影响，分析关联销售定价是否合理，是否存在大股东与公司之间的利润输送或资金转移现象。

(十一) 技术及研发情况

1. 研发模式和机制

取得公司研发体制、研发机构设置、激励制度、研发人员资历等资料，调查公司的研发模式和研发系统的设置和运行情况，分析是否存在良好的技术创新机制，是否能够满足公司未来发展的需要。

2. 技术水平

调查公司拥有的专利、非专利技术、技术许可协议、技术合作协议等，分析公司主要产品的核心技术，考察其技术水平、技术成熟程度、同行业技术发展水平及技术进步情况。对公司未来经营存在重大影响的关键技术，应当予以特别关注和专项调查。

3. 研发潜力

取得公司主要研发成果、在研项目、研发目标等资料，调查公司历年研发费用占公司主营业务收入的比重、自主知识产权的数量与质量、技术储备等情况，对公司的研发能力进行分析。与其他单位合作研发的，取得合作协议等相关资料，分析合作研发的成果分配、保密措施等问题。

(十二) 财务报告及相关财务资料

1. 财务报告核查及总体评价

取得两年又一期的资产负债表、损益表及现金流量表。对财务报告及相关财务资料的内容进行审慎核查。

2. 合并、参股事项的核查

对纳入合并范围的重要控股子公司的财务状况应同样履行充分的审慎核查程序。

对公司披露的参股子公司，应获取最近一年及一期的财务报告及审计报告。

3. 存在重要并购事项的特殊核查

如公司最近收购兼并其他企业资产或股权，且被收购企业资产总额、营业收入或净利润超过收购前公司相应项目20%的，应获取被收购企业收购前一年的利润表，并核查其财务情况。

(十三) 会计政策与会计估计

1. 政策选择

通过查阅公司财务资料，并与相关财务人员和会计师沟通，核查公司的会计政策和会计估计的合规性及稳健性。

2. 变更影响

如公司报告期内存在会计政策或会计估计变更，重点核查变更内容、理由及对公司财务状况、经营成果的影响。

(十四) 财务比率分析

1. 盈利能力分析

计算公司各年度毛利率、资产收益率、净资产收益率、每股收益等，分析公司各年度盈利能力及其变动情况，分析母公司报表及合并报表的利润结构和利润来源，判断公司盈利能力的持续性。

2. 偿债能力分析

计算公司各年度资产负债率、流动比率、速动比率、利息保障倍数等，结合公司的现金流量状况、在银行的资信状况、可利用的融资渠道及授信额度、表内负债、表外融资及或有负债等情况，分析公司各年度偿债能力及其变动情况，判断公司的偿债能力和偿债风险。

3. 运营能力分析

计算公司各年度资产周转率、存货周转率和应收账款周转率等，结合市场发展、行业竞争状况、公司生产模式及物流管理、销售模式及赊销政策等情况，分析公司各年度营运能力及其变动情况，判断公司经营风险和持续经营能力。

4. 综合评价

通过上述比率分析，与同行业可比公司的财务指标比较，综合分析公司的财务风险和经营风险，判断公司财务状况是否良好，是否存在持续经营问题。

(十五) 与损益有关的项目

1. 销售收入

了解实际会计核算中该行业收入确认的一般原则以及公司收入确认的具体标准，判断收入确认具体标准是否符合会计准则的要求，是否存在提前或延迟确认收入或虚计收入的情况。核查公司在会计期末是否存在突击确认销售的情况，期末收到销售款项是否存在期后不正常流出的情况。分析公司经营现金净流量的增减变化情况是否与公司销售收入变化情况相符，关注交易产生的经济利益是否真正流入企业。取得公司收入的产品构成、地域构成及其变动情况的详细资料，分析收入及其构成变动情况是否符合行业和市场同期的变化情况。

如公司收入存在季节性波动，应分析季节性因素对各季度经营成果的影响，参照同行业其他公司的情况，分析公司收入的变动情况及其与成本、费用等财务数据之间的配比关系是否合理。取得公司主要产品报告期价格变动的资料，了解报告期内的价格变动情况，分析公司主要产品价格变动的基本规律及其对公司收入变动的影响。关注公司销售模式对其收入核算的影响及是否存在异常，了解主要经销商的资金实力、销售网络、所经销产品对外销售和回款等情况。

核查公司的产品销售核算与经销商的核算是否存在重大不符。

2. 销售成本与销售毛利

根据公司的生产流程，收集相应的业务管理文件，了解公司生产经营各环节成本核算方法和步骤，确认公司报告期成本核算的方法是否保持一致。

获取报告期主要产品的成本明细表，了解产品单位成本及构成情况，包括直接材料、直接人工、燃料和动力、制造费用等。报告期内主要产品单位成本大幅变动的，应进行因素分析并结合市场和同行业企业情况判断其合理性。

对照公司的工艺流程、生产周期和在产品历史数据，分析期末在产品余额的合理性，关注期末存货中在产品是否存在余额巨大等异常情况，判断是否存在应转未转成本的情况。计算公司报告期的利润率指标，分析其报告期内的变化情况并判断其未来变动趋势，与同行业企业进行比较分析，判断公司产品毛利率、营业利润率等是否正常，存在重大异常的应进行多因素分析并进行重点核查。

3. 期间费用

取得营业费用明细表，结合行业销售特点、公司销售方式、销售操作流程、销售网络、回款要求、售后承诺(如无条件退货)等事项，分析公司营业费用的完整性、合理性。对照各年营业收入的环比分析，核对与营业收入直接相关的营业费用变动趋势是否与前者一致。两者变动趋势存在重大不一致的，应进行重点核查。

取得公司管理费用明细表，分析是否存在异常的管理费用项目，如存在，应通过核查相关凭证、对比历史数据等方式予以重点核查。

4. 关注相关费用情况

取得财务费用明细表，对公司存在较大银行借款或付息债务的，应对其利息支出情况进行测算，结合对固定资产的调查，确认大额利息资本化的合理性。

5. 非经常性损益项目

取得经注册会计师验证的公司报告期加权平均净资产收益率和非经常性损益明细表，逐项核查是否符合相关规定，调查非经常性损益的来源、取得依据和相关凭证以及相关款项是否真实收到、会计处理是否正确，并分析其对公司财务状况和经营业绩的影响。结合业务背景和业务资料，判断重大非经常性损益项目发生的合理性和计价的公允性。计算非经常性损益占当期利润比重，分析由此产生的风险。

(十六) 与资产有关的项目

1. 货币资金

取得或编制货币资金明细表。通过取得公司银行账户资料、向银行函证等方式，核查定期存款账户、保证金账户、非银行金融机构账户等非日常结算账户形成原因及目前状况。对于在证券营业部开立的证券投资账户，还应核查公司是否及时完整地核算了证券投资及其损益。

抽查货币资金明细账，重点核查大额货币资金的流出和流入，分析是否存在合理的业务背景，判断其存在的风险。核查大额银行存款账户，判断其真实性。分析金额重大的未达账项形成的原因及其影响。关注报告期货币资金的期初余额、本期发生额和期末余额。

2. 应收款项

取得应收款项明细表和账龄分析表、主要债务人及主要逾期债务人名单等资料，并进行分析核查。了解大额应收款形成原因、债务人状况、催款情况和还款计划。

抽查相应的单证和合同，对账龄较长的大额应收账款，分析其他应收款发生的业务背景，核查其核算依据的充分性，判断其收回风险。取得相关采购合同，核查大额预付账款产生的原因、时间和相关采购业务的执行情况。调查应收票据取得、背书、抵押和贴现等情况，关注由此产生的风险。

结合公司收款政策、应收账款周转情况、现金流量情况，对公司销售收入的回款情况进行分析，关注报告期应收账款增幅明显高于主营业务收入增幅的情况，判断由此导致的经营风险和对持续经营能力的影响。判断坏账准备计提是否充分、是否存在操纵经营业绩的情形。分析报告期内与关联方之间往来款项的性质，为正常业务经营往来或是无交易背景下的资金占用。

3. 存货

取得存货明细表，核查存货余额较大、周转率较低的情况。结合生产情况、存货结构及其变动情况，核查存货报告期内大幅变动的原因。

结合原材料及产品特性、生产需求、存货库存时间长短，实地抽盘大额存货，确认存货计价的准确性，核查是否存在大量积压或冷备情况，分析提取存货跌价准备的计提方法是否合理、提取数额是否充分。测算发出存货成本的计量方法是否合理。

4. 对外投资

查阅公司股权投资的相关资料，了解其报告期的变化情况。取得被投资公司的营业执照、报告期的财务报告、投资协议等文件，了解被投资公司经营状况，判断投资减值准备计提方法是否合理、提取数额是否充分、投资收益核算是否准确。对于依照法定要求需要进行审计的被投资公司，应该取得相应的审计报告。

取得报告期公司购买或出售被投资公司股权时的财务报告、审计报告及评估报告(如有)，分析交易的公允性和会计处理的合理性。

查阅公司交易性投资相关资料，了解重大交易性投资会计处理的合理性。取得重大委托理财的相关合同及公司内部的批准文件，分析该委托理财是否存在违法违规行为。取得重大项目的投资合同及公司内部的批准文件，核查其合法性、有效性，结合项目进度情况，分析其影响及会计处理合理性。了解集团内部关联企业相互投资，以及间接持股的情况。

5. 固定资产

取得固定资产的折旧明细表和减值准备明细表，通过询问生产部门、设备管理部门和基建部门以及实地观察等方法，核查固定资产的使用状况、在建工程的施工进度，确认固定资产的使用状态是否良好，在建工程是否达到结转固定资产的条件，了解是否存在已长期停工的在建工程、长期未使用的固定资产等情况。

分析固定资产折旧政策的稳健性以及在建工程和固定资产减值准备计提是否充分。根据固定资产的会计政策对报告期内固定资产折旧计提进行测算。

6. 无形资产

对照无形资产的有关协议、资料，了解重要无形资产的取得方式、入账依据、初始金额、摊销年限及确定依据、摊余价值及剩余摊销年限。

无形资产的原始价值是以评估值作为入账依据的，应该重点关注评估结果及会计处理是否合理。

7. 投资性房地产

核查重要投资性房地产的种类和计量模式，采用成本模式的，核查其折旧或摊销方法以及减值准备计提依据。采用公允价值模式的，核查其公允价值的确定依据和方法。了解重要投资性房地产的转换及处置的确认和计量方法，判断上述会计处理方法是否合理，分析其对公司经营状况的影响程度。

8. 银行借款

查阅公司主要银行借款资料，了解银行借款状况，了解公司在主要借款银行的资信评级情况及是否存在逾期借款；有逾期未偿还债项的，应了解其未按期偿还的原因、预计还款期等。

9. 应付款项

取得应付款项明细表，了解应付票据是否真实支付、大额应付账款的账龄和逾期未付款原因、大额其他应付款及长期应付款的具体内容和业务背景、大额应交税金欠缴情况等。

10. 对外担保

取得公司对外担保的相关资料，计算担保金额占公司净资产、总资产的比重。调查担保决策过程是否符合有关法律法规和公司章程等的规定，分析一旦发生损失，对公司正常生产经营和盈利状况的影响程度。调查被担保方是否具备履行义务的能力、是否提供了必要的反担保。

11. 资产抵押

调查公司重要资产是否存在抵押、质押等情况，分析抵押事项对公司正常生产经营情况的影响程度。

12. 诉讼及其他

调查公司是否存在重大仲裁、诉讼和其他重大或有事项，并分析该等已决和未决仲裁、诉讼与其他重大或有事项对公司的重大影响。

（十七）现金流量分析

(1) 取得公司报告期现金流量的财务资料，对公司经营活动、投资活动和筹资活动产生的现金流量进行全面分析。

(2) 核查公司经营活动产生的现金流量及其变动情况，判断公司资产流动性、盈利能力、偿债能力及风险等。

(3) 如果公司经营活动产生的现金流量净额持续为负或远低于同期净利润的，应进行专项核查，并判断其真实盈利能力和持续经营能力。

(4) 对最近三个会计年度经营活动产生的现金流量净额的编制进行必要的复核和测算。

(十八) 纳税情况

1. 税收缴纳

查阅公司报告期的纳税资料，调查公司及其控股子公司所执行的税种、税基、税率是否符合现行法律、法规的要求及报告期是否依法纳税。

2. 税收优惠

取得公司税收优惠或财政补贴资料，核查公司享有的税收优惠或财政补贴是否符合财政管理部门和税收管理部门的有关规定，调查税收优惠或财政补贴的来源、归属、用途及会计处理等情况，关注税收优惠期或补贴期及其未来影响，分析公司对税收政策的依赖程度和对未来经营业绩、财务状况的影响。

三、尽职调查的结论

尽职调查完成后，尽职调查小组的各成员应撰写各自负责领域的尽职调查内容，并汇总至项目经理处，由项目经理撰写《尽职调查报告》，提出投资建议，这是决定是否投资该项目的主要参考依据。必要时可以出具独立的《风险评估报告》，甚至连同投资框架协议或意向协议，一并提交以便项目投资评审。《尽职调查报告》的主要框架如图4-1所示。

```
××项目尽职调查报告
一、公司简介
二、管理团队
三、产品和技术
四、行业及发展趋势
五、市场地位及竞争对手分析
六、财务分析
七、公司发展战略及未来三年规划
八、风险分析
九、项目投资价值分析
十、投资方案(主要条款)
十一、投资建议
```

图 4-1 《尽职调查报告》的主要框架

本章小结

私募股权投资基金管理人最重要的任务就是寻找优质的投资标的。根据实务经验，当前投资项目的来源主要有内部管理团队的寻找、筛查，外部中介机构以及同行业机构的推介，公司路演和一些投融资交流会。

尽职调查又称谨慎性调查，是私募股权投资基金投资机构对项目形成初步投资意向之后必须完成的重要工作，主要是对拟投资的目标公司在行业、财务、法律、公司治理等各个方面进行全面、深入、细致的调查，从而为基金的投资分析和决策提供基础和支持。

尽职调查的根本原因在于信息不对称。目标公司的情况只有通过详尽的、专业的调查才能掌握企业的情况并做出判断。尽职调查的目的大概有三方面：价值发现、风险发现和投资可行性判断。

尽职调查遵循的原则包括：证伪原则、实事求是原则、事必躬亲原则、突出重点原则、以人为本原则、横向比较原则。

尽职调查通常需经历以下程序：项目立项—成立小组—拟订计划—收集及汇总资料—工作展开—撰写报告—内部复核—递交汇报—归档管理。

尽职调查方法包括但不限于查阅资料、访谈人员、召集会议、实地调查、数据分析、信息印证。投资人员需根据项目的实际情况选择合适的尽职调查方法。

尽职调查的内容主要可以分为业务尽职调查、财务尽职调查和法律尽职调查三部分。

尽职调查完成后，尽职调查小组的各成员应撰写各自负责领域的尽职调查内容，并汇总至项目经理处，由项目经理撰写《尽职调查报告》，提出投资建议。必要时可以出具独立的《风险评估报告》，甚至连同投资框架协议或意向协议，一并提交以便项目投资评审。

复习思考题

1. 投资项目的来源包括哪些方面？项目立项时应重点考虑哪些因素？
2. 尽职调查各种策略的优缺点是什么？
3. 尽职调查的流程包括哪些环节？
4. 如拟对某新材料企业进行尽职调查，请准备一份尽职调查提纲。
5. 尽职调查报告应包括哪些内容？

第五章

私募股权投资基金的投资决策

> **学习提示**
>
> 本章主要介绍了私募股权投资基金投资项目时可采用的估值方法及其应用。

第一节 项目估值

一、项目估值概述

在经过对项目的尽职调查以后,如果项目值得投资,就要考虑项目的估值问题。合理甚至偏低的估值是投资项目成功退出和获取超额收益的基础。如果估值存在偏高的情况,那么投资的风险就会加大。

由于信息不对称等因素的存在,交易双方对项目的估值可能不同,但只要交易双方的估值区间较为接近,投资就有可能完成。在项目估值的过程中,交易双方除各自进行独立估值以外,有的还会请独立的第三方机构进行估值。

需要说明的是,估值所依靠的从来不是精确的数学计算,而是一门艺术。各种估值方法本质上都是估算企业未来的发展和盈利情况,把它未来的价值折算成当前的价格。但预测企业未来的发展前景,本来就是一件非常困难的事情。因此,在实务中,很多时候企业估值往往是在估值方法计算的基础上,经过投融资双方反复沟通、谈判和博弈而得出的。甚至在有些项目投资中,沟通谈判在企业估值确定过程中起到的作用更大。

(一) 估值时应考虑的因素

在估值时除了考虑在尽职调查中所掌握的信息以外,还会考虑以下几个方面的因素。

1. **交易目的和交易条件**

如对价形式(现金或股票)、支付时间、支付方式(一次或分期)等。如果投资人比较激进，估值就会偏高，而且不同时期进入企业，估值也会有所不同。

2. **对风险的判断**

价格与风险是必须同时考虑的因素。项目估值时对已掌握的标的公司资料能够很直观地进行判断，但对于未来所隐藏的风险却是很难量化的，风险的评估一般依赖于投资机构团队的经验和直觉。此外由于投资周期较长，期间还会面临很多政策上的不确定性，故投资机构的估值会相对保守。

3. **交易结构的潜在影响**

如资产交易的税负问题和股权交易的交易后事项，如员工安置方案、身份置换(安置比例、冗员情况等)、或有负债问题等。

4. **为完成交易而发生的各项费用**

如律师费、尽职调查费用、差旅费、投入的人力成本等。

5. **政策的连续性与政策变化的可预见性**

如行业准入政策等的变化。

(二) 估值原则

1. **实质重于形式原则**

在确定非上市股权的公允价值时，基金管理人应当遵循实质重于形式的原则，对于可能影响公允价值的具体投资条款做出相应的判断。

2. **轮次因素影响原则**

私募股权投资基金投资于同一被投资企业发行的不同轮次的股权时，若各轮次股权之间的权利与义务存在差异，基金管理人需考虑各轮次股权不同的权利和义务对公允价值的影响，并对其分别进行估值。

3. **谨慎性原则**

在估计某项非上市股权的公允价值时，基金管理人应从该股权的自身情况和市场环境出发，谨慎选择使用多种分属不同估值技术的方法，在可合理取得市场参与者假设的前提下采用合理的市场数据。基金管理人应当对各种估值方法形成的估值结果之间的差异进行分析，结合各种估值方法的适用条件、重要参数的选取依据、估值方法的运用过程等相关因素，综合判断后确定最合理的估值结果。

由于对企业估值的影响因素和方法众多，所以估值对于私募股权投资基金管理机构来讲是一项非常复杂的工作，可以说估值既是一门科学，又是一门艺术。基金管理人应当充分考虑市场参与者在选择估值方法时考虑的各种因素，并结合自己的判断，采用多种分属不同估值技术的方法对非上市股权进行估值。

二、项目估值的方法

2018年3月30日,基金业协会发布了《私募投资基金非上市股权投资估值指引(试行)》,对非上市企业的股权投资估值做出指引。2018年9月7日,中国证券业协会发布《非上市公司股权估值指引》。相比前一份文件,后者内容较为丰富,主要包括总则、估值原则、估值方法三部分内容,并附有参考实例,对于私募股权投资基金开展非上市股权投资估值活动的相关事项做了详细说明和规定。上述文件并非完全针对投资时的估值行为,但是对于投资时的估值有重要的引导和参考作用。本节结合《私募投资基金非上市股权投资估值指引(试行)》《非上市公司股权估值指引》《企业会计准则》对估值内容进行梳理和分析。

《非上市公司股权估值指引》明确提出了私募股权投资基金在对非上市股权进行估值时通常采用的几种估值方法,如表5-1所示。

表5-1 常见估值方法

类别	方法
市场法	最近融资价格法
	市场乘数法
	行业指标法
收益法	自由现金流折现法
	股利折现法
成本法	净资产法
	重置成本法

(一) 市场法

市场法是利用相同或类似的资产、负债或资产与负债组合的价格以及其他相关市场交易信息进行估值的技术,常用方法包括最近融资价格法、市场乘数法、行业指标法等。

1. 最近融资价格法

最近融资价格法是以企业最近一期融资价格为基础评估公允价值的方法。

基金管理人可参考被投资企业最近一次融资的价格对私募股权投资基金持有的非上市股权进行估值。采用此种方法时,需充分考虑时间因素。如果被投资企业近期进行过新一轮融资的,可以以最近融资价格作为非上市企业股权估值基础。由于初创企业通常尚未产生稳定的收入或利润,但融资活动一般比较频繁,因此参考最近融资价格法在初创企业的估值中应用较多。

在运用最近融资价格法时,基金管理人应当对最近融资价格的公允性做出判断。当出现下列情况时,考虑是否需要对影响最近融资价格公允性的因素进行调整(下称"新投资"均指最近一期融资价格):

(1) 新投资与已有投资附带的权利或义务不同。

(2) 新投资的价格明显低于市场公允价格,如强迫交易、救援措施、员工激励或显失公允的关联交易。

(3) 新投资的融资金额过低、发行对象有限或发行价格不足以代表市场公允价格。

(4) 近期宏观经济情况、市场环境及企业相关政策发生重大变化。

(5) 企业自身发生影响其公允价值的重大事件，如主营业务发生变化、企业发生欺诈或诉讼事件、管理层或核心技术人员发生变动、企业突破技术性壁垒等。

若基金管理人因被投资企业在最近融资后发生了重大变化而判定最近融资价格无法直接作为公允价值的最佳估计，同时也无法找到合适的可比公司或可比交易案例以运用市场乘数法进行估值时，基金管理人可以根据被投资企业主要业务指标自融资时点至估值日的变化，对最近融资价格进行调整。主要业务指标包括但不限于有代表性的财务指标、技术发展阶段、市场份额等，在选择主要业务指标时，应重点考虑被投资企业所处行业特点及其自身的特点，选择最能反映被投资企业价值变化的业务指标。

2. 市场乘数法

市场乘数法是利用可比公司市场交易数据估计公允价值的方法，包括市盈率法、市净率法、企业价值倍数法等。

市场乘数法适用于存在多家上市公司与被评估企业在业务性质与构成、企业规模、企业所处经营阶段、盈利水平等方面相似，或是同行业近期存在类似交易案例的情形。基金管理人需获取被评估企业与可比公司价值乘数的相关数据，用于计算估值结果。

在估值实践中各种市场乘数均有应用，如市盈率(P/E)、市净率(P/B)、市销率(P/S)、企业价值/息税折摊前利润(EV/EBITDA)、企业价值/息税前利润(EV/EBIT)等。根据被投资企业的所处发展阶段和所属行业的不同，基金管理人可运用各种市场乘数对非上市股权进行估值。基金管理人应当从市场参与者角度出发，根据被投资企业的特点选择合适的市场乘数。

使用市场乘数法估值时的操作步骤如下。

(1) 选取可比公司或交易案例。

(2) 对所选择可比公司的业务和财务情况进行分析，与评估对象的情况进行比较。

(3) 从市盈率、市净率及企业价值倍数等价值比率中选取适合的乘数，计算其数值，并根据以上结果对价值比率进行必要的调整。

(4) 将市场乘数运用到评估对象所对应的近期财务数据中，得到企业每股价值或企业价值。

(5) 在企业每股价值或企业股权价值的基础上考虑持股情况、流动性折扣等因素，得出非上市公司股权公允价值。

下面对常见的几种市场乘数进行具体介绍。

(1) 市盈率法。市盈率是"市价盈利比率"的简称，也称"本益比""股价收益比率"，其计算公式如下：

$$市盈率 = 每股市价 / 每股收益$$
$$= 市价 / 净利润$$

该方法的有效性取决于对企业未来每股收益的正确预期和选择合理的市盈率倍数。如果企业处于亏损状态或者企业处于初创期，利润尚未有效体现时，该方法并不适用。

市盈率法进行企业价值估计一般是在同其他企业进行对比的情况下采用，市盈率要在比较中才有意义，取绝对值则毫无意义。其做法通常是选择一家与待估值企业类似的上市公司，根据公司所在行业的平均市盈率预测待估值企业的价值。其中考察净利润必须明确有无重大进出报表的项目。如果存在，则要做剔除处理，以反映企业真实的净利润。由于中国监管机构在干预IPO发行价格时主要以市盈率为参考基准，所以市盈率是中国私募股权市场应用最为普遍的估值指标，尤其是Pre-IPO项目，绝大部分均采用该指标来计算投资成本。

企业的净利润容易受经济周期的影响，市盈率指标也一样受股票市场周期的影响。两种因素相互叠加会导致企业估值水平在不同时段内呈现周期性大幅起落的特征。对于私募股权投资基金之类的长期投资者而言，估值参考标准不应只是特定时刻的市盈率，一些资深的基金管理人往往会以历史平均市盈率为参考标准，而不是简单地跟随市场潮流。比如，2010年年底中国创业板市场的平均发行市盈率曾高达90倍，某些基金管理人以此作为退出估值目标，部分投资项目的估值高达20倍甚至30倍以上。随着发行市盈率的逐步走低，这些高价项目的负面影响开始显现，部分项目甚至出现IPO发行价格低于基金入股成本的现象。

市盈率估值方法的优缺点如表5-2所示。

表5-2 市盈率估值方法的优缺点

优点	缺点
(1) 市盈率估值简单； (2) 市盈率指标在投资领域应用较为广泛； (3) 每股收益是衡量盈利能力的主要指标之一，也是决定投资价值的主要因素之一； (4) 研究表明市盈率与股票回报有显著相关性	(1) 每股收益为负时，该指标便失去应用价值； (2) 企业净利润容易被操纵，从而影响估值的合理性； (3) 企业净利润波动较大时，将导致市盈率的稳定性欠佳； (4) 未考虑行业经营风险系数β值； (5) 未考虑公司资本结构的差异性； (6) 成长性差别——增长率与投资回报率存在差距； (7) 主要适用于周期性较弱企业； (8) 寻找可比性较强的公司较为困难

(2) 市净率法。市净率的计算公式如下：

$$市净率 = 每股市价/每股净资产$$
$$= 市价/账面价值$$

净资产为公司资本金、资本公积金、法定公积金、未分配盈余等项目的合计，代表全体股东共同享有的权益。净资产受公司经营状况影响，经营业绩越好，资产增值越快，净资产就越高，股东所拥有的权益也越多。考察净资产必须明确有无重大进出报表的项目，如果存在，要做剔除处理，以反映企业真实的经营性资产结构。

市净率法尤其适用于公司的市场价值完全取决于有形账面价值的行业，如银行业、房地产业等。对于固定资产较少的服务性公司，其使用价值不大。市净率法的优势在于不需要考虑企业的资产收益状况，对亏损企业和利润比较低的企业也同样适用，缺点是财务报表中的净资产值属于历史数据，与企业未来的经营能力、盈利能力之间并没有密切的关系，而与企业盈利能力至关重要的人力资源、管理水平、商誉等因素却又在市净率中无法体现。

市净率法与市盈率法有一定的相似性，要在比较中才有意义，绝对值则毫无意义。市净率法也需要一个类似的比较对象，然后根据可比企业的市净率水平来估计企业价值。市净率估值方法的优缺点如表 5-3 所示。

表 5-3　市净率估值方法的优缺点

优点	缺点
(1) 市净率估值简单； (2) 企业净资产通常为正，因此在市盈率失效时，市净率仍然可使用； (3) 每股净资产比每股收益更加稳定； (4) 研究表明市净率与股票回报有显著相关性	(1) 当公司规模差异较大时，市净率估值具有一定的误导性； (2) 受会计政策差异的影响，在利用市净率进行估值时易引起判断错误； (3) 资产创造收益的差异，对股价会产生不同的影响； (4) 公司资本结构的差异性； (5) 通货膨胀和技术变革导致资产账面价值与市场价值的差异性； (6) 市净率法主要适用于周期性较强行业； (7) 市净率法不适用于轻资产类企业

(3) 市销率法。市销率的计算公式如下：

$$市销率 = 每股市价/每股销售额$$
$$= 总市值/主营业务收入$$

市销率法的前提是企业价值与主营业务收入或市场占有规模挂钩。创业企业的净利润可能为负数，账面价值比较低，而且经营现金流可能为负值。在这种情况下，市盈率或市净率等指标都不太适用，此时市销率的价值和意义就凸显出来了。市销率适用的行业包括公共交通、商业服务、互联网(尤其是电子商务)、制药及通信设备制造业等。在某种意义上，主营业务收入对于公司未来发展起着决定性的作用，市销率有助于考察公司收益基础的稳定性和可靠性，有效把握其收益的质量水平。一般市销率越低，意味着公司当前的投资价值越大。市销率要在比较中才有意义，绝对值无意义。市销率估值方法的优缺点如表 5-4 所示。

表 5-4　市销率估值方法的优缺点

优点	缺点
(1) 市销率对亏损企业和资不抵债的企业依然适用； (2) 销售收入难以被操纵或被扭曲； (3) 市销率比较稳定，不易波动； (4) 研究表明市销率与股票回报有显著相关性	(1) 销售收入并不一定带来可观的利润； (2) 市销率不能反映公司之间成本的结构差异； (3) 不能剔除关联交易的影响； (4) 销售收入的确认存在扭曲； (5) 不适用于业绩波动大的公司

(4) PEG 比率法。理论上来说，市盈率越高代表市场对企业的成长预期越高，但实践中并非如此。由于投资热点的不断转移、市场投机炒作的存在与盛行，一些企业的股价被短线投资者推高至不合理水平，造成该类企业的市盈率畸高。

PEG 比率是市盈率的修正指标，等于市盈率与净利润平均增速的比值。比如某企业的市盈率为 40 倍，其净利润年增长 20%，那么该企业的 PEG 比率为 40/20=2。市盈率法仅仅反映了企业当前价值，而 PEG 法则把企业当前的价值和其未来的成长关联起来。PEG 法只适用于利润比较稳定的公司，因而周期性行业和项目类公司等不适用。

一般来讲，PEG 数值通常可分为四档，如表 5-5 所示。

表 5-5 PEG 四档数值

数值	含义
PEG＜0.5	价值被低估
0.5≤PEG≤1	价值相对合理
1＜PEG＜2	价值被高估
PEG＞2	高风险区

PEG 比率因投资大师彼得·林奇(Peter Lynch)而广为人知。林奇认为，企业的合理市盈率应等于其增长速度，即企业的合理 PEG 比率应为 1。许多全球知名基金均在其投资标准中明确规定不投资于 PEG 比率高于 1 的企业。虽然 PEG 比率在一定程度上修正了市盈率忽视增长率的缺点，但这一指标也有一定的缺陷。首先，PEG 与 1 的关系只是一种经验判断甚至是主观看法，并不能断定 PEG 高于 1 就一定存在较高的投资风险。其次，增长率的估计是一个难解的问题。长期统计显示，分析师对于增长率的判断准确率较低。这就造成了 PEG 比率在估值应用中可能会出现较大的失误。

(5) 企业价值倍数法。企业价值倍数又称为 EV/EBITDA，这种估值方法类似于市盈率估值法，但剔除了财务杠杆、折旧、长期投资水平等非营运因素的影响，更为清晰地展现了企业真正的运营绩效。同时，由于排除了不同行业和不同企业之间资本结构、税收政策等的影响，理论上比市盈率法更具有通用性，是一种被西方广泛使用的估值方法。

企业价值(EV)的计算公式为

$$企业价值 = 公司市值 + 净负债$$
$$= 公司市值 + (总负债 - 总现金)$$

扣除利息、税款、折旧及摊销前的收益(EBITDA)的计算公式为

$$EBITDA = 净利润 + 所得税 + 利息 + 折旧 + 摊销$$
$$= EBIT + 折旧费用 + 摊销$$

从指标计算上来看，EV/EBITDA 倍数法使用企业价值(EV)，即投入企业的所有资本的市场价值代替市盈率估值法中的股价，使用息税折旧前盈利(EBITDA)代替市盈率估值法中的每股净利润。相比于市盈率估值法，EV/EBITDA 反映了投资资本的市场价值和未来一年企业收益间的比例关系。EV/EBIIDA 倍数相对于行业平均水平或历史水平较高则通常表明价值高估，较低则表明价值低估，不同的行业或股票板块有着不同的估值(倍数)水平。

在具体运用中，EV/EBITDA 倍数法和市盈率估值法的使用前提一样，都要求企业预测的未来收益水平必须能够体现企业未来的收益流量和风险状况的主要特征。这体现于可比

公司选择的各项假设和具体要求上，缺失了这些前提，该方法同样也就失去了合理估值的功能。

3. 行业指标法

行业指标法是指某些行业中存在特定的与公允价值直接相关的行业指标，此指标可作为被投资企业公允价值的参考依据。行业指标法适用于行业发展比较成熟及行业内各企业差别较小的情况，一般被用于检验其他估值方法得出的估值结论是否相对合理，而不作为主要的估值方法单独运用。

(二) 收益法

收益法是将未来预期收益转换成现值的估值技术，常用方法包括自由现金流折现法、股利折现法等。

1. 自由现金流折现法

自由现金流折现法是对企业未来的现金流量及其风险进行预期，选择合理的折现率，把企业未来特定期间内的预期现金流量折合成现值的估值方法。通常包括企业自由现金流(FCFF)折现模型和权益自由现金流(FCFE)折现模型。

(1) 企业自由现金流(FCFF) 折现模型。

$$股东全部权益价值=企业整体价值-付息债务价值$$

企业整体价值是指股东全部权益价值和付息债务价值之和。根据被评估单位的资产配置和使用情况，企业整体价值的计算公式如下：

$$企业整体价值=经营性资产价值+溢余资产价值+非经营性资产负债价值+股权投资价值$$

① 经营性资产价值。经营性资产是指与被评估单位生产经营相关的，评估基准日后企业自由现金流量预测所涉及的资产与负债。经营性资产价值的计算公式如下：

$$P = \sum_{i=1}^{n} \frac{F_i}{(1+r)^{i-0.5}} + \frac{F_n \times (1+g)}{(r-g) \times (1+r)^n} \tag{5-1}$$

式中，P：评估基准日的企业经营性资产价值；

F_i：评估基准日后第 i 年预期的企业自由现金流量；

F_n：预测期末年预期的企业自由现金流量；

r：折现率(此处为加权平均资本成本，WACC)；

n：预测期；

i：预测期第 i 年；

g：永续期增长率。

式(5-1)中，企业自由现金流量计算公式如下：

企业自由现金流量=息前税后净利润+折旧与摊销-资本性支出-营运资金增加额

WACC 计算公式如下：

$$\text{WACC} = K_e \times \frac{E}{E+D} + K_d \times (1-t) \times \frac{D}{E+D} \tag{5-2}$$

式中，K_e：权益资本成本；

K_d：付息债务资本成本；

E：权益的市场价值；

D：付息债务的市场价值；

t：所得税率。

权益资本成本采用资本资产定价模型(CAPM)计算。计算公式如下：

$$K_e = r_f + \text{MRP} \times \beta_L + r_c \tag{5-3}$$

式中，r_f：无风险收益率；

MRP：市场风险溢价；

β_L：权益的系统风险系数；

r_c：企业特定风险调整系数。

② 溢余资产价值。溢余资产是指评估基准日超过企业生产经营所需，评估基准日后企业自由现金流量预测不涉及的资产。溢余资产单独分析和评估。

③ 非经营性资产、负债价值。非经营性资产、负债是指与被评估单位生产经营无关的，评估基准日后企业自由现金流量预测不涉及的资产与负债。非经营性资产、负债单独分析和评估。

付息债务是指评估基准日被评估单位需要支付利息的负债。付息债务以核实后的账面值作为评估值。

(2) 权益自由现金流(FCFE)折现模型。

$$\text{股东全部权益价值} = \sum_{t=1}^{T} \frac{\text{FCFE}_t}{(1+R_E)^t} + \frac{P_T}{(1+R_E)^T} \tag{5-4}$$

$$P_T = \frac{\text{FCFE}_{T+1}}{R_E - g} \tag{5-5}$$

式中，$\text{FCFE}_t = \text{FCFF}_t - 利息费用 \times (1-T_c) + 新增债务 - 偿还债务$；

T_c：公司所得税率；

T：预测期；

R_E：权益资本成本；

P_T：终值；

g：永续增长率(现金流长期稳定增长率)。

基金管理人可采用合理的假设预测被投企业未来现金流及预测期后的现金流终值，并采用合理的折现率将上述现金流及终值折现至估值日,折现率的确定应当能够反映现金流预测的内在风险。自由现金流折现法适用于被评估企业经营稳定、未来期间有持续的现金流流入,且能够对未来现金流做出合理预测的情形。

自由现金流折现法的操作步骤如下。

① 分析历史财务报表。

② 预测未来收益。

③ 确定折现率。

④ 计算评估对象经营性资产及负债价值。

⑤ 如果被评估企业在评估基准日拥有非经营性资产、非经营性负债和溢余资产,应恰当考虑这些项目的影响,并采用合适的方法单独予以评估。

⑥ 根据上述步骤计算得出企业整体价值后,减去企业负债价值得到企业股权价值。

⑦ 在企业股权价值的基础上,考虑持股情况、流动性折扣等因素得出非上市公司股权公允价值。

由于需要大量的主观判断,折现结果对输入值的变化较为敏感,结果易受各种因素干扰。特别是当被投企业处于初创、持续亏损、战略转型、扭亏为盈、财务困境等阶段时,基金管理人通常难以对被投企业的现金流进行可靠预测,应当谨慎评估运用现金流折现法的估值风险。

2. 股利折现法

股利折现法是将预期股利进行折现以确定评估对象价值的估值方法。股利折现法根据股利增长的不同情景,可细分为戈登永续增长模型、二阶段股利增长模型及三阶段股利增长模型。

股利折现法适用于被投企业平稳发展、股利分配政策较为稳定且能够对股利进行合理预测的情形。当股利增长率固定时,采用戈登永续增长模型;当股利增长率分阶段变化时,可以采用二阶段股利增长模型及三阶段股利增长模型。

戈登永续增长模型的基本原理如下:假设股利增长率固定,即股利以一个稳定的增长率永续增长,将未来期间所有股利现金流折现到基准时点并加总,得到评估对象的价值。其模型公式如下:

$$企业价值 = \frac{D \times (1+g)}{R-g} \tag{5-6}$$

式中,D:标的公司基准时点年度分红;

g:永续增长率(股利长期稳定增长率);

R:折现率,可使用权益资本成本(实际操作中常用资本资产定价模型计算确定)。

由于收益法较为复杂,涉及较多的财务知识,需要读者有一定的财务基础。后文中以自由现金流折现模型为例,介绍了收益法估值的操作方法,有兴趣的读者可以结合案例和相关书籍进行深入学习。

(三) 成本法

成本法是以评估对象估值时点的资产负债表为基础，合理估计表内及表外各项资产和负债价值，确定估值对象价值的估值方法。常用方法主要为净资产法和重置成本法。

1. 净资产法

基金管理人可使用适当的方法分别估计被投资企业的各项资产和负债的公允价值(在适用的情况下需要对溢余资产和负债、或有事项、流动性、控制权及其他相关因素进行调整)，综合考虑后得到股东全部权益价值，进而得到私募股权投资基金持有部分的股权价值。

净资产法适用于企业的价值主要来源于其占有的资产的情况，如重资产型的企业或者投资控股企业。此外，该方法也可以用于经营情况不佳、可能面临清算的被投资企业。

2. 重置成本法

重置成本法是用在当前条件下重新购置或建造一个全新状态的被评估资产所需的全部成本，减去评估对象已经发生的实体性贬值、功能性贬值和经济性贬值，以得到的结果作为评估对象估值的方法。

重置成本法适用于企业价值主要来源于其资产的公允价值的情形，运用时需对评估对象的实体性、功能性及经济性贬值做出判断。

重置成本法的操作步骤如下：
① 获得被评估企业的资产负债表。
② 确定需要重新评估的表内资产与负债。
③ 确定表外资产、表外或有负债。
④ 根据重新评估后的资产负债数据得到企业股权价值。
⑤ 在企业股权价值的基础上，考虑持股情况、流动性折扣等因素得出非上市公司股权公允价值。

三、项目估值的案例

(一) 市场法案例

1. 最近融资价格法案例

甲公司成立于 2015 年，是国内主要的区块链服务企业之一，拥有自己的资讯社区门户，为区块链创业者、投资者提供信息、交流与投融资服务。其于 2019 年 1 月获得 A 轮投资 3000 万元，股权占比 10%。获得投资后甲公司发展较快，势头良好。随后乙私募股权投资基金拟对其进行投资。

评估分析如下：

第一，甲公司所在区块链领域，属于新兴领域，市场上无可比较乘数企业，也没有行业指标，故不能用行业指标法与市场乘数法。

第二，甲公司属于轻资产互联网公司，没有较为重要的可供评估的基础资产，故不适用成本法。

第三，虚拟货币波动较大，造成区块链行业尚不稳定，因此甲公司将来的现金流也难以预测，故也不适于收益法。

加之甲公司在近一年内有过融资活动，因此，综合考虑后，乙私募股权投资基金最终采取"最近融资价格法"对甲公司进行估值。参考 A 轮投资的价格，于 2019 年 8 月投资 7000 万元，获得甲公司 20%的股份。

2. 市盈率法案例

$$目标企业每股价值=可比企业市盈率\times目标企业的每股收益$$

在运用市盈率法计算得出目标企业每股价值以后，再扣减股权的流动性折扣，得出非上市公司股权价值。

A 公司是一家激光元器件制造企业，其每股收益为 1.5 元。假设该行业上市公司中，收入规模、营收增长率、风险等特征与 A 公司类似的企业有 3 家，它们的本期市盈率分别为 36.8 倍、42.1 倍、46.2 倍，均值为 41.7 倍。

分析后认为可比公司平均市盈率倍数(41.7 倍)可以反映目标公司的情况：

$$A\ 公司每股价值(未考虑流动性折扣)=可比企业市盈率\times目标公司每股收益$$
$$=41.7\times1.5=62.55(元)$$

假设 A 公司所处行业的股票平均流动性折扣为 20%，则

$$A\ 公司每股价值=未考虑流动性折扣的每股价值\times(1-流动性折扣)$$
$$=62.55\times(1-20\%)=50.04(元)$$

3. 企业价值倍数法案例

$$目标企业价值=可比企业价值倍数\times目标企业息税前利润$$

在运用企业价值倍数法计算得出目标企业价值，扣减净负债并对非经营性资产和负债以及少数股东权益进行调整得出企业全部股权价值后，按照持股比例计算股权价值，再扣减股权流动性折扣，得出非上市公司股权价值。

目标公司 B 主要在二线城市从事餐饮行业的连锁业务，2020 年，某私募股权投资基金拟对其进行投资，需要评估股权价值。评估人员拟以市场法作为目标公司股权公允价值评估的主要分析方法。

评估人员首先收集了同样从事该业务的可比公司，考虑了目标公司 B 的规模、经营区域和发展现状，选取了 8 家上市公司作为研究对象。

在运用市场法评估分析的过程中，评估人员主要选用过去 12 个月的企业价值/息税前利润乘数(EV/EBIT)。这是由于目标公司 B 从事的行业固定资产和折旧摊销费用相对较小，与可比公司的情况一致。

以下为 8 家可比公司过去 12 个月的 EV/EBIT 乘数：
9.4X、22.5X、6.7X、21.1X、15.6X、17X、12.9X、18.6X

上述企业 EV/EBIT 乘数的平均值 15.475X，中位数 16.3X，评估人员将目标公司 B 与可比公司的主要财务指标进行了对比，发现其各项指标与行业中位数相近，故选取中位数 16.3X 作为估值乘数。2019 年 EBIT 值为 8684 万元，故

$$企业价值=EBIT\times 企业价值倍数=8684\times 16.3=141\ 549(万元)$$

假设 B 公司债务公允价值为 56 000 万元，则

$$B\ 企业股权价值=B\ 企业价值-B\ 企业债务价值=141\ 549-56\ 000=85\ 549(万元)$$

假设某证券公司下属子公司持有 B 公司 2%的股份，且根据历史数据统计分析，餐饮连锁行业非上市公司股权的流动性折扣平均为 25%，则

$$该子公司持有的\ B\ 公司股票价值=B\ 企业股权价值\times 持股比例\times (1-流动性折扣)$$
$$=85\ 549\times 2\%\times (1-25\%)=1283(万元)$$

(二) 收益法案例

目标公司 D 是一家位于北京的手机游戏开发与运营公司，需要评估其于 20×8 年 12 月 31 日的公允价值。目标公司目前运行正常，发展前景良好，相关收益的历史数据能够获取，未来收益能够进行合理预测，适宜采用收益法进行评估。因此，根据评估目的、评估对象、价值类型、资料收集情况等相关条件，评估人员以收益法作为目标公司的股权公允价值评估的主要分析方法，评估过程如下。

1. 收益模型的选取

本次评估选用自由现金流折现法中的企业自由现金流折现模型：

$$股东全部权益价值=企业整体价值-付息债务价值$$

2. 未来收益及折现率的确定

评估人员获取了目标公司 D 未来 5 年的财务预测，分析考虑了预期未来收入、成本、费用、所得税等，并对资本性支出、折旧摊销、净营运资金进行了调整，得到了企业自由现金流。

在此基础上，评估人员进一步考虑货币的时间价值、通货膨胀以及被评估资产的有关风险，选取了合适的折现率，得到目标公司股权的公允价值。

3. 经营性资产价值

经营性资产是指与被评估单位生产经营相关的，评估基准日后企业自由现金流量预测所涉及的资产与负债。预测期内各年企业自由现金流量按年中流出考虑，预测期后稳定期现金流现值按预测年末折现考虑，从而得出企业的自由现金流折现值。经营性资产价值计算如表 5-6 所示。

表5-6 经营性资产价值计算表

万元

项目	20×3年 (7月—12月)	20×4年	20×5年	20×6年	20×7年	20×8年	永续
息前税后营业利润	4979.17	15 657.25	19 628.28	23 738.06	26 765.40	27 143.15	27 143.15
加：折旧及摊销	21.27	83.67	111.45	117.98	78.59	68.06	64.00
减：资本支出	136.00	88.00	102.00	66.00	50.00	64.00	64.00
营运资本变动	347.75	865.62	591.40	651.16	439.24	93.54	0.00
自由现金流	4516.70	14 787.30	19 046.33	23 138.88	26 354.74	27 053.66	27 143.15
WACC	14.63%	14.63%	14.63%	14.63%	14.63%	14.63%	14.63%
折现期	0.25	1.00	2.00	3.00	4.00	5.00	
折现系数	0.9664	0.8724	0.7611	0.6640	0.5793	0.5053	3.4551
自由现金流现值	4365.16	12 900.47	14 495.88	15 363.57	15 266.01	13 671.29	93 781.31
经营性资产价值				169 843.69			

4. 非经营性资产、负债价值

非经营性资产、负债是指与被评估单位生产经营无关的，评估基准日后企业自由现金流量预测不涉及的资产与负债。被评估单位的非经营性资产、负债包括与企业经营无关的个人借款、备用金、房租押金及其他非流动负债等，本次评估采用成本法进行评估，非经营性资产评估值为1153.22万元人民币。

5. 溢余资产

溢余资产是指评估基准日超过企业生产经营所需，评估基准日后企业自由现金流量预测不涉及的资产。被评估单位的溢余资产为超出维持正常经营的营业性现金外的富余现金，富余现金为3339.44万元。

6. 股权投资资产价值

截至评估基准日目标公司无长期股权投资。

7. 评估基准日的有息债务

评估基准日目标公司无有息负债。

8. 股东全部权益价值的确定

企业整体价值＝经营性资产价值+溢余资产价值+非经营性资产负债价值+股权投资价值
　　　　　　＝169 843.69 +3339.44+1153.22+0.00
　　　　　　＝174 336.35(万元)

$$股东全部权益价值=企业整体价值-有息债务价值$$
$$=174\,336.35-0.00$$
$$=174\,336.35(万元)$$

根据以上收益法评估工作,确认目标公司股东全部权益评估值为 174 336.35 万元,较评估基准日账面净资产 5984.80 万元,增值 168 351.55 万元,增值率 2912.98%。

(三) 成本法案例

甲公司专注于某钢铁制品行业,由于市场竞争激烈,行业整体供过于求,同时遭遇行业周期影响,公司已连续亏损 3 年,且暂时无好转迹象。由于甲企业在部分地区仍然保持较高的市场占有率,仍有一定的投资价值。乙私募股权投资基金拟收购甲企业 80%的股权,后续通过与其他同行业企业进行整合以获取收益。

评估人员综合考虑了甲公司的实际运营情况和各项风险,拟采用重置成本法确定其投资价格。评估人员通过与管理层的访谈和实地调查情况,认为其净资产账面值基本能反映其公允市场价值。故按净资产账面值(32 050 万元)评估企业价值。

假设该钢铁制品行业股票的平均流动性折扣是 10%,计算可得:

$$甲公司\,80\%的股权价格=甲公司股权价值\times 持股比例\times(1-流动性折扣)$$
$$=32\,050\times 80\%\times(1-10\%)=23\,076(万元)$$

四、估值实践中存在的问题及解决思路

(一) 估值实践中存在的问题

尽管理论上有很多估值方法,但每种估值方法都有严苛的适用条件和固有缺陷。不同的估值模型、不同的参数选择,其结果可能迥然不同。对于经验丰富、投资案例众多的投资机构或者投资人来说,选择合适的估值方法也是一件非常困难的工作。对于估值,实践中存在以下几个突出问题。

1. 投资人与目标企业关于估值方法的博弈

投资人倾向于以较低的价格投资目标企业,目标企业控制人倾向于以较高的价格出售其股权,企业估值(价格)需要经过反复博弈才能最终形成。也就是说,估值是谈出来的,不是计算出来的,或者说不是简单地依据某种估值方法就能确定的。

在此过程中,从基础的财务数据到企业未来成长的业绩预期,都可能是双方争论的焦点。与此对应,估值方法的选择,尤其是估值参数的选择都会受到双方观点的影响。企业所有者对于辛辛苦苦开辟的事业总是充满信心、过于乐观,在谈判中往往会脱离企业实际经营状况而产生过高预期,投资人则由于信息不对称,必须审慎考虑,因而可能会在估值模型及相关参数的选择上偏向于保守,双方的预期往往存在较大差异。

面对预期差异,投资人有两种选择,妥协或者离场。如果投资人坚持己见,可能会导致谈判失败,错失了一个好项目。如果投资人单方妥协,则目标企业的估值将高于投资人

审慎评估所得结果，预期收益难免降低，投资风险加大。总之，理论上的估值方法所得到的结论与投资人实际投资所确定的估值仍然有相当的距离，弥合这段距离需要的是谈判与沟通。

2. 传统估值方法与高新技术企业特征存在的冲突

传统估值方法中的现金流折现模型要求企业具有稳定的股利或现金流，否则估值就会出现较大偏离。市场乘数法等估值方法要求必须能在市场上找到可比企业，否则将失去应用基础。而高新技术企业具有高风险高收益的特征，尤其是处于初创期的创新型企业，其企业淘汰率远高于传统行业，收益也非常不稳定，不符合传统估值方法的应用前提，若直接以传统估值方法评估将无法反映企业的真实价值。

另外，对于高科技企业，无形资产和不间断的创新活动在企业的盈利活动中起着更为重要的作用。无形资产是高科技企业的主要资产形态之一，其重要性超越了货币资本和实物资产。有些高科技企业只拥有少量的有形资产，其核心竞争力主要体现在包括商业秘密在内的知识产权以及具有创新精神的人力资源，如何恰当评估企业所持知识产权和人力资源的价值在理论上尚未得到解决，实践中更是缺乏公认的合理做法。因此，高新技术企业的价值评估对于传统评估方法而言是一个难以圆满完成的任务。

(二) 估值实践问题的解决思路

1. 丰富估值方法

国外对风险投资项目价值评估的研究表明，仅仅依靠财务数据分析所得到的结论并不可靠。在当前的商业领域，企业家素质、管理能力、产品、技术、市场等因素也是投资价值的重要组成部分。国内外业务实践中，对于高新技术企业，尤其是初创期企业，"投资就是投人"的理念颇有市场，对企业家及其管理团队的主观判断成为主要的估值方法。例如，美国人博克斯创立了对初创企业估值的博克斯法。该方法把初创企业所做出的一些成果用金额度量，但重心放在管理团队上，其典型做法是对所投企业根据下面的公式进行估值：一个好的创意值100万，一个好的盈利模式值100万，一个好的管理团队值200万，一个优秀的董事会值100万，巨大的产品前景值100万，各项价值加总即可得到企业的最终估值。

期权估值法也是近年来随着高新技术企业的发展而逐渐受到投资人重视的估值方法。该方法利用期权定价模型对具有期权特征的资产进行价值评估。期权估值法具有现金流量法所忽略的企业灵活性和战略性，在目前充满变动和不确定性的经济环境中，期权估值法为投资人提供了一条新的思路。

一般来说，期权估值法适合对以下几种类型公司进行估值：陷入困境、财务状况恶化的公司，拥有大量自然资源的公司，无形资产(如专利产品)占公司价值很大比例的公司，新经济公司等。尤其在高新技术企业估值方面，期权估值法显示出独树一帜的作用。

高新技术企业的特点是投入高、风险高、收益高，且初创期往往拥有负的利润和负的现金流量，找到合适的可比公司也十分困难，因此难以使用现金流量贴现法或者相对评估法等方法进行估值，此时可以使用期权估值法对其估值。在期权定价模型中，最著名的模型是布莱克-斯科尔斯创立的 B-S 定价模型。不过期权定价模型在理论上仍存在较大争议，计算过程较为复杂，参数确定比较困难，还有待于进一步的研究和实践。

2. 采取分阶段投资策略

所谓分阶段投资(stage financing)，是指私募股权投资基金不是将计划投资的资金一次性投入目标企业中，而是根据项目进展的实际情况分多次投入。分阶段投入的好处是，如果下一阶段企业经营不符合预期，则基金有权拒绝投入，这样在一定程度上降低了基金估值风险。在一些西方国家，分阶段投资策略经常与期权定价法结合应用。

事实上，分阶段投资不仅可以显著减小估值误差带来的风险，也有助于防范因目标企业经营的不确定性或控制人的道德风险所带来的风险。另外，通过分阶段投资，基金管理团队可以不断获得目标企业的内部最新信息，有利于其重新评估目标企业的经营状况和发展前景。

3. 引入估值调整机制

估值调整(valuation adjustment mechanism，VAM)是私募股权投资基金在对目标企业投资时与其控制人就企业估值情况所做的调整约定(业内又称"对赌协议")。估值调整是投资人控制估值偏差并保护自身利益的工具，目前我国境内的私募股权投资基金在投资时采取估值调整机制已经较为普遍。投资人之所以要求进行估值调整，既是为了防范目标企业提供虚假数据和信息导致其估值错误风险，也是为了防范因为信息不对称而导致的目标企业控制人的道德风险，同时还可以起到规避企业经营不确定性风险的作用。因此，估值调整机制的设定是投资人在投前阶段的一项重要工作。

估值调整可分为单向估值调整和双向估值调整。单向估值调整一般约定当目标企业不能实现约定利润时，控制人或主要股东必须将一定数量的股权无偿或以某一特定价格转让给投资人，或者补偿一定价款，从而使得投资人对目标企业的估值得以修正，并进而确保投资人自身利益不受估值偏差所造成的损害。双向估值调整则是在单向估值调整基础上增加一些约定，在目标企业达到某一设定的利润目标时，投资人必须将一定数量的股权无偿或以某一特定价格转让给控制人或主要股东，或者对其进行一定的货币补偿作为对控制人或主要股东的奖励。

估值调整一方面能够在一定程度上降低交易双方的信用风险成本，给予投资人更加完善的保护机制；另一方面，将"一锤定音"的交易定价演变为更加灵活的机制，为双方达成交易合意创造更加广阔的空间。因此，引入估值调整机制在私募股权投资等领域中被广泛运用，但其有效性在司法领域中却一直存在争议，这些争议在一定程度上也影响了证券市场监管主体对估值调整机制的态度。对此，有兴趣的读者可以结合本章延伸阅读部分的内容进行了解和研究。

第二节 投资谈判的相关条款

投资谈判是指谈判双方就某项投资活动所涉及的投资周期、投资方式、投资内容与条件、投资项目的经营与管理以及双方在投资活动中的权利、义务、责任和其他条件进行的谈判。

在私募股权投资基金中,投资谈判一般是基金管理人和被投资企业之间在股权投资方面进行的关于私募股权投资基金投资入股的一系列相关事项的磋商过程。投资谈判有的在尽职调查工作前已经逐步开展,有的是在尽职调查完成且决定投资之后开始,一直持续到投资工作正式实施。根据投资的复杂程度和双方的谈判诉求,该活动往往要进行多轮谈判。

在股权投资前主要进行的投资谈判内容包括:战略定位、投资方式、企业估值、股权比例、经营管理权、保证与违约责任等。围绕上述关键议题,投融资双方要通过谈判达成共识,形成具体的投资条款,以便约定双方的权利和义务。

投资谈判活动中经常涉及的内容和条款如下。

一、交易结构条款

投资协议应当对交易结构进行约定。交易结构即投融资双方以何种方式达成交易,主要包括投资方式、投资价格、交割安排等内容。

投资方式是交易双方应该最先确定的,因为只有投资方式确定后,后续的相关条款才能确定。投资方式包括增资扩股和股权转让两种方式。增资扩股以认购标的公司新增股份的形式进入,股权转让则是以受让标的公司现有股东所持股份的形式进入。两者在合约签订、条款内容等方面均有不同,具体如表5-7所示。

表5-7 增资扩股与股权转让区别对照

项目	增资扩股	股权转让
法律依据	《公司法》第三十四条、第一百三十三条	《公司法》第七十一条、第一百三十七条、第一百三十九条、第一百四十条
合同主体	以标的公司为合同主体	以标的公司现有股东为合同主体
交易对象	标的公司	标的公司的股东
资金对价	注册资金及公积金	股权转让款
注册资金变化	注册资本增加	注册资本不变
股东权益继承	无	继承现有股东权利义务
公司治理	一般会发生变化	并不必然发生变化

由于不同投资方式的法律关系不同,受不同法律约束,具有不同的规则。一旦发生争议,对于同一笔投资款项,不同法律关系的认定、不同规则的适用往往会出现大相径庭的结果。因此,确定投资方式时要慎重,确定投资方式后,投资协议中还需约定认购或受让的股权价格、数量、占比,以及对投资价款支付方式和办理股权登记或交割的程序(如工商

登记)、期限、责任等内容进行约定。

二、先决条件条款

先决条件是指仅当特定的条件达成后,合同一方才会履行特定行为,如交割、付款等。在签署投资协议时,标的公司及原股东可能还存在一些未落实的事项或者可能发生变化的因素。为保护投资方利益,一般会在投资协议中约定相关方落实相关事项或对可变因素进行一定的控制,以构成实施投资的前提。

先决条件条款包括但不限于以下几点。

(1) 投资协议以及与本次投资有关的法律文件均已经签署并生效。

(2) 标的公司已经获得所有必要的内部(如股东会、董事会)、第三方和政府(如须)批准或授权。全体股东知悉其在投资协议中的权利义务并无异议,同意放弃相关优先权利。

(3) 本次交易符合法律政策、交易惯例或投资方的其他合理要求。

(4) 尽职调查发现的问题得到有效解决或妥善处理。

三、承诺保证条款

在尽职调查中,对于一些难以取得客观证据的事项,或者在投资协议签署之日尚未发生,但预测可能对投资过程产生妨碍或有损投资方利益的情形,一般会在投资协议中约定由标的公司及其原股东做出承诺与保证。

承诺保证条款包括但不限于以下几点。

1. 保证主体合法

即标的公司为依法成立并有效存续的公司法人,原股东为拥有合法身份的自然人,相关主体均具有完全的民事权利能力和行为能力,具备开展其业务所需的所有必要批准、执照和许可。

2. 保证内容合法

各方签署、履行投资协议,不会违反任何法律法规的强制性规定和行业准则,不会违反公司章程,亦不会违反标的公司已签署的任何法律文件的约束。

3. 保证对拟转让的股权拥有完全的处分权

过渡期内,原股东不得转让其所持有的标的公司股权或在其上设置质押等权利负担,避免投资者因第三人追索而遭受损失。

4. 资产限制

过渡期内,标的公司不得进行利润分配或利用资本公积金转增股本。标的公司的任何资产均未设立抵押、质押、留置、司法冻结或其他权利负担。标的公司未以任何方式直接或者间接地处置其主要资产,也没有发生正常经营以外的重大债务。标的公司的经营或财务状况等方面未发生重大不利变化。

5. 保证已全面如实告知相关情况

为避免投资者进入公司后,因第三人追索公司旧债而遭受损失,可由标的公司及原股东做出承诺和保证,保证已向投资方充分、详尽、及时地披露或提供与本次交易有关的必要信息和资料,所提供的资料均是真实、有效的,没有重大遗漏、误导和虚构。原股东承担投资交割前未披露的或有税收、负债或者其他债务。

6. 确保真实准确

投资协议中所做的声明、保证及承诺在投资协议签订之日及以后均为真实、准确、完整。

四、治理结构条款

在商讨投资协议的条款时,私募股权投资机构为保护自己的合法权益,可以选择参与公司的经营管理,就公司治理的原则和措施进行约定,以规范或约束标的公司及其原股东的行为。公司治理结构条款包括股东会一票否决权和董事会一票否决权。

1. 股东会一票否决权

即投资方作为标的公司股东,在股东会相关议案表决时,必须经投资方同意才能通过。

需要注意的是,根据《公司法》的相关规定,有限责任公司股东会的表决权行使可以由公司章程规定,而股份公司的表决权是每一股份有一表决权。因此,有限责任公司股东会可以通过公司章程设置一票否决权,而股份公司股东大会不能设置一票否决权。

同时,股东会一票否决权应该设置其适用边界,不可无限扩大。在投资实务中,一般在下列情形设置一票否决权:修改公司章程及章程性文件;增加或减少公司注册资本;公司的解散、清算、分立、收购、兼并及重组或变更公司形式;公司变更经营范围;向股东进行股息分配、利润分配;股权转让;公司增加或减少董事会成员的数量;变更董事会的职权;公司为第三方提供任何保证或担保以及其他可能产生或有负债的行为。

2. 董事会一票否决权

董事会一票否决权一般是指股东在公司章程中约定,某一个或者数个董事对董事会决议的事项享有一票否决权,其本质是强调董事会决议必须经过某一个或者数个董事的一致同意,方可有效通过。

董事会一票否决权使得拥有较少股权比例的投资方在公司重大事项的表决方面拥有了"黄金一票",极大地掌握了公司决策的"主动权"。投资方可以通过委派董事实现对目标公司董事会的控制,进而实现对目标公司的控制。

需要注意的是,和股东会一票否决权类似,董事会一票否决权适用于有限责任公司,而不适用于股份公司。

五、优先权条款

优先权条款包括优先分红权、优先清算权和优先购买权。

1. 优先分红权

优先分红权是指投资者优先于普通股取得一定比例的股息分配。即为保护投资方的利益，股东之间可以约定不按持股比例分配红利，而是投资方优先分取红利或者分红比例高于其持股比例。

《公司法》第三十四条规定，股东按照实缴的出资比例分取红利。公司新增资本时，股东有权优先按照实缴的出资比例认缴出资。但是，全体股东约定不按照出资比例分取红利或者不按照出资比例优先认缴出资的除外。

《公司法》第一百六十六条规定，公司分配当年税后利润时，应当提取利润的百分之十列入公司法定公积金。公司法定公积金累计额为公司注册资本的百分之五十以上的，可以不再提取。公司的法定公积金不足以弥补以前年度亏损的，在依照前款规定提取法定公积金之前，应当先用当年利润弥补亏损。公司从税后利润中提取法定公积金后，经股东会或者股东大会决议，还可以从税后利润中提取任意公积金。公司弥补亏损和提取公积金后所余税后利润，有限责任公司依照本法第三十四条的规定分配；股份有限公司按照股东持有的股份比例分配，但股份有限公司章程规定不按持股比例分配的除外。股东会、股东大会或者董事会违反前款规定，在公司弥补亏损和提取法定公积金之前向股东分配利润的，股东必须将违反规定分配的利润退还公司。公司持有的本公司股份不得分配利润。

因此，《公司法》对优先分红权有明确适用规定。有限责任公司须全体股东同意，而股份公司须经章程规定。

2. 优先清算权

如果标的公司经营亏损最终破产清算，投资方未能及时退出，可以通过清算优先权条款减少损失。即标的公司进行清算时，优先将一定额度的财产支付给投资人，然后再分配给其他股东。应指出，我国现行法律不允许股东超出出资比例分取清算剩余财产。

《公司法》第一百八十六条规定，清算组在清理公司财产、编制资产负债表和财产清单后，应当制定清算方案，并报股东会、股东大会或者人民法院确认。公司财产在分别支付清算费用、职工的工资、社会保险费用和法定补偿金，缴纳所欠税款，清偿公司债务后的剩余财产，有限责任公司按照股东的出资比例分配，股份有限公司按照股东持有的股份比例分配。清算期间，公司存续，但不得开展与清算无关的经营活动。公司财产在未依照前款规定清偿前，不得分配给股东。

由上述规定可知，无论是有限责任公司还是股份公司，均须按出资比例或持股比例分配，无优先清算权安排。因此，只能由股东之间约定再分配补偿机制，即投资人在投资协议中要求标的公司对现有股东给予补偿。

例如，投资协议中可以约定，发生清算事件时，标的公司按照相关法律及公司章程的规定依法支付相关费用、清偿债务，按出资比例向股东分配剩余财产后，如果投资方分得的财产低于其在标的公司的累计实际投资金额，现有股东应当无条件补足；也可以约定溢价补足，溢价部分用于弥补资金成本或基础收益。

3. 优先购买权

标的公司进行股份转让时，投资方将优先对转让股份进行受让。

根据《公司法》的相关规定，有限责任公司股东之间转让及股东对外转让时，股东均有优先购买权，而股份公司并无优先受让的权利。因此，优先购买权对于有限责任公司适用，对于股份公司并不适用。

六、估值调整条款

估值调整条款又称为对赌条款，即标的公司控股股东向投资方承诺，当未能实现约定的经营指标(如净利润、主营业务收入等)，未能实现上市、挂牌或被并购等目标或是出现其他影响估值的情形(如丧失业务资质、重大违约等)时，对约定的投资价格进行调整或者提前退出。估值调整条款包括估值调整权和回购请求权。

1. 估值调整权

若标的公司的实际经营指标低于承诺的经营指标，则控股股东应当向投资方进行现金补偿，或者以等额的标的公司股权向投资方进行股权补偿。虽然这种方式保护了投资者的利益，但却可能导致标的公司的股权发生变化，以至于影响公司股权的稳定性，同时也容易引起各种各样的纠纷，因此，在上市审核中不易被监管机关认可。

中国证监会已明确表示上市时间对赌、股权对赌协议、业绩对赌协议、董事会一票否决权安排、企业清算优先受偿协议五类对赌条款为 IPO 审核禁区。

2. 回购请求权

如果在约定的期限内，标的公司的业绩达不到约定的要求，或不能实现上市、挂牌或被并购目标，投资方有权要求其他股东购买其持有的标的公司股权，以实现退出，也可以约定溢价购买，溢价部分用于弥补资金成本或基础收益。

此外，根据最高人民法院的司法判例，投资方与标的公司股东签署的对赌条款是签署方处分其各自财产的行为，不违反法律法规的禁止性规定，是当事人的真实意思表示，应当认定为有效。

但投资方与标的公司签署的对赌条款则涉及处分标的公司的财产，可能损害其他股东、债权人的利益，或导致股权不稳定和潜在争议，因而会被法院认定为无效。所以，无论是现金或股权补偿还是回购，投资方都应当与标的公司股东签署协议并向其主张权利。

七、反稀释条款

标的公司随着规模的不断扩大，往往会进行多轮融资。只要进行新一轮融资，投资者的股份就存在被稀释的可能，为了防止公司创始人自己或其他关联方通过低价注资的方式稀释股份，导致投资者的权益贬值或被淘汰出局。投资者一般会在投资协议中约定反稀释条款，包括反稀释持股比例的优先认购权条款和反稀释股权价格的最低价格条款等。

1. 优先认购权

优先认购权指公司发行新股或可转换债时，老股东可以按原先所持有股份数量的一定比例优先于他人进行认购的权利。标的公司增加注册资本时，应在召开相关股东会会议之前通知本轮投资方，并具体说明新增发股权的数量、价格以及拟认购方。本轮投资方有权但无义务按其在标的公司的持股比例以同等条件认购相应份额的新增股权。优先认购的目的是保证股份占比在后续融资时不被稀释。有限责任公司股东有权优先按照实缴的出资比例认缴出资，股份公司可以通过股东大会决议确定向原有股东发行新股的种类及数量。

2. 最低价格权

标的公司再次以任何方式引进新投资者时，应确保新投资者的投资价格不得低于本轮投资价格。如果标的公司以低于本轮投资价格进行新的融资，则本轮投资方有权要求标的公司股东无偿向其转让部分公司股权，或要求其向本轮投资方支付现金，即以股权补偿或现金补偿的方式，使本轮投资方的投资价格降低至新低价格。需要注意的是，最低价格权的约定对象应为标的公司的原股东，主要的调整方法有棘轮调整法及加权平均法。一般而言，棘轮调整法相对于加权平均法更加有利于投资方。

八、出售权条款

为了在标的公司减少或丧失投资价值的情况下实现退出，投资协议中也约定出售股权的保护性条款，包括但不限于：

1. 随售权/共同出售权

如果标的公司控股股东拟将其全部或部分股权直接或间接地出让给任何第三方，则投资方有权但无义务以相同条件及比例优先出售所持股权于此第三方。

通常投资方在标的公司为中小股东。大股东退出时，容易发生新进股东通过其控股地位损害投资方的股东权益。共同出售权的目的是与大股东的利益进行绑定，以共同出售的形式实现投资的退出。

2. 拖售权/强制出售权

如果在约定的期限内，标的公司的业绩达不到约定的要求，或是不能实现上市、挂牌或被并购目标，或是触发其他约定条件，投资方有权强制标的公司的控股股东按照投资方与第三方达成的转让价格和条件，和投资方共同向第三方转让股份。该约定可以避免在原始股东和公司管理层反对标的公司被并购时，导致股东无法退出标的公司的情形，从而保证投资者作为小股东，即使不实际经营管理企业，在其想要退出的时候，原始股东和管理团队也不得表示拒绝，必须按照其与并购方达成的并购时间、条件和价格完成并购交易。

3. 股份锁定权

在约定的期限内，标的公司的创始人股东不能转让股份或只能按照计划分期转让股份。

这主要是为了保持标的公司能够稳定运营，锁定创始人在标的公司的工作年限，避免其提前套现离场对公司的发展造成影响。

4. 限制出售权

在约定的期限内，标的公司的原股东(尤其是创始人股东)转让股份，均须取得投资人同意。其作用与股份锁定权类似。

需要注意的是，本节讨论的部分投资条款只要双方达成一致，且不违反法律法规的规定，均是具有法律效力的，但是在上市过程中可能会构成障碍。

目前有关上市的法律、法规，并未对私募股权投资中的"对赌"做出明确规定。但根据证监会对发行人的监管要求，拟上市企业的股权应该是清晰、稳定的，而对赌的存在，可能会造成公司股权结构发生重大变化，并可能导致公司实际控制人或管理层变化，给公司带来较大的不确定性。同时，现金对赌可能导致发行人上市融资后，上市公司募集到的资金被实际控制人用来偿还对私募股权投资基金的对赌资金，从而损害小股东的利益。另外，对赌中常见的盈利预测条款也与上市的目的背道而驰。基于此，监管层曾在保荐代表人培训期间明确指出五类对赌为上市审核的禁区，必须在上市前予以清理，这五类对赌具体如下。

(1) 上市时间对赌。
(2) 业绩对赌。
(3) 股权对赌。
(4) 董事会一票否决权安排。
(5) 企业清算优先受偿协议。

在申请上市时，此五类对赌安排通常会被证监会要求取消，如果不及时清理或将导致无法过会。例如，丰林木业就因未清理涉及股权转让安排的上市时间对赌协议而导致上会被否。另一家发行人江苏东光则在成功清理了股权对赌、业绩对赌、上市时间对赌等对赌协议后成功过会。

监管部门从股权以及经营的稳定性出发，不支持公司带着对赌协议申请上市，但这并不意味着对所有的对赌都要求清理。对赌若不影响公司股权以及经营的稳定性，则不必处理。例如，沈阳新松机器人自动化股份有限公司在申请上市时即带着对赌协议，但该对赌协议仅涉及投资方对管理层的激励，并未引起股权不稳定，最终顺利过会。

九、投资条款清单及范本

投资条款清单(term sheet of equity investment，TS)是私募股权投资基金投资机构与目标企业或其股东在正式签署投资协议之前，就未来的投资交易所达成的原则性约定，是一个不具有法律效应的投资意向书。

投资条款清单通常会明确私募股权投资基金投资机构对目标企业的估值、投资计划、各方的主要权利义务、投资交易的前提条件等内容。投资条款清单所列明的内容为意向性的，因此有的私募股权投资机构用《投资意向协议》《投资框架协议》《投资备忘录》等代替投资条款清单。无论何种形式或名字，其基本内容是大体相同的。投资条款清单中约定的内容不是最终生效的，一般不具有法律约束力。然而，签约方从信誉及未来发展角度考虑，都会尽量遵守。

投资条款清单签署后，如果股权投资机构对尽职调查的结果表示满意，符合约定的投资条件，同时目标企业未发生重大不利变化，私募股权投资基金投资机构与目标企业将签署正式的投资协议。投资协议通常会依据条款清单的主要内容进一步细化，基本会维持条款清单的主要内容不变。从这个意义上讲，投资条款清单虽然不具有法律约束力，但却是确定最终"投资协议"主要条款的重要依据，因此是私募股权投资基金投资业务中的重要文件之一。

投资条款清单的范本如下，所列内容为私募股权投资机构经常涉及的条款。除此之外，有的私募股权投资机构还会根据实际情况，加入排他约定(即签订条款清单后的一段时间内，标的公司不得同其他的潜在投资者接触或洽谈投资意向，也不得向第三方出售目标公司)、融资背景介绍、禁止竞价条款、限制同业竞争、知识产权保护、律师费与审计费用的分担、法律适用等内容(具体内容可根据实际情况进行调整)。

投资条款清单

甲方：××××股权投资基金管理有限公司
地址：
联系电话：
法定代表人：
乙方：目标企业股东
地址：
联系电话：
法定代表人(如有)：
丙方：目标企业
地址：
联系电话：
法定代表人：
(甲、乙、丙三方合称"协议各方")

本投资条款清单旨在初步确定甲方及甲方管理的基金对丙方之投资事宜的主要合同条款，是协议各方就清单所列问题达成的初步意向，不构成协议各方之间具有法律约束力的协议。但是，条款清单中的"保密条款"具有法律约束力。

本投资条款清单签署后，如果甲方对尽职调查的结果满意，且符合甲方的投资条件，甲方应积极履行内部审批、决策程序，推进投资事宜。协议各方应积极沟通、商谈，尽早就投资条款清单所涉内容达成最终意见,并根据最终意见协商、起草、商定正式的投资协议。

序号	事项	内容
1	保密条款	有关投资的条款、细则与补充约定,包括所有条款约定、本框架协议的存在以及相关的投资文件,均属保密信息,协议各方不得向任何第三方透露,协议各方另有约定或依法应予披露的除外。 协议各方同意,丙方有权将本清单项下的投资事宜披露给丙方的投资人、诚信的潜在投资人、银行、贷款人、员工、会计师、法律顾问、业务伙伴,但前提是,获知信息的个人或者机构已经承诺对相关信息予以保密。 协议各方同意,甲方有权将本清单项下的投资事宜披露给甲方的投资人、银行、员工,以及为甲方提供中介服务的会计师、律师。但是,甲方应要求获知信息的个人或者机构承诺对相关信息予以保密。 甲方完成对丙方的正式投资后,有权向第三方或公众透露其对丙方的投资
2	合格投资人	协议各方同意,甲方、甲方管理的基金以及与甲方具有关联关系且具备投资能力的企业,均是被协议各方认可的合格投资人,可以代表或代替甲方完成最终的投资
3	标的公司简介	营业执照号码; 公司注册地址; 主营业务
4	投资方式	甲方的本次投资为股权投资,以对丙方增资入股的方式进行
5	丙方估值	丙方估值采取市盈率法计算,协议各方同意对丙方全面稀释的投资后整体估值,按【　】年预测利润的【　】倍市盈率计算,【　】年预测税后净利润为人民币【　】亿元,丙方全面稀释的投资后整体估值为【　】亿×【　】=【　】亿元
6	投资价格与投资金额	甲方拟投资总额为人民币【　】亿元,投资完成后,甲方获得丙方投资后股权的12.5%。投资完成后,丙方注册资本增加至人民币【　】亿元,甲方投资金额中的【　】万元计入丙方注册资本,剩余【　】万元计入丙方资本公积金
7	本次投资后的股权结构	本次投资后的股权结构如下表所示: | 股东名称	股权类型	股权比例
【　】	普通股	【　】
【　】	普通股	【　】
……	普通股	【　】
投资方	优先股	12.5%
【　】	普通股	【　】
合计		100%	
8	投资款项用途	丙方应根据经批准的丙方预算和营业计划将从甲方获得的投资款项用作业务扩张、补充流动资金或投资人认可的其他用途。具体见附件《投资款项用途清单》

(续表)

序号	事项	内容
9	估值调整	如果丙方【　】年的税后净利润达到或超过人民币【　】亿元的 95%，即人民币【　】亿元，丙方全面稀释的投资后估值保持人民币【　】亿元不变。甲方投资及所获得的股权比例维持不变。 如果丙方【　】年的税后净利润低于预测利润的 95%，即低于人民币【　】亿元(不含本数)，则丙方全面稀释的投资后估值应根据以下公式调整： 全面稀释的投资后估值＝8倍市盈率×丙方【　】年实现的税后净利润 此时，甲方有权要求乙方以所持有的丙方股权，或者以货币形式进行补偿。以股权形式补偿的，补偿的股权比例={【　】亿元÷调整后的整体估值}−12.5%；以货币形式补偿的，乙方应向甲方补偿的货币金额=【　】亿−调整后的估值×12.5%。甲方取得乙方补偿，不需另行向乙方支付任何对价
10	业绩承诺与业绩补偿	乙、丙方承诺，丙方【　】年、【　】年、【　】年的净利润分别达到【　】亿元、【　】亿元、【　】亿元。 当丙方【　】年的承诺利润未实现时，按照估值调整的约定处理。当【　】年、【　】年承诺利润未实现时，甲方有权要求乙方按以下任何一种方式进行业绩补偿： 方式一：乙方应以向丙方无偿赠与方式补足丙方当年的承诺利润； 方式二：乙方增加对丙方投资，并将投资款全部计入资本公积金项下由全体股东共享，使甲方所持丙方股权对应的所有者权益与丙方实现当年承诺利润的效果等同； 方式三：乙方直接向甲方进行补偿，补偿金额的计算公式为 [甲方已投资金额×(1−当年实现利润/当年承诺利润)]
11	利润分配与留存收益的处置	自本协议签署之日起至甲方完成正式投资期间，丙方不得进行利润分配。丙方历史上的留存收益由新老股东共同享有
12	反稀释条款	若丙方发行任何新股(或可转换为股权的证券票据)，且该等新股的每百分比股权单价("新低价格")低于本投资条款清单约定的股权的每百分比股权单价，则作为一项全面估值反稀释保护措施，甲方有权以零对价进一步获得丙方发行的股权，以保障发行该等新股后甲方对其所持的丙方所有股权权益(包括本次投资所取得股权和额外股权)所支付的平均对价相当于新低价格。但是，员工持股计划下发行股权，或者丙方股权激励安排下发行股权的情况除外。 如上述方案因为我国法律规制而不可行，则甲方有权要求乙方承担前款项下的反稀释义务。乙方应以零对价向甲方转让其持有的丙方股权，以保障甲方对其持有的丙方所有股权权益所支付的平均对价相当于新低价格
13	优先认购权	本协议项下投资完成后，丙方再增加注册资本时，对新增注册资本甲方享有同等条件下的优先认购权。 但是，下列情况除外： (1) 丙方职工持股计划。 (2) 行使既有期权或增资权。 (3) 丙方公开发行股票。 (4) 与股票分拆、红利股、资本重组和类似交易相关的按比例做的调整。 (5) 其他经协议各方协商、一致同意的情况

(续表)

序号	事项	内容
14	保护性条款	丙方的下列事项，除需按丙方公司章程及《公司法》的规定进行表决外，还必须经甲方同意，方可批准、生效： (1) 支付股息、分配利润。 (2) 丙方改制、合并、分立、重大资产重组，增加或减少注册资本，解散与清算。 (3) 标的金额在人民币1000万元以上重大资产处置，包括但不限于资产售卖、抵押、质押、典当等。 (4) 对外担保或其他可能导致丙方承担大额或有负债的事项。 (5) 增加或者减少董事会、监事会的席位数。 (6) 修改公司章程。 (7) 对会计制度和政策做出重大变更。 (8) 改变公司的主营业务、市场定位，根本性改变公司的产品结构。 (9) 其他由协议各方商定的事项
15	知情权	甲方持有丙方股权期间，丙方应将下列企业信息以适当的形式提供给甲方，以使甲方了解丙方的生产经营情况及预算情况： (1) 在会计年度结束之后的90天内提供经具备从事证券相关业务资格的会计师事务所审计之后的合并财务报告和经营报告。 (2) 每财务季度结束之后的45天之内提供未审计的季度财务报告和经营报告。 (3) 在每月结束的20天内提供未审计的月度财务报告和经营月度报告。 (4) 在下一财务年度开始前的30天内提供下年度预算报告。 (5) 投资方有权查看公司的设施、账目和记录，与相关董事、管理人员、员工、会计师、法律顾问和投资银行了解及讨论公司的业务、经营和其他情况
16	共同出售权	乙方计划向任何第三方出售其持有的丙方全部或部分股权，必须先通知甲方，甲方有权以同等条件向第三方出售，乙方、丙方应优先保障甲方此项权利的实现
17	上市时间承诺	乙方、丙方承诺，丙方将在【　】年【　】月【　】日之前在中华人民共和国境内证券市场成功完成首次公开发行股票并上市。 乙方、丙方将根据法律规定，采取措施，尽量缩短甲方持有的股权在上市之后的锁定期
18	强制回购权	当出现下列任一情形时，甲方有权要求乙方以货币形式或甲方认可的其他形式，按约定的回购价格回购甲方持有的丙方股权： (1) 丙方未能在【　】年【　】月【　】日之前在中华人民共和国境内证券市场成功完成首次公开发行股票并上市； (2) 丙方连续两年未达到承诺的业绩指标； (3) 出现重大变化，致使已经或即将出现对丙方上市构成实质性障碍的情况； (4) 乙方或丙方向甲方披露的信息存在虚假、重大遗漏、误导，该等虚假、遗漏、误导的信息对丙方上市构成实质性障碍。 甲方要求乙方回购股权的回购价格按下列公式计算： $$回购价格 = 投资金额 \times (1+12\%) \times n$$ 式中，n代表投资人持有股权的时间，时间从甲方持有丙方股权的次日起开始计算，到甲方收到所有股权回购价款之日结束(n按年计算，精确到月，如两年三个月，$n=2.25$)。 甲方可以要求乙方回购全部股权，也可以要求回购部分股权；要求回购部分股权的，回购价格按比例折算

(续表)

序号	事项	内容
19	清算优先权	如发生法定或协议各方约定的清算事由,丙方进入清算程序,则清算后的公司财产,应优先向甲方分配,并优先保障甲方获得相当于投资金额×(1+20%)× n(n 代表甲方持有股权的时间,n 以年为单位,精确到月计算,如两年三个月,n=2.25)。 如果该等优先权在法律上无法实现或无法全部实现时,未实现部分由乙方向甲方补偿。 乙方对甲方享有的前述清算优先权承担连带担保责任
20	现有股东股份锁定	在完成 IPO 前,现有股东在未取得投资方的书面同意前,不得出让或转移其所持有的股权,不得以任何形式在其所持有股权上向除投资方之外的第三方设置任何形式的权利担保(包括但不限于抵押、质押等)或做出其他一切试图变相出让或转移股权的行为
21	董事会	公司董事会设【 】个董事席位,【 】个独立董事席位,投资方及其关联方有权任命【 】名董事,并提名【 】名独立董事。 以下董事会决议须至少一名投资方及关联方任命董事的同意方可通过: (1) 公司章程的修订。 (2) 变更注册资本、变更股本、变更或者扩展业务范围。 (3) 为不是子公司或者母公司的第三方提供担保。 (4) 分红策略和分红或其他资金派送。 (5) 关联方交易。 (6) 批准员工持股计划。 (7) 确定上市地点、时间和估值
22	监事会	公司监事会设【 】位监事,投资方有权任命【 】位监事
23	竞业禁止	现有股东及公司承诺,将与公司的主要管理人员及技术人员签订竞业禁止协议,约定相关人员在公司任职期间不得以任何方式从事与公司业务相竞争的业务,包括但不限于自己从事或帮助他人从事;相关人员无论因任何原因离开公司,自其离职之日起【 】年内,不得自营或在与公司有业务竞争关系的其他企业内任职或暗中帮助他人从事与公司业务相竞争的业务
24	投资的前提条件	甲方对丙方的投资,以下列条件获得全部满足为前提条件: (1) 甲方对尽职调查结果满意,且从尽职调查结果看,丙方符合甲方的投资标准。 (2) 就本协议项下事项及其他投资有关事项,本协议各方达成了最终意见。 (3) 甲方的投资已经内部有权机构审批、决策通过。依法或依企业管理规则应由上级单位或主管机关批准的,已经获得上级单位或主管机关的批准

本条款清单在【 】签署,协议一式六份,三方各执两份,具有同等法律效力。

条款清单附件共一份,即投资款项用途清单。

(以下无正文,为签署页)

甲方:

乙方:

丙方:

××××年××月××日

第三节 投资协议

一、投资协议的内容

投资协议的制定是投资决策过程中的重中之重，是投资双方权利义务的集中体现。为了获得较高的投资收益，私募股权投资基金不仅需要认真筛选项目，还需要在投资项目的过程中做好风险控制和防范。因此，要重视投资协议的作用，作为约束投融资双方的核心法律文件，它们为投资活动的风险控制和防范提供了基础及法律保障。

私募股权投资基金进入企业主要有三种方式：增资扩股、股权转让，以及二者并存。每种方式所对应的投资协议中的细则不同，其中较多的采用的是增资扩股的方法。采用增资扩股的方式签订《增资扩股协议》时，需要就投融资双方的陈述和保证、投资的前提条件、投资机构认购目标企业股权的价格和条件等几个方面内容做出明确规定。另外，对于一些附加的投资约定，如业绩承诺及补偿、优先认购权、反稀释条款等内容，则经常以《增资扩股协议之补充协议》的形式进行明确。下面提供二者的模板，供读者参考。

二、投资协议的范本

增资扩股协议

××基金管理有限公司

××实业有限公司

与

××有限责任公司

及

××高科有限公司

××科技发展有限公司

【　】年【　】月【　】日

签约地点：【　　　　】

本增资扩股协议(以下简称"本协议")由下列各方签订：
投资方：
甲方：××基金管理有限公司
注册地址：
法定代表人：
乙方：××实业有限公司
注册地址：
法定代表人：
标的公司：
××有限责任公司
注册地址：
法定代表人：
现有股东：
××高科有限公司
注册地址：
法定代表人：
××科技发展有限公司
注册地址：
法定代表人：

鉴于：
1. ××有限责任公司(以下简称"标的公司")是一家依中华人民共和国法律成立并合法存续的有限责任公司，营业执照为：【　】，住所为：【　】，现登记注册资本为人民币【　】万元，公司经营范围为：【　】。其作为本次增资扩股的标的公司，拟将注册资本由【　】万元增至【　】万元。
2. 投资方拟根据本协议的安排通过增资扩股的方式对标的公司进行投资。
3. 经投资方同意，甲方已委托【　】会计师事务所和【　】资产评估有限责任公司对标的公司截至【　】年【　】月【　】日的财务状况和资产进行了审计和评估，甲乙双方接受且同意上述审计报告和评估报告的内容、结果，同时甲方已完成了对标的公司的尽职调查工作。

根据《中华人民共和国合同法》《中华人民共和国公司法》等相关法律、法规和政策规定，经友好协商，现对标的公司增资扩股事宜共同达成如下协议。

第一条 定义
本协议中，除文意明示另有所指外，下列词语具有以下含义：

本协议	即《关于××公司增资扩股协议》及其附件
增资扩股	即本协议第三条所述双方对××公司实施增资扩股的具体方式及其操作步骤
标的公司	即"【　】公司"或者其简称"【　】公司"
各方	即甲方、乙方、标的公司及标的公司现有股东
一方	即各方中的其中任何一方
投资方	即甲方或乙方
审计机构	【　】会计师事务所
《审计报告》	即【　】会计师事务所有限公司于【　】年【　】月【　】日出具的审计报告
评估机构	即【　】资产评估有限责任公司
《资产评估报告》	即【　】资产评估有限责任公司于【　】年【　】月【　】日出具的资产评估报告
基准日	即《审计报告》及《资产评估报告》确定的审计、评估基准日,即【　】年【　】月【　】日
增资扩股后公司变更之日	即本次增资扩股完成,经有关工商行政管理部门变更登记并核发相应营业执照之日
过渡期	即自基准日至增资扩股后公司变更日的期间
元	即人民币
本协议生效之日	即本协议符合法律规定的要求和程序后,经双方法定代表人或授权代表签署并加盖各自公司公章之日
……	……

第二条　标的公司的股权结构和资产情况

2.1　标的公司增资扩股前的注册资本为人民币【　】万元,实收资本为人民币【　】万元。其增资扩股前的股本结构如下:

序号	股东名称	出资额	持股比例

2.2　根据审计机构出具的《审计报告》,截止到【　】年【　】月【　】日,标的公司的资产总额为人民币【　】万元,负债总额为人民币【　】万元,净资产为人民币【　】万元。评估机构出具的《资产评估报告》,截至【　】年【　】月【　】日,标的公司的资产评估值为人民币【　】万元,负债评估值为人民币【　】万元,净资产评估值为人民币【　】万元。

第三条　增资扩股方式及增资扩股后公司的股权结构

3.1　各方同意,公司本次全部新增注册资本【　】万元,均由投资方认购。投资方总出资额为【　】万元,获得公司【　】%股份。其中:甲方出资【　】万元认购【　】万元出资额,占增资扩股完成后公司总股本的××%;乙方出资【　】万元认购【　】万元出资额，占增资扩股完成后公司总股本的××%。

3.2 各方同意，基于各方所认可的公司的价值，投资方总出资额【 】万元高于公司新增注册资本的【 】万元部分，全部作为公司的资本公积金计入公司所有者权益。

3.3 各方同意，投资方对公司的全部出资仅用于公司及其子公司业务扩展、生产、资本性支出及与其从事业务相关的一般流动资金，不得用于偿还公司或者股东债务等其他用途，不得用于非经营性支出或者与公司主营业务不相关的其他经营性支出，也不得用于委托理财、委托贷款、期货交易等风险性投资业务。

3.4 增资扩股后的公司股本结构如下：

序号	股东名称	出资额	持股比例

第四条 新增出资的缴付及工商变更

4.1 本协议生效后，投资方应在满足本协议项下的全部条件后于【 】年【 】月【 】日前按照本协议要求将全部出资认缴完毕，汇入标的公司工商登记专用验资账户。若本协议项下的任何条件在【 】年【 】月【 】日前因任何原因未能实现，则投资方有权以书面通知的形式单方解除本协议。

4.1.1 各方同意并正式签署本协议，包括所有附件内容。

4.1.2 标的公司按照本协议的相关条款修改章程并经标的公司所有股东正式签署，该等修改和签署业经投资方以书面形式认可。除上述标的公司章程修订之外，过渡期内不得修订或重述标的公司章程。

4.1.3 本次交易取得政府部门(如需)、标的公司内部和其他第三方所有相关的同意和批准，包括但不限于标的公司董事会、股东会决议通过本协议项下的增资事宜，及前述修改后的章程或章程修正案。

4.1.4 标的公司及现有股东已经以书面形式向投资方充分、真实、完整披露标的公司的资产、负债、权益、对外担保以及与本协议有关的全部信息。

4.1.5 过渡期内，标的公司的经营管理或财务状况等方面没有发生重大的不利变化，未进行任何形式的利润分配。

4.1.6 过渡期内，标的公司未在任何资产或财产上设立或允许设立任何权利负担。标的公司没有以任何方式直接或者间接地处置其主要资产，也没有发生或承担任何重大债务(通常业务经营中的处置或负债除外)。

4.1.7 公司与所有关键员工签署了保密及不竞争协议，并与高级管理人员签署了期限不少于48个月且附带保密及竞业禁止约定的服务协议。

4.1.8 过渡期内，标的公司不得聘用或解聘任何关键员工，或提高或承诺提高其应付给其雇员的工资、薪水、补偿、奖金、激励报酬、退休金或其他福利且提高幅度在3%以上。

4.1.9　原股东在过渡期内不得转让其所持有的部分或全部标的公司份额或在其上设置质押等权利负担。

4.1.10　公司在生产、安全、劳动人事、环保、税收等方面符合法律法规要求，且公司已出具声明函。

4.1.11　公司及现有股东已经以书面形式向投资方充分、真实、完整披露公司的资产、负债、权益、对外担保以及与本协议有关的全部信息。

4.2　标的公司应在投资方支付增资对价之日后【　】个工作日内，聘请具有相关资格的会计师事务所对增资价款进行验资，并依据验资报告由标的公司向投资方签发并交付公司出资证明书。同时标的公司应于投资方支付增资对价之日后【　】个工作日内(经双方认可，该期限可以延长)在公司股东名册中分别将甲方、乙方登记为新标的公司股东，并将验资报告及其他必需相关文件向工商局提交并办理完毕本次增资的工商变更登记手续。

4.3　各方同意，本协议约定的公司工商登记专用验资账户指以下账户。

户名：

银行账号：

开户行：

各方同意，投资方按本协议约定支付完毕全部出资款后，投资方在本协议项下的出资义务即告完成。

4.4　投资方成为公司股东后，依照法律、本协议和公司章程的规定享有所有股东权利并承担相应股东义务。

4.5　若投资方中的任一方不能在上述约定时间内(以专用验资账户进账时间为准)将其认缴的出资汇入专用验资账户，应当向标的公司和其他股东承担相应责任，但不影响如约履行完毕出资义务的另一方行使股东权利，另一方也不对其违约行为承担任何责任。

4.6　如标的公司未按时办理相关验资和工商变更手续，且逾期超过【　】天仍无法办理相应的工商变更登记手续(由于政府方面原因或不可抗力的因素情形除外)，各方均有权单独或共同以书面通知的形式提出终止本协议，标的公司应无条件于本协议终止后【　】个工作日内退还投资方已经支付的全部出资款，按照银行同期贷款利率支付利息并赔偿投资方损失。公司现有股东对上述款项的返还承担连带责任。

4.7　相关办理工商变更登记或备案手续所发生的费用由公司承担。公司取得营业执照后应立即向投资方提供营业执照复印件。

第五条　增资扩股后公司治理结构

5.1　各方同意增资完成后的公司依据《中华人民共和国公司法》规定的现代企业制度规范运作，设股东会、董事会、监事会和经营管理机构。

5.2　各方同意并保证，投资完成后，公司董事会成员为【　】人，其中独立董事【　】人。各投资方有权指派【　】名投票董事及提名【　】名独立董事担任公司董事。即甲乙共可指派【　】名董事并提名【　】名独立董事。各方同意在相关股东大会上投票赞成上述投资方提名的人士出任公司董事。公司应在办理营业执照变更的同时办理董事变更手续。公司新董事会至少每半年召开一次董事会会议。

5.3 各方同意并保证，投资完成后，公司监事会由3人组成，甲方有权推荐1名，现有股东有权推荐1名，另外1名由公司职工代表出任，公司职工代表出任的监事由公司职工民主选举产生和更换。监事会主席由监事会选举通过。

5.4 各方同意并保证，所有公司董事、监事和高级管理人员的任职资格均应当符合有关法律法规的规定，不应具有对公司后续上市构成障碍的情形。当上述任何一方提名的董事、监事辞任或者被解除职务时，由提名该名董事、监事的一方继续提名继任人选，各方应保证在相关股东大会上投票赞成该等人士担任公司董事、监事。

第六条　竞业禁止

6.1 未经投资方书面同意，现有股东不得单独设立或以任何形式(包括但不限于以股东、合伙人、董事、监事、经理、职员、代理人、顾问等身份)参与设立新的生产同类产品或与公司业务相关联其他经营实体，作为管理层的公司股东不得在其他企业兼职，无论该企业从事何种业务。

6.2 现有股东和公司承诺，应促使公司关键员工及核心管理层(名单见本协议附件一)与公司签订竞业禁止协议(《竞业禁止协议》见附件二)，该等协议条款和形式应令投资方满意并且至少包括以下内容：在任职期间内不得以任何形式从事或帮助他人从事与公司形成竞争关系的任何其他业务经营活动，在离开公司【　】年内不得在与公司经营业务相关的企业任职。在任职期间不得在其他任何公司或营利性组织中兼职。

6.3 现有股东同意，如果公司上述主要管理人员和技术人员违反《竞业禁止协议》致使公司或投资方的利益受到损害的，除该等人员须赔偿公司及投资方损失外，现有股东应就公司或投资方遭受的损失承担连带赔偿责任。

第七条　知识产权

7.1 公司所拥有的知识产权清单见附件三。

7.2 现有股东和公司共同承诺并保证，除本协议另有规定之外，本协议签订之时及本协议签订之后，公司是公司名称、品牌、商标和专利、商品名称及品牌、网站名称、域名、专有技术、各种经营许可证等相关知识产权、许可权的唯一的、合法的所有权人。本协议签订之时及本协议签订之后，任何合法进行的、与公司及其产品相关的技术和市场推广均须经过公司的许可和(或)授权。

第八条　承诺与保证

8.1 本协议各方分别而非连带地声明、保证及承诺如下：

8.1.1 其拥有签订并履行本协议的全部、充分的权利与授权，并依据中国法律具有签订本协议的行为能力。

8.1.2 其保证其就本协议的签署所提供的一切文件资料均是真实、有效、完整的。

8.1.3 本协议中承担的义务是合法、有效的，其履行不会与双方承担的其他协议义务相冲突，也不会违反任何法律规定。

8.1.4　其在本协议上签字的代表,根据有效的委托书或有效的法定代表人证明书,已获得签订本协议的充分授权。

8.1.5　其已就与本次交易有关的,并需要为各方所了解和掌握的所有信息和资料,向相关方进行了充分、详尽、及时的披露,没有重大遗漏、误导和虚构。

8.2　投资方向公司及现有股东做出如下陈述和保证:投资方是合法成立的投资主体,其投资资金来源合法,具有完全的履行本协议项下的各项义务的能力。

8.3　各方同意,如因保证不实、具有误导性而导致对方受到任何损害,受损害方均有权要求保证方承担赔偿责任。其损失包括但不限于诉讼费、仲裁费、律师费、可能有的税负以及任何其他相关费用。

第九条　违约责任

9.1　本协议生效后,各方应按照本协议及全部附件、附表的规定全面、适当、及时地履行其义务及约定,若本协议的任何一方违反本协议包括全部附件、附表的约定,均构成违约。具体包括但不限于:

9.1.1　违反本协议项下的承诺和保证事项的。

9.1.2　无故提出终止本协议的。

9.1.3　其他不履行本协议约定的义务导致增资扩股目的不能实现的行为。

9.2　各方同意,除本协议另有约定之外,本协议的违约金为投资方投资总额的15%。

9.3　一旦发生违约行为,违约方应当向守约方支付违约金,并赔偿因其违约而给守约方造成的损失以及守约方为追偿损失而支付的合理费用,包括但不限于律师费、财产保全费等。

9.4　支付违约金不影响守约方要求违约方赔偿损失、继续履行协议或解除协议的权利。

第十条　不可抗力

10.1　不可抗力指任何一方无法预见的,且不可避免、不能克服的直接影响本协议履行的事件。

10.2　不可抗力事件包括但不限于自然灾害、地震、台风、水灾、火灾、战争、暴乱、流行病、政府行为、罢工、停工、停电通信失败、联网系统故障或失灵、系统故障、设备故障等。

10.3　本协议任何一方由于不可抗力不能履行全部或部分本协议义务的,根据不可抗力的影响,免除全部或部分违约责任,但应在条件允许下采取一切必要措施以减少因不可抗力造成的损失。任何一方在违约行为之后发生不可抗力情形的,不免除该方违约责任。

10.4　遇有不可抗力的一方,应于不可抗力事件发生之日起10日内将不可抗力事件以书面形式通知另一方并提交相关证明文件。

10.5　发生不可抗力的一方在不可抗力影响消除后应当继续履行本协议。

10.6　发生不可抗力事件导致本协议无法继续履行、不能实现本协议目的的,本协议任何一方均可解除本协议。对于本协议已经履行的部分,本协议双方应协商谋求合理公正的解决,并应尽所有合理的努力以减少该等不可抗力事件对履行本协议所造成的不良后果。

第十一条 保密

11.1 本协议的任何一方对于因签署和履行本协议而获得的、与本次增资扩股有关的信息应当严格保密，包括但不限于书面、实物、电子等形式的各类财务资料、资产和债权债务清单、人员信息、组织结构、各类协议、交易方案、交易过程、谈判内容、本协议各项条款等信息资料以及双方的商业秘密。未经双方一致同意，任何一方不得将秘密信息以任何方式泄漏给本协议外的其他方，也不得以任何方式向公众、媒体宣布本协议的签订和履行等情况。

11.2 因法律法规的规定、有管辖权的监管机构的要求、双方专业服务机构的工作需要或双方事先书面同意披露信息的，不被视为泄漏保密信息。

11.3 本协议解除或终止后保密条款仍然适用，不受时间限制。

11.4 本协议任何一方违反本条款的约定，应当赔偿由此给另一方造成的损失。

第十二条 协议的生效、变更与解除

12.1 本协议自各方法定代表人或授权代表签字并加盖公章之日起成立。本协议自成立之日起对各方具有约束力，各方应当各尽其职，采取有效措施促成本次增资扩股事宜。

12.2 本协议的任何修改、变更应经协议各方另行协商，并就修改、变更事项共同签署书面协议后方可生效。

12.3 除本协议另有约定外，本协议于下列情形之一发生时解除：

12.3.1 双方协商一致解除本协议。

12.3.2 不可抗力事件持续 6 个月并预计无法消除，致使本协议无法履行。

12.3.3 因一方违约，经守约方催告，在催告期限届满后违约方仍不履行的，守约方有权单方解除本协议。

12.4 本协议的解除不影响违约方依据本协议承担的违约责任以及赔偿守约方经济损失的责任。

第十三条 争议解决

13.1 本协议的效力、解释及履行均适用中华人民共和国法律。

13.2 本协议各方当事人因本协议发生的任何争议，均应首先通过友好协商的方式解决，协商不成，任一方可将争议提交中国国际经济贸易仲裁委员会，按照申请仲裁时该会现行有效的仲裁规则进行仲裁，仲裁地点在北京。仲裁裁决是终局的，对各方均有约束力。

13.3 在根据本条仲裁程序进行期间，除仲裁事项之外，本协议应在所有方面保持全部效力。除仲裁事项所涉及的义务之外，各方应继续履行其在本协议项下的义务及行使其在本协议项下的权利。

第十四条 其他

14.1 除非本协议另有规定，双方应自行支付其各自与本协议及本协议述及的文件的谈判、起草、签署和执行的有关成本和费用。有关公司增资审批、验资、审计、工商变更登记等费用由标的公司自行承担。

14.2 本协议未尽事宜，各方可另行签署补充文件，该补充文件与本协议是一个不可分割的整体，并与本协议具有同等法律效力。

14.3 除本协议另有约定外，未经甲方事先书面同意，任何一方不得让与或以其他方式转让，或声称让与其在本协议项下的全部或任何权利、权益、责任或义务。

14.4 如果本协议的任何条款被认定无效，其他条款的效力不受影响。

14.5 本协议一式【　】份，双方各持【　】份，增资扩股后公司留存【　】份，其余【　】份用于办理本协议项下所涉审批、核准、备案、登记或其他手续。各份具有同等法律效力。

14.6 本协议的附件与本协议具有同等法律效力，本协议附件包括以下文件资料。

附件一：关键员工及核心管理层名单(略);

附件二：竞业禁止协议(略);

附件三：知识产权清单(略)。

(以下无正文，下接××有限责任公司增资协议之签署页)

投资方：
××基金管理有限公司(盖章)：

法定代表人(签字)：

××实业有限公司(盖章)：

法定代表人(签字)：

标的公司：
××有限责任公司(盖章)：

法定代表人(签字)：

现有股东：
××高科有限公司(盖章)：

法定代表人(签字)：

××科技发展有限公司(盖章)：

法定代表人(签字)：

增资扩股协议之补充协议

签约方

××基金管理有限公司

××实业有限公司

与

××有限责任公司

及

××高科有限公司

××科技发展有限公司

【　】年【　】月【　】日

签约地点：【　　　　　】

本补充协议为《××有限责任公司增资扩股协议》的补充协议，由以下各方当事人于【　】年【　】月【　】日在【　】签署。

投资方：
甲方：××基金管理有限公司
注册地址：
法定代表人：
乙方：××实业有限公司
注册地址：
法定代表人：
标的公司：
××有限责任公司
注册地址：
法定代表人：
现有股东：
××高科有限公司

注册地址:
法定代表人:
××科技发展有限公司
注册地址:
法定代表人:
上述各方在平等、自愿、公平的基础上,经友好协商,于【 】年【 】月【 】日就公司增资事宜订立《××有限责任公司增资扩股协议》(以下简称"增资协议"),现就未尽事宜签订补充协议如下(以下简称"本补充协议")。

第1条 上市承诺

1.1 现有股东和公司同意在投资方增资完成后半年内启动首次公开发行股票并上市的工作,并应尽全部努力使公司在完成增资后3年内,即【 】年12月31日前,实现合格的首次公开发行股票。

1.2 不论任何主观或客观原因,若公司不能在【 】年12月31日前实现首次公开发行股票并上市,则投资方有权要求现有股东回购投资方所持有的全部公司股份。股份回购价格应按以下两者较高者确定:

(1) 按照投资方的全部出资额及自从实际缴纳出资日起至现有股东或者公司实际支付回购价款之日按年利率10%计算的利息(复利)。

(2) 回购时投资方所持有股份所对应的公司经审计的净资产。

1.3 本补充协议项下的股份回购主体为现有股东,且现有股东相互之间承担连带责任。全部股份回购款应在投资方发出书面回购要求之日起3个月内以现金形式全额支付给投资方。延迟支付的,应按照应付金额的每日千分之【 】向投资方缴纳滞纳金,如迟延超过两个月,则在滞纳金基础上另行支付应付金额的20%作为违约金。

第2条 业绩承诺及补偿

2.1 现有股东和公司承诺:公司经合格会计师事务所(由投资人和公司共同指定)依据财政部颁布的通行且适用的企业会计准则审计的扣除非经常性损益的归属母公司净利润(以下简称"承诺净利润")以【 】年、【 】年、【 】年三年合并业绩考核,即2015年、2016年、2017年归属于母公司合并承诺净利润应不低于_____万元。

2.2 各方同意,如公司【 】年、【 】年、【 】年的合计实现净利润低于【 】万元的【 】%,即_____万元,则由现有股东给予投资人相应的现金和(或)股权补偿,具体补偿方式由投资人决定。股权补偿即现有股东将应补偿的股权数量以无偿赠与或以1元名义对价(如法律法规就股权转让的最低价格另有强制性规定的,从其规定)转让给投资人的形式对投资人进行补偿。

(1) 现金补偿计算公式:补偿金额=(【 】万元-合计实现净利润数)÷【 】万元×投资人本次投资额。

(2) 股权补偿计算公式:股权补偿数量=应补偿现金金额÷本次投资前的公司估值(即

【 】万元)×本次投资前的公司注册资本。

投资方要求采取现金补偿方式的,现有股东应于【 】日前向投资方支付款项;投资方要求采取股权补偿方式的,现有股东应在每一年度审计报告出具后一个月内完成股权变更。否则,每迟延一日,现有股东应按投资方应获得补偿金额的日息【 】%计算滞纳金。

2.3 业绩补偿的豁免

如公司【 】年、【 】年、【 】年合并实现的净利润占【 】年、【 】年、【 】年合并承诺净利润【 】万元的【 】%以上(包括本数),即【 】万元以上(包括本数),则投资人同意豁免现有股东的业绩补偿义务。

第3条 公司治理

3.1 董事会

各方同意,投资方向公司完成出资后,公司董事会设【 】个董事席位,各方将根据下列约定委派董事:

3.1.1 只要投资方尚持有公司的股权,该投资方即有权指派【 】名有投票权董事;并推荐独立董事【 】名,投资方合计有权指派【 】名投票董事并推荐【 】名独立董事。

3.1.2 公司其他股东有权任命合计【 】名有投票权的董事。

3.1.3 董事会会议的最低出席人数应为【 】人,其中至少应包括一名由投资方共同任命的董事。

3.1.4 对于投资方因董事会活动而产生的一切费用,包括但不限于投资方的董事或观察员参加董事会会议的费用,公司应全部承担。

3.2 股东会及董事会决议

以下事项须经包含投资方共同同意的股东大会决议或投资方委派的董事共同同意的董事会决议后方可实施:

(1) 修订或改变投资方股权的权利和利益,或者给予其他主体任何新的权利优先权和特别权利高于或者等同于投资方股权。

(2) 出售或者发行任何股权或者债券凭证或增资权、期权、其他可购买股权或债权凭证的权利。

(3) 公司的合并、收购、资产出让、解体,设立合资实体,公司整合,与其他公司成立战略同盟以及设立子公司或间接控股子公司等事项。

(4) 超出普通业务来往范围或在12个月中交易总额超过人民币【 】万元的资产售卖、抵押、质押、租赁、典当、转移或其他处置,按照公司经营计划进行的除外。

(5) 批准或修改年度预算、经营计划、中长期发展规划、投资计划等。

(6) 参与任何与现有经营范围有重大不同的行业领域、变更公司名称或者终止任何公司业务。

(7) 将使公司总资产负债率超过【 】%的新增负债。

(8) 在 12 个月内购买交易总额超过人民币【 】万元的有形或者无形资产,或者租赁任何资产年租金超过人民币【 】万元,按照公司经营计划进行的除外。

(9) 所有的关联交易。

(10) 改变董事会结构,包括董事的任免以及董事会人数的变更。

(11) 商标、专利和非专有技术等知识产权或其使用权的对外转让、许可、授权。

(12) 公司股利分配方案。

(13) 管理层及员工股权激励计划。

(14) 公司为第三方提供的担保。

(15) 公司高级管理人员的任免。

(16) 财务顾问、会计师事务所、法律顾问的聘用和解除聘用。

(17) 公司高管层的薪酬审批。

(18) 公司章程的实质修改。

(19) 为公司董事、高管或员工提供借款或者担保。

(20) 会计政策的重大变更。

3.3 监事会

公司监事会设立【 】位监事,投资方有权共同任命【 】位监事。

3.4 财务人员

3.4.1 投资方有权共同向公司派驻一名财务总监,全权负责公司的财务工作,其职权包括但不限于监管公司资金运用、财务往来及财务决策等工作。在任何情况下,该财务经理可以调阅财务资料及其他部门相关业务资料进行账目清查、核实。

3.4.2 下列项目应经该财务总监审批后方可实施:

(1) 单笔金额高于【 】万元的资本项目或相关内容的合同,如项目或合同被拆分,则被拆分的项目或合同应当累计计算金额。

(2) 单笔金额高于【 】万元的经营性开支或合同,如该笔支出或合同被拆分,则被拆分的支出或合同应当累计计算金额。

(3) 单笔金额高于【 】万元的非经营性开支或合同,如该笔支出或合同被拆分,则被拆分的支出或合同应当累计计算金额。

(4) 单笔金额高于【 】万元的借款,如该笔借款被拆分,则被拆分的借款应当累计计算金额。

3.5 本补充协议生效后,现有股东及公司应立即召开股东大会,并督促其委派的现行董事、监事分别召开董事会会议、监事会会议,就通过上述事项做出批准决议并相应地修改公司章程。

第 4 条 投资人的其他股东权利

4.1 优先认购权:在完成 IPO 前,如果公司计划发行任何形式或种类的权益类证券或者公司增资,在同等条件下,投资方有权利但无义务按照届时在公司注册资本所占比例优先认缴注册资本增加部分。

4.2 股权变更锁定权：在完成 IPO 前，现有股东未取得投资方书面同意，不得出让或转移其所持有的股权，不得以任何形式在其所持有股权上设置任何形式的权利负担(包括但不限于抵押、质押等)或做出其他一切试图变相的出让和转移股权的行为。

4.3 优先受让权：在非 IPO 的情况下，如投资方书面同意现有股东的任一股东向除投资方之外的其他一方或几方股东出让其所持有的股权，投资方有权优先以同等价格，选择部分或全部受让该股东出让的股权。

4.4 优先出让权：在非 IPO 的情况下，如投资方书面同意现有股东的任一股东向除投资方之外的其他一方或几方股东出让其所持有的股权，投资方有权优先选择以同等条件同比例出让其股权；公司实施 IPO 方案中如果包括出售存量股权，则投资方有优先选择出售其持有股权的权利。

4.5 清算补偿权：若发生清算事件(包括但不限于公司进入清算程序、终止经营或解散；或者公司发生合并、收购或转让股票控制权而导致现有股东在续存的实体中不再拥有大多数表决权、将公司全部或者大部分资产售卖或者将公司全部或大部分知识产权进行排他性转让)，投资方有权获得不低于投资金额【　】%的投资补偿款。当公司清算分配至投资方的金额低于投资金额【　】%的补偿款时，现有股东有义务在清算完毕一个月内以其该分得的清算份额及自有资金或其他合法资金补足该差额。

4.6 反稀释条款：如公司后续融资时，新投资者根据某种协议或者安排导致其最终投资价格或者成本低于本补充协议投资方的投资价格或者成本，则投资方可要求现有股东进行相应现金补偿，补充公式为【　】。补偿之后，投资方的投资价格应与新投资者的投资价格相同。

4.7 领售权：在本次投资完成后，如公司【　】年、【　】年、【　】年合并承诺净利润未达到【　】万元，则投资方有权要求现有股东一起共同出售其持有的公司股权，现有股东应积极配合办理出售股权相关的法律手续。

4.8 知情权：只要投资方尚持有公司股权，则公司应将下列公司以及附属公司信息以投资方可接受的形式提供给投资方。

4.8.1 每会计年度结束后 90 天内提供投资方认可的会计师事务所审计的财务报告和经营报告。

4.8.2 每季度结束后 45 天之内提供未审计的季度财务报告和经营报告；每月结束后的 20 天内提供未审计的月度财务报告和月度经营报告；在下一个财务年度开始前 30 天内提供下年度预算报告。

4.8.3 投资方有权检查公司和附属公司的设施、账目和记录，与相关董事管理人员、员工、会计师、法律顾问和投资银行了解及讨论公司和附属公司的业务、经营和其他情况。

第 5 条 回购权

5.1 启动回购条件

若发生下列事项之一，则投资人有权要求现有股东以适当方式回购投资人持有的公司股权：

(1) 截至【　】年12月31日公司未能实现上市目标。

(2) 公司【　】年、【　】年、【　】年合计实现的归属于母公司净利润低于合计承诺净利润的50%。

(3) 公司被吊销营业执照或被主管机关责令停业。

(4) 公司及现有股东做出的陈述与保证和承诺在重大方面不真实、不完整或不准确。

(5) 其他根据一般常识性的、合理的以及理性的判断，因投资方受到不平等、不公正的对待等原因，继续持有公司股份将给投资方造成重大损失或无法实现投资预期的情况。

(6) 现有股东以及现有股东(如系法人股东)的股东因婚姻、继承原因导致目标公司的股权或控股股东的股份发生动荡，从而对目标公司IPO造成障碍或潜在障碍的。

5.2　回购价格的确定

如果启动回购的，则现有股东应以现金方式回购投资方所持有公司的全部股权。回购的价格为：投资方实际投资额再加上每年12%的内部收益率溢价，计算公式为

$$P = M \times (1 + 12\%)^T$$

式中，P为投资方本轮投资获得之全部股权对应的回购价格，M为实际投资额，T为自投资交割日至投资方执行选择回购权后回购款实际支付日的自然天数除以365。

5.3　回购时限及支付方式

若投资方依据本补充协议第5.1条启动回购的，现有股东按照投资方的要求在60个工作日内按照本补充协议第5.2条的计算公式向投资方支付全部股权回购价款。

逾期未支付的，则现有股东应按未支付股权回购价款总额每日万分之三的比例向投资方另行支付逾期违约金。现有股东向投资方支付股权回购价款的，则视为首先向投资方支付已产生的违约金数额，然后再支付股权回购价款。

第6条　违约责任及赔偿

除本补充协议中另有规定外，任何一方如因违背其在本补充协议项下所做的任何陈述和保证，或未能完全履行其在本补充协议项下的责任和义务，导致本补充协议无法履行或本次投资无法完成时，应负责赔偿他方因此而产生的任何和所有直接的损失、损害、责任和(或)开支。

第7条　协议效力

7.1　本补充协议作为增资协议的必要补充及整体内容的一部分，与增资协议具有同等法律效力。本补充协议未约定的内容，以增资协议的约定为准，本补充协议与增资协议约定不一致的，以本补充协议约定为准。

7.2　本补充协议约定的内容或条款部分无效的，不影响其他内容及条款的效力，也不影响增资协议的效力。本补充协议全部无效的，不影响第8条争议解决条款的效力。

7.3　各方同意，本补充协议可经各方一致书面同意后终止。

第 8 条 争议解决

8.1 本补充协议的效力、解释及履行均适用中华人民共和国法律。

8.2 因本补充协议发生的任何争议,各方均应首先通过友好协商解决,若在协商开始后 30 日内无法达成协议,任一方均可将争议提交中国国际经济贸易仲裁委员会,按照申请仲裁时该会现行有效的仲裁规则进行仲裁解决。仲裁地点应在北京。仲裁裁决是终局的,对各方均有约束力。

8.3 因争议而导致的包括但不限于仲裁费、律师费、通信费、评估费等,均应由败诉方承担。

第 9 条 其他

9.1 本补充协议自各方签字、盖章后成立并生效。

9.2 本补充协议一式【 】份,各方各执【 】份,具有同等法律效力。

(以下无正文,为《××有限责任公司增资扩股协议之补充协议》的签署页)

投资方:

××基金管理有限公司(盖章):

法定代表人(签字):

××实业有限公司(盖章):

法定代表人(签字):

标的公司:

××有限责任公司(盖章):

法定代表人(签字):

现有股东:

××高科有限公司(盖章):

法定代表人(签字):

××科技发展有限公司(盖章):

法定代表人(签字):

> **延伸阅读**
>
> **"海富案"解析**
>
> 随着我国资本市场的不断发展,估计调整机制(即"对赌协议")作为舶来品,已在私募股权投资等领域广泛运用,但是其法律效力在理论界和实务中有较多争议,甚至引起了一些法律纠纷。司法领域的争议也影响了证券市场监管部门在企业IPO过程中对对赌协议的监管态度,很长一段时间内证监会对于对赌协议基本上持"一刀切"的否定态度。在"海富案"出现后,该案的终审结果不仅对之后的司法判决提供了明确的审判思路,也成为实务界中操作对赌实践的重要参考。2019年,《全国法院民商事审判工作会议纪要》(以下简称"《会议纪要》")的发布,从更精细的角度对对赌协议有效性的问题予以了进一步明确。
>
> 苏州工业园区海富投资有限公司与甘肃世恒有色资源再利用有限公司、香港迪亚有限公司、陆波增资纠纷案,也就是俗称的"海富案"毫无疑问是最为典型的对赌争议案例。作为对业务实操影响最大,遭受质疑和分析最多的案例之一,下面对该案进行介绍。
>
> 1. 缔结良缘
>
> 苏州工业园区海富投资有限公司(以下简称"海富投资")成立于2007年9月,注册资本和实收资本皆为5000万元,张亦斌出资500万元,任法定代表人。海富投资共17位股东,主要股东为苏州市工商业联合会、苏州市青年商会。
>
> 世恒有色资源再利用公司(以下简称"世恒公司",其前身为"甘肃众星锌业有限公司")系香港迪亚有限公司(以下简称"迪亚公司")在甘肃省设立的外商独资有限公司,注册资本为384万美元。2007年10月,海富投资决定投资世恒公司,最终与世恒公司、陆波(为世恒公司法定代表人兼总经理)、迪亚公司签订合约:海富投资以现金2000万元人民币对世恒公司进行增资,增资额为现金2000万元,其中115万元计入世恒公司注册资本,1885万元计入世恒公司资本公积。增资后,世恒公司成为一家中外合资企业,其中海富投资持有3.85%股权,而迪亚公司持有96.15%股权。
>
> 同时,合约里约定了对赌条款:"约定世恒公司2008年净利润不低于3000万元人民币。否则,海富投资有权要求世恒公司予以补偿,如果世恒公司未履行补偿,海富投资有权要求迪亚公司履行补偿义务。"其中补偿部分的计算方法为:补偿金额=(1−2008年实际净利润/3000万元)×本次投资金额。
>
> 2. 对簿公堂
>
> 2008年,有色金属行业风云突变、哀鸿遍野,世恒公司也未能幸免于难。根据工商年检报告登记记载,世恒公司2008年度净利润仅为2万元。海富投资遂要求世恒公司按照业绩对赌条款约定的补偿金额补偿1998万元,世恒公司自然拒绝。海富投资一怒之下将世恒公司告上法庭,请求兰州市中级人民法院判令:世恒公司、迪亚公司、陆波向其支付协议补偿款1998万元并承担本案诉讼费及其他费用。

3. 一审判决情况

兰州市中级人民法院认为，海富投资要求世恒公司补偿的约定不符合《中华人民共和国中外合资经营企业法》第八条关于企业净利润根据合营各方注册资本的比例进行分配的规定，与《公司章程》不一致，损害了公司利益及公司债权人的利益，也违反了《公司法》的规定，据此判定对赌条款无效。鉴于《增资协议书》与合资合同不一致，海富公司要求迪亚公司承担补偿责任也被驳回。最终驳回海富投资的所有请求，并要求海富投资承担所有诉讼费用。

4. 二审判决情况

海富投资因不服兰州市中级人民法院判决向甘肃省高级人民法院提起上诉。

甘肃省高级人民法院认为，因四方当事人签订的业绩对赌条款违反了投资领域风险共担的原则，使得海富投资作为投资者不论世恒公司经营业绩如何，均能取得约定收益而不承担任何风险。参照《最高人民法院关于审理联营合同纠纷案件若干问题的解答》第四条第二项关于"企业法人、事业法人作为联营一方向联营体投资，但不参加共同经营，也不承担联营的风险责任，不论盈亏均按期收回本息，或者按期收取固定利润的，是明为联营，实为借贷，违反了有关金融法规，应当确认合同无效"的规定。海富投资除已计入世恒公司注册资本的 115 万元外，其余 1885 万元资金性质应属名为投资，实为借贷。

据此，判令世恒公司与迪亚公司应共同返还海富投资 1885 万元及占用期间的利息。世恒公司不服二审结果，上诉到最高人民法院。

5. 尘埃落定

最高人民法院经过审理认为，2009 年 12 月，海富投资向一审法院提起诉讼时的诉讼请求是请求判令世恒公司、迪亚公司、陆波向其支付协议补偿款 19 982 095 元并承担本案诉讼费用及其他费用，没有请求返还投资款。因此二审判决判令世恒公司、迪亚公司共同返还投资款及利息超出了海富投资的诉讼请求，是错误的。

海富投资与世恒公司的约定使得海富公司的投资可以取得相对固定的收益，该收益脱离了世恒公司的经营业绩，损害了公司利益和公司债权人利益，一审法院、二审法院根据《公司法》第二十条和《中华人民共和国中外合资经营企业法》第八条的规定认定《增资协议书》中的这部分条款无效是正确的。但二审法院认定海富投资 18 852 283 元的投资名为联营实为借贷，并判决世恒公司和迪亚公司向海富投资返还该笔投资款没有法律依据，应予以纠正。

《增资协议书》中并无由陆波对海富投资进行补偿的约定，海富公司请求陆波进行补偿，没有合同依据。此外，海富投资称陆波涉嫌犯罪，但没有证据证明，最高人民法院对该主张亦不予支持。但是在《增资协议书》中，迪亚公司对于海富投资的补偿承诺并不损害公司及公司债权人的利益，不违反法律法规的禁止性规定，是当事人的真实意思表示，是有效的。迪亚公司对海富投资承诺了世恒公司 2008 年的净利润目标并约定了补偿金额的计算方法。在世恒公司 2008 年的利润未达到约定目标的情况下，迪亚公司应当依约应海富投资的请求对其进行补偿。迪亚公司对海富投资请求的补偿金额及计算方法没有提出异议，最高人民法院予以确认。

据此，判令迪亚公司向海富投资支付协议补偿款 19 982 095 元，同时驳回海富投资的其他诉讼请求。

从"海富案"经历的一审、二审和再审的程序来看，对于"对赌条款"效力的认定过程也体现了司法机关对此的认知过程。在"海富案"中，最高人民法院认可了投资者与原股东之间有关业绩对赌约定条款的有效性，认为其约定并未损害公司及公司债权人的利益，亦不违反法律法规的禁止性规定，但对于标的公司直接与投资者进行业绩对赌的效力予以否定，认为其约定会损害公司和债权人利益，与《公司法》中关于公司股东不得滥用股东权利损害公司和债权人利益的法理精神不相符。

该案判决后，不仅在学术界引起了广泛的讨论，而且对后续相关对赌协议纠纷的案件具有一定程度上的指导意义，在实务界中更是被广泛理解为投资者与目标公司的股东之间的对赌有效，与目标公司之间的对赌无效，以此作为对赌协议设计和执行的标准。

本章小结

私募股权投资基金在对非上市股权进行估值时通常采用的 5 种估值方法包括参考最近融资价格法、市场乘数法、行业指标法、自由现金流折现法、净资产法。

投资谈判是指谈判双方就某项投资活动所涉及的投资周期、投资方式、投资内容与条件、投资项目的经营与管理以及双方在投资活动中的权利、义务、责任和其他条件进行的谈判。

在股权投资前主要做的投资谈判内容包括：战略定位、投资方式、企业估值、股权比例、经营管理权、保证与违约责任等。围绕上述关键议题，投融资双方要通过谈判达成共识，形成具体的投资条款，以便约定双方的权利和义务。投资谈判活动中经常涉及的内容和条款包括：交易结构条款、先决条件条款、承诺与保证条款、公司治理结构的条款、优先权条款、估值调整条款、反稀释条款、出售权条款。

投资条款清单是私募股权投资基金投资机构与目标企业或其股东在正式签署投资协议之前，就未来的投资交易所达成的原则性约定，是一个不具有法律效应的投资意向书。

投资协议的制定是投资决策过程中的重中之重，是投资双方权利义务的集中体现。为了获得较高的投资收益，私募股权投资基金不仅需要认真筛选项目，还需要在投资项目的过程中做好风险控制和防范。因此，要重视投资协议的作用，作为约束投融资双方的核心法律文件，它们为投资活动的风险控制和防范提供了基础和法律保障。

复习思考题

1. 对于某从事新材料研发和生产业务的初创企业，采用何种估值方法比较合适？
2. 投资谈判时的优先权包括哪些方面？
3. 如拟采用增资的方式投资某从事人工智能 AI 研发的未上市企业，请拟定一份投资条款清单。假设最终确定投资，请拟定一份投资协议。

第六章

私募股权投资基金的投后管理

学习提示

本章主要介绍了投后管理的概念、内容和价值；阐述了投后管理的主要模式；对我国私募股权投资基金投后管理的现状、问题等内容进行了分析；详细说明了投后管理的流程；最后对增值服务的主要内容进行了重点阐述。

第一节 投后管理概述

一、投后管理的内容

对于投后管理，既不能把它等同于投资后的风险管理，也不能把它当作投资后对被投企业的经营管理，它涵盖了投资之后私募股权投资基金对被投企业所实施的监督、控制以及所提供的各种增值服务等一系列的活动。私募股权投资基金实施投后管理的总体目标是为了规避投资风险，加速风险资本的增值过程，追求最大的投资收益。

投后管理始于投资协议的签订，止于投资的退出，是投资增值的核心所在。专业化的投后管理团队、投后管理规范与投后管理流程，是私募股权投资机构竞争力的重要体现。良好的投后管理措施将会直接反映在实际效果上，实现投资增值。所以，投后管理活动和投资活动同样重要。

投后管理工作整体上可以分为投后监管和增值服务两部分。私募股权投资机构在对被投企业的运营通过各种手段进行监控的同时也可以利用自身优势，为被投企业提供战略规划支持、完善治理结构、引荐专业人才、后续融资支持、制定发展规划等方面的增值服务。

投后管理的日常工作内容主要包括日常管理和监督、风险监控、外派人员管理、提供增值服务四大部分，具体如表 6-1 所示。

表 6-1 投资机构投后管理主要内容

项目	具体内容
日常管理和监督	(1) 财务和运营数据持续跟踪； (2) 协议的跟进； (3) 被投企业的定期评估； (4) 不定期走访； (5) 资料的收集和归档
风险监控	(1) 建立投后管理风险评价体系； (2) 风险等级划分； (3) 重点监测项目列表
外派人员管理	(1) 外派董事、监事、高级管理人员； (2) 重大事项表决
提供增值服务	战略咨询、人力资源管理、市场营销、财务管理、管理提升、投融资建议、资本运作

1. 日常管理和监督

日常管理和监督包括对被投企业财务和运营数据的持续跟踪、相关协议的跟进、对被投企业的定期评估、不定期走访、资料的收集和归档等日常管理和监督工作。

2. 风险监控

风险监控就是对项目建立投后管理风险评价体系，制定不同的风险等级，达到识别风险、及时预警的效果。风险评价体系一般包括外部环境的监测、被投企业战略实施情况、经营发展偏离情况、其他重大风险等。

3. 外派人员管理

当投资金额较大时，私募股权投资机构主要采取外派董事、监事、高级管理人员的方式加强对被投企业重大事项的管理。外派董事、监事、高级管理人员是私募股权投资机构对于重点投资企业的常规做法，而外派最多的就是董事和监事。在私募行业实践中，超过一半的机构以外派董事、监事、高级管理人员的方式进行投后管理。

4. 提供增值服务

增值服务是指私募股权投资机构向被投企业提供有价值的增值性服务。投资机构在行业内的各种资源和丰富的投资经验是其独特的核心价值，能够帮助企业获得更加广阔的发展空间。从职能上看，投资机构主要为被投企业提供战略咨询、人力资源、市场营销、财务管理、管理提升、投融资建议、资本运作等增值服务。因此，投资机构需要有具备财务、法务、人力、公关、市场等多维度知识或技能的专业人才团队。

二、投后管理的价值

投后管理是项目投资周期中重要的组成部分，也是私募股权投资基金"募、投、管、退"的四个要点之一。在完成项目尽职调查并实施投资之后直到项目退出之前都属于投后管理的范畴。投后管理阶段在整个投资过程中持续时间最长，花费的精力也最多。投后管理不仅关系被投资企业能否规范运行与发展壮大，还牵涉投资方所面临的投资风险，即能否实现投资目标，因投后管理工作没有做好导致投资失败的例子比比皆是，因此投后管理对于整个投资工作而言是不可或缺的，具有十分重要的意义和价值。

1. 监控投资风险

信息不对称是投资活动无法避免的风险，私募股权投资基金天然处于信息劣势地位，而被投企业经营者处于信息优势地位。即便是谨慎全面的尽职调查，也无法彻底消除信息不对称。在被投企业获得投资后，出于种种原因，企业经营者可能进一步强化信息不对称状态，做出损害投资人的行为，如财务造假、资本滥用、过度在职消费等。另外，在当今激烈的市场竞争环境下，外部因素也会给企业经营管理带来不确定性。

通过投后管理，可以了解企业动态，密切跟踪被投企业的经营状况，使被投资企业中的风险处于可控范围之内。在被投企业出现违反投资协议约定的行为或者经营管理中存在较大不确定性时，应及时采取有效措施，最大限度地降低投资风险，保证投资效率和资金安全。

2. 提升项目价值

大多数企业在接受投资时，财务体系、人员分配、商业模式都存在改进空间。此时，投后管理团队既是听诊号脉的医生，又是服务入微的管家，可从主观和客观两个方面，从政策、市场、管理、资金链、财务规范等多个维度协助被投企业不断完善自身。通过有效的投后管理机制，尽可能降低企业的试错成本，使企业少走弯路，保障项目能按照投资方案中的计划有序执行，提升被投项目和相关资产的价值，实现投资的保值增值。

3. 积累投资经验

通过参与相应的投后管理工作，可以帮助私募股权投资机构了解项目的实际运营情况，以作为日后选择投资项目的重要判断依据。通过投后管理，不仅可在成功的案例中学习经验、在失败的案例中吸取教训，还可进一步完善投资组合的合理性和筛选标准，提高投资成功率。

4. 增强机构软实力，提升品牌价值

深耕投后管理，也可以成为增强私募股权投资机构软实力的一种方式，有利于锻造品牌价值。投后管理的水平是衡量投资机构实力的重要标准，良好的投后管理能够增加投资机构品牌的内涵和价值。

除此之外，服务能力较强的投资机构在交易谈判时能获得较强的议价能力，获取项目能力更强。随着股权投资市场竞争的白热化，真正的优质项目并不缺乏投资机构的光顾和垂青，单纯靠资金的支持已经很难打动优质的企业方，项目获取时越来越比拼私募股权投资机构的品牌、资金实力、成功案例、资源。因而投资机构优秀的投后管理能力将成为吸引到优质项目的关键因素。

5. 反哺投前

通过投后管理过程，可以对当初投资人员的投资逻辑进行检验。对投后管理过程中发现的问题，及时地反馈给投前项目负责人，可以"复盘"投资时的逻辑是否存在疏漏，在今后考察类似项目时规避这类风险,帮助私募股权投资机构调整投资布局。在投后管理过程中,当发现某个领域或行业存在较大风险时,应及时提醒投资机构从全局角度考虑投资方向等相关问题,同时妥善处理已投项目,以此实现投资布局合理化。

三、投后管理的模式

为了提升投后管理效率、增加投后管理给被投企业带来的价值,各类投资机构进行了各种不同模式的尝试,实务中的投后管理模式具有多样性。从目前发展趋势看,我国私募股权投资机构的投后管理模式大致分为四类:"投资团队"负责制、"投后团队"负责制、"投资+投后团队"负责制和咨询公司服务模式,具体如表6-2所示。

表6-2 现有投后管理模式分类

类型	特点
"投资团队"负责制	● 谁投谁负责 ● 投前投后一体化 ● 绩效明确 ● 精力分散
"投后团队"负责制	● 专业化投后管理 ● 投后团队承担大部分投后工作 ● 完善的投后流程和制度
"投资+投后"共同负责制	● 项目独立共同负责 ● 投前、投后团队分配均衡 ● 相互独立 ● 互相配合
咨询公司服务模式	● 独立的咨询管理团队 ● 咨询公司提供专业化增值服务 ● 独立运营 ● 向企业收费

1. "投资团队"负责制

"投资团队"负责制是指项目投资团队除负责项目的开发、筛选、尽职调查和投资外,还要负责投后管理工作甚至是项目退出工作。其特点在于投资团队负责人既负责投前尽职调查和投中交易,也负责在投资完成后对其进行持续的跟踪和价值提升工作,即投资活动"一条龙"模式。这种模式通常被中小型私募股权投资机构广泛采用,是目前业界主要的投后管理操作方式。

这一模式优势在于投资团队从项目初期就开始接触企业,对企业情况更为了解,与企业实际控制人和高管团队交流沟通更为方便,可以对项目问题有针对性地进行持续跟踪和改进。同时,由于项目的经营与投资经理的绩效直接挂钩,对投资经理的投后管理工作有一定激励性。

其劣势则在于投资团队可能精于投资,但未必熟悉管理,增值服务难免力不从心,而且投资团队的主要精力在于继续寻找和选择其他项目,对前期已投企业的监控和服务可能流于形式。投后管理完全取决于投资经理的个人专业能力和职业操守,出现"投而不管"的情况非常多。随着管理项目数量增长,投后工作只能停留在基础的回访和财报收集上,难以提供更深入的建议和管理提升的支持。

2. "投后团队"负责制

"投后团队"负责制是指私募股权投资基金管理人成立专门的投后管理团队,在项目投资后开始接手被投企业的投后管理工作。这些工作不仅包括定期回访、风险监控,还包括深入洞察企业内部管理问题、广泛嫁接外部资源、制订详细计划及参与企业运营。私募股权投资基金管理人发展到一定规模且同时管理多只基金后,在被投企业关系管理、被投项目增值服务、项目退出路径选择与设计及相关中介机构协调等方面的事务越来越多,凭借个人力量难以统筹兼顾,建立专职的投后管理团队进行专业化操作成为现实需要。

"投后团队"负责制的优势在于团队能独立并持续地专注于协助已投企业在运营过程中解决各类管理难题、嫁接相关资源,使得监督检查效率提高,增值服务及时有效。劣势则在于项目在投资环节和投后环节的负责人不同,加大了被投企业与私募股权投资基金管理人的磨合成本。另外,如何解决项目业绩在投后团队与投资团队之间分配的问题,避免挫伤两个团队的工作积极性,是"投后团队"负责制模式面临的一个挑战。

3. "投资+投后团队"负责制

"投资+投后团队"负责制是指投后团队负责协调、动员资源为被投企业提供增值服务,通常不专门负责某个特定被投企业。而项目投资团队则负责具体被投企业的监督检查,以及增值服务接口工作。这种模式融合了前述两种模式的优势,有利于资源的充分利用。但却同时存在前述两种模式的缺点,即项目投资团队的精力仍要分配一部分在投后管理上,而且如何激励投后团队也是需要解决的问题。

4. 咨询公司模式

咨询公司模式是指私募股权投资基金管理人专门成立企业咨询公司为被投企业提供增值服务的方式。随着私募股权投资基金管理人的发展,其投资行业往往会从垂直领域走向多元化。被投企业因为行业间的较大差异面临不同类型的战略、业务和管理问题,因此投后管理团队的专业化程度面临巨大挑战。部分投资机构逐渐探索出一种新的外部专业化模式,即将投后管理的部分工作,尤其是管理提升任务转交给外部咨询公司,或者将投后团队分离,独立成立管理咨询公司,使其在绩效考核、费用核算与投资项目收益脱钩,转而向被投企业收费,从而形成新的合作模式。这种模式下,被投企业需要为增值服务支付额外的费用。此种模式一定程度上解决了"投资团队"负责制模式中人员不足和专业度不足的问题,也摒弃了"投后团队"负责制中投后团队与投资团队绩效考核冲突的问题,可视作相对较为成熟的解决方案。

国外大型投资机构 KKR 就成立了专门的增值服务子公司 KKR Capstone。KKR Capstone 采取全生命周期的投后管理模式,旨在帮助 KKR 所投资的企业进行管理提升和改进，是一支由世界一流的经营管理咨询人才组成的优秀内部管理咨询团队。在 KKR 完成投资资金注入后，KKR Capstone 为被投企业制定包括战略转型、绩效改善、效率提升和削减成本在内的管理计划，最终帮助被投企业提升内外部价值。总结来看，有三项关键因素促使 KKR Capstone 取得了巨大成功。

(1) 独立经营。KKR Capstone 是独立于 KKR 公司之外的业务实体，共享品牌和资源。从收入模式上看，KKR Capstone 的管理咨询费用由被投企业承担。这样的业务模式使 KKR Capstone 更独立，也使投后团队开展工作时目标导向性更强。

(2) 身兼规划和执行双重角色。KKR Capstone 有一支以专家和著名企业家组成的投后团队，该顾问团队不仅能够提供专业建议，也可以与被投企业的管理层共同工作，直接参与企业管理变革工作。

(3) 全程参与投资全周期。KKR Capstone 从尽职调查开始就全程参与企业问题的识别与改进机会的发现，并且为被投企业制订管理改进计划。在交易执行后，KKR Capstone 正式进入企业帮助改进计划的落地实施，与被投企业一起发现问题，解决问题。

第二节 投后管理的流程及要点

一、投后管理的流程

整体上来讲，投后管理可以分为准备阶段、实施阶段、退出阶段，每个阶段都有各自的工作内容和工作侧重点。投后管理的工作流程及内容如图 6-1 所示。

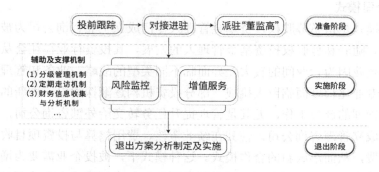

图 6-1 投后管理的工作流程及内容

(一) 准备阶段

1. 投前跟踪

当投资团队确定某个项目具有一定的投资价值，拟进行深度调研时，投资团队应与投后管理部门的专门人员进行对接。由投后管理部门指定人员参与法务调研、财务调研、投资讨论会、投资决策会、投资方案设计等工作,对项目投前进行全程跟踪直到项目投资协议的最终签订。

2. **对接进驻**

在签订正式投资协议且完成划款工作后,应及时组织召开被投企业方和投资方投后管理对接会。参会人员为投后管理小组成员和被投企业的高级管理人员,对接会主要包括以下三项内容:

(1) 投后管理人员与被投企业核心高管进行友好交流会晤。

(2) 阐述投资机构对该项目的投资理念以及投后管理的事项、流程及有关要求。

(3) 明确被投企业行政部门负责人(如董秘或者行政负责人)、财务部门负责人(如财务总监)等人员作为日常对接人,建立日常对接的长效机制。

3. **派驻董事、监事、高级管理人员等人员**

投资机构在与企业签订投资协议时,有的会约定向被投企业派驻董事、监事或高级管理人员等,以推动被投企业逐步建立完善的法人治理结构,规范企业经营决策,监督被投企业严格执行投资协议的各项约定,改善企业的管理水平。如有该约定内容,投资机构应在此阶段尽快确定派驻人选,督促被投企业完成相应人员的工商变更工作,并尽快派驻到位,开展工作。

(二) **实施阶段**

投资工作完成后,就正式进入了投后管理的具体实施阶段,此阶段的主要工作目标和内容包括两大部分:一是投资风险监控;二是投后增值服务。

1. **投资风险监控**

首先,决策管理方面,投资机构派驻人员担任被投企业董事、监事或其他代表。上述人员应出席被投企业股东会、董事会或监事会,听取审议企业的经营报告并行使权力参与企业的决策管理。具体由投后管理部门负责做好安排工作,要求被投企业提前通知会议时间、地点并提交相关会议资料,由投后管理部门牵头组织对会议资料进行讨论,所有涉及要行使表决权的议案,都要经过投资决策委员会审查决定,重大事项也要提交投资决策委员会决定。

其次,投后管理人员应定期了解项目公司的运营状况,获取其财务报表、经营数据、"三会"决议等文件,了解其资产、负债、业务、财务状况、运营、经营成果、客户关系、员工关系发展情况,对出现重大不利变化情况时,应及时向投后管理部门甚至投资决策委员会等进行汇报,并与被投公司协商解决。

投后管理人员应了解的事项包括但不限于以下内容:

(1) 月度、季度、半年度、年度的财务报表。

(2) 重大合同。

(3) 业务经营信息。
(4) 重大的投资活动和融资活动。
(5) 公司经营范围的变更。
(6) 重要管理人员的任免。
(7) 其他可能对公司生产经营、业绩、资产等产生重大影响的事宜。

2. 投后增值服务

投后管理人员应与被投企业建立双方相互沟通的长效机制，及时了解被投企业对增值服务的需求，并协调相关资源，在力所能及的范围内帮助企业发展。

鉴于增值服务内容的重要性，本书对该部分内容进行了较为详细的介绍，具体见本节第二部分。

(三) 退出阶段

基于投后管理人员对被投企业的动态跟踪管理，结合企业发展态势、市场环境变化和基金投资策略，设计出最佳的投资退出方案，并提交投资决策委员会审议。必要时可会同会计师事务所、律师事务所、评估事务所等外部机构一起完善投资退出方案。

(四) 辅助及支撑机制

辅助及支撑机制贯穿整个投后管理活动。辅助及支撑机制主要包括分级管理机制、定期走访机制、财务信息收集与分析机制、突发或重大事项处理机制、定期报告机制、公文流转及存档机制。通过上述机制，把握行业、市场、企业自身发展的变化，提出对投后事务的解决方案，实现公司投后管理工作系统性、规范性、专业性和前瞻性的目标。

1. 分级管理机制

为提升投后管理的效率和效果，可根据项目的投资规模、项目所处的行业和发展阶段、项目的经营管理水平等，将项目分为重点关注对象和一般关注对象，对两类项目实行不同的投后管理方案。

在投后管理过程中，可对项目分类进行双向调整，综合客观地进行动态分类。调整分为定期调整和特殊调整。定期调整一般每个季度调整一次。在季度投后管理会议召开时，针对被投企业的经营管理情况，确定其分类并采取相应的投后管理对策。分类标准应重点考虑被投企业所属行业情况、业务发展情况、报告期业绩、规范治理等方面情况。遇特殊情况，可进行特殊调整，如某项目发生严重突发事项或存在重大违约行为，可召开投后管理小组会议讨论将项目从一般关注对象列入重点关注对象，加强投后管理工作。

2. 定期走访机制

投后管理小组根据需要选择每月或每季度走访项目一次，走访过程中应拜访被投企业研发、生产、销售、财务等负责人，直接获取第一手的经营以及市场变化等信息，核实项目提供的财务数据、生产经营情况，并提交项目走访报告。

3. 财务信息收集与分析机制

投后管理小组应定期收集被投企业月度、季度、年度财务报表，收集时间一般分别为月度结束后的 7 天内、季度结束后的 15 天内、年度结束后的 30 天内。投后管理部门应对收集的财务信息进行分析并编写项目财务分析报告，提出改进建议，同时确认投资资金和投资收益是否按投资计划正常运转，如财务状况发生重大恶化时，应及时组织召开投后管理小组会议，商议对策，并向投资决策委员会做书面汇报。

4. 突发或重大事项处理机制

当被投企业生产经营发生重大突发事项或投资协议履行发生重大违约时，投后管理人员应立即提议并组织召开投后管理小组会议，形成处理建议向投资决策委员会报告，经投资决策委员会审核批准后执行。

5. 定期报告机制

投后管理部门可视情况定期编制相关报告呈送投资机构，供参考决策。报告一般包括投资项目竞争分析报告、项目总体运行评估报告、投后管理分析报告等，各投资机构可根据自身情况有所选择。

由投后管理小组负责每季度或每半年度提交投资项目竞争分析报告，针对项目重点分析研究国家政策变化、行业趋势变化、竞争格局变化，重点分析市场、技术变化和竞争对手变化对企业产生的重大影响，并提出建议方案。由投后管理小组负责每季度或每半年度提交项目总体运行评估报告，对项目运行实际结果与年度经营计划进行对比分析，找出偏离原因，全方位地分析反映被投企业的经营活动情况，并提出建议方案。

投后管理分析报告一般每季度提交一次，至少应包括各项目上季度投后会议关注要点落实情况反馈、各项目财务分析、评估分类变化、项目所属行业发展情况、提请本期投后关注要点等内容。

6. 公文流转及存档机制

投后管理文件主要包括如"三会"文件、信函文件、协议、合同、报告等各种公文资料。私募股权投资机构应建立完善的公文流转和存档机制，以保证公文资料的发起、呈送、审批、实施、存档等工作有章可循。

二、增值服务

与其他类型的投资基金不同，私募股权投资基金对被投企业的投资并不仅仅是资金上的支持，更关键的是在提供资金的同时利用自身优势帮助被投企业创造更大的价值，实现更长远的发展。私募股权投资机构所拥有的广泛的社会资源和管理经验正是初创期和发展期企业所迫切需要的，能够给企业带来除了资本之外的战略资源和价值的投资机构，才是企业应该优先选择的。这些增值服务贯穿于投后管理的整个环节之中。私募股权投资机构能够提供的增值服务非常广泛(见图 6-2)，以下简单介绍一些常见的增值服务内容。

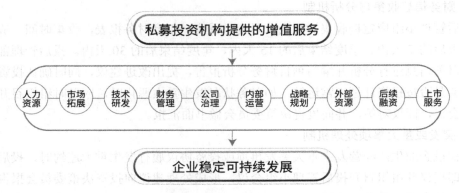

图 6-2　增值服务的主要内容

1. 帮助制定合适的发展战略

对于大多数创业公司而言，由于缺乏经验和自身实力受限，在公司起步阶段往往抱着"走一步，算一步""活下去"之类的心态，只看重眼下却忽视了整体和长远发展，对公司中长期发展战略也很难做出规划，对于企业未来的发展与竞争缺乏合理性的判断与谋划，而这也正是许多创业者所共同面临的难题。

私募股权投资基金由于其业务特点，投资项目众多，能够发现企业发展初期在战略上可能存在的问题，能够帮助被投企业制定或修正中长期发展战略，尽量避免企业在发展过程中走弯路，付出不必要的代价。

2. 提供管理咨询服务

管理咨询服务是指私募股权投资机构通过科学有效的方法对被投企业进行调研与诊断，查找管理问题，分析原因提出切实可行的解决方案，并指导方案的推行实施，从而改善企业的管理机制，提高运作效益，实现经营目标。

3. 协助规范公司治理

公司治理结构是现代企业制度的核心内容，它的合理与否是影响企业绩效的重要因素之一。良好的公司治理可以促进企业的股权结构合理化，加强企业的内部控制，降低企业的代理成本，增强企业的核心竞争力，提高企业的经营业绩，实现企业的可持续发展。对于一些处于创业初期或发展期的企业而言，其公司治理往往不够完善，这会成为企业未来前进道路上阻碍其发展的关键因素与症结。因此私募股权投资机构会审视被投企业的公司治理，并给出合理的建议与意见，帮助其逐步建立合理、规范、有效、良好的公司治理结构。

4. 规范财务管理体系

对于一些尚处于初创时期的企业，不仅在公司治理结构的管理上有所欠缺，在财务管理方面也不够完善。由于经验不足和资金匮乏等原因，往往缺乏规范严谨的财务管理理念、管理能力与高水平的管理人员，在财务管理方面有巨大的提升空间。

私募股权投资机构由于其业务特征，在财务管理方面往往具备丰富的经验与专业的能力，不仅可以为被投企业提供切实可行的建议用以完善企业内部控制制度和财务制度体系，还可以帮助被投企业引入具有较高水平的财务管理人员，帮助其建立成熟完善的现代财务管理体系。

5. 再融资服务

对于大部分的被投企业而言，其发展过程中一般都会经历不止一轮的融资，再融资对公司发展会起到非常大的推动作用。由于融资活动是专业化程度非常高的活动，需要公司高度重视。对于私募股权投资机构而言，投融资业务本就是私募股权投资机构的本源业务，因此投资机构可以利用自己在资本市场的关系网络和资源帮助被投企业引荐新的投资机构，或者帮助被投企业鉴别、筛选投资机构，甚至是充当融资财务顾问。

6. 提供资本运作指导服务

被投企业尤其是其创始人往往是自己所从事领域的专家，擅长自身相关业务的经营与发展，但在资本规划、企业上市、并购整合等方面缺乏经验。投资机构对资本市场的熟悉程度高、资本运作能力较强，因此，在为被投资企业提供资本运作增值服务方面，投资机构能够发挥更大的作用。

7. 提供人才专家等外部关系网络

私募股权投资机构长期与社会各界打交道，拥有广泛的人际关系网络，能够帮助被投企业引入各方面的专家人才，并将其融入企业之中，成为被投企业独有的竞争优势，如为被投企业招募核心技术人才、高级管理人才等。

第三节 我国私募股权投资基金投后管理的现状及问题

一、投后管理的现状

根据清科私募通数据，自2006年到2018年上半年，中国股权投资市场机构累计投资45 648笔，而退出仅16 587笔(多只基金退出一家企业按多笔统计)。即使按照每起投资案例对应一笔退出案例计算，投资机构平均仅退出1/3的投资项目，这意味着投资机构有大量的项目未实现退出，在管项目庞大，投后管理任务繁重。另外，随着国内经济增速的放缓、"资管新规"等管理办法的出台，私募股权市场也面临着募资困难、竞争加剧等问题，行业进入调整期。面对日益严峻的市场环境，提高"募、投、管、退"各方面的综合实力成为私募股权投资基金管理人获得竞争优势的关键，尤其是一直被忽视的投后管理服务更是成为机构提高自身实力的重点。

根据清科研究中心的统计，投资机构的投后管理意识已在逐渐加强。在被调研机构中，2013年时仅有16.1%的机构设置了专门的投后管理团队，而2018年该数据已达70.3%(见图6-3)。[①]

---

① 清科研究中心. 2018年中国VC/PE机构投后管理调查研究报告[R]. 北京：2018.

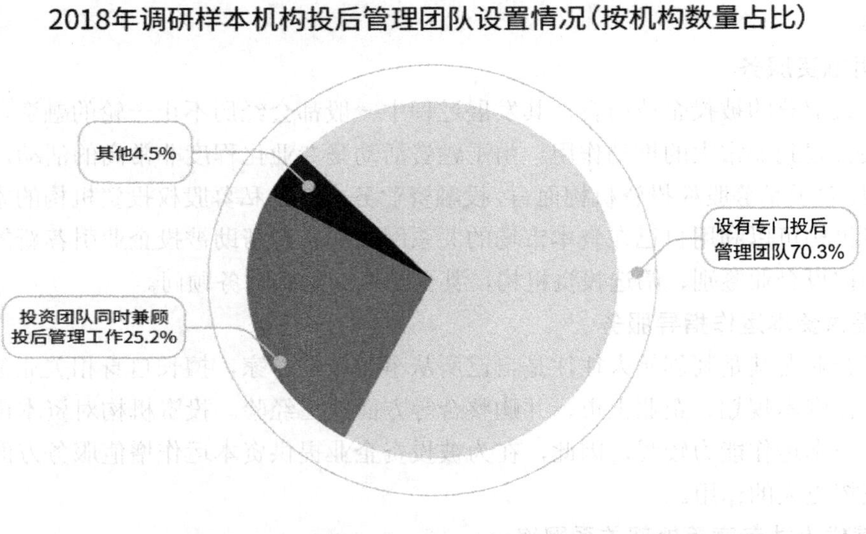

2018年调研样本机构投后管理团队设置情况（按机构数量占比）

- 其他 4.5%
- 投资团队同时兼顾投后管理工作 25.2%
- 设有专门投后管理团队 70.3%

图 6-3　2018 年调研样本机构投后管理团队设置情况

但在投后管理人员设置上，机构的投后管理人数占总体人数的比例较低。在 2018 年的调研中，投后管理人员占机构总人数 10%以内的机构占 16.7%，投后管理人员占机构总人数 11%~20%的机构占 44.0%，投后管理人员占机构总人数 21%~30%的机构占 22.6%[①]。投后管理人员人数的比重与机构的发展策略和对投后管理的重视程度息息相关，投后管理的制度越完善、内容越丰富，人员的需要越多。

以前，部分投资机构对于投后管理的定位仅仅是一个职能部门的事务，工作内容上无非包括对被投企业进行定期简单回访、行政事务跟进、业务更新汇报等，这大大低估甚至忽视了投后管理的价值。

近年来，随着私募行业的发展，各大机构也在不断调整对投后管理的认知，摸索着使投后管理充分发挥价值的道路，部分机构已经在投后管理方面取得了较大的突破。如弘毅资本内部建立专门的专家顾问/咨询团队，为被投企业提供如 ERP、人力资源管理体系等"嵌套式增值服务方案"，嵌入式投后服务也被创新工场采用。除此之外，有的机构还设立各类核心成员的专属俱乐部，试图打造升级化的已投项目服务社区。有的机构除了成立企业家俱乐部外，还建立投融资链条中各机构的战略合作联盟。例如，达晨创投与招商银行总行、诺亚财富、中信证券等 14 家机构签署战略合作协议，致力于打造一个以达晨创投为核心的中小企业金融生态平台。

---

① 清科研究中心. 2018 年中国 VC/PE 机构投后管理调查研究报告[R]. 北京：2018.

二、投后管理存在的问题

由于我国私募股权投资行业较欧美发达国家起步晚，行业还存在不少问题。作为私募股权投资的一个环节，投后管理的发展时间更短，在实践中，"重投资、轻管理；重结果、轻过程"的问题比较突出。

1. 投后管理意识相对淡薄

目前在私募股权投资行业中，"重投前、轻投后"的现象较为普遍，私募股权投资机构往往将主要精力和资源投入项目筛选、尽职调查和投资交易中，而对投资后的项目管理和增值服务并未足够重视。

2. 适应项目投后管理的人才储备不足

私募股权投资不仅对从业人员选择项目、发现项目的能力要求很高，同时也需要从业人员具有足够的企业运营经验，具有丰富的金融、法律、财务、管理等相关知识和经验，具有出色的沟通技巧和高超的谈判技巧，总之，对从业人员的综合能力要求非常高。

我国私募股权投资基金行业方兴未艾，短短数年的发展尚难以培养出既满足投资需要又满足管理需要的人才，而大量从其他行业转行进入的专业人员又需要相当时日的培训及实践才能熟悉业务，人才的匮乏直接导致基金难以提供高质量的增值服务。

此外，尽管大部分基金管理人并不否认投后管理的重要性，但在建设专门的投后管理团队时却逡巡不前。主要原因在于投后增值服务的效果存在不确定性，而投后管理团队建设的成本却很高，导致基金下大力气提高投后管理水平的主动性并不强。

3. 缺乏投后管理的经验和制度安排

即便基金管理人意识到应当加强投后管理，但鉴于整个行业都处于发展期，可借鉴的做法和案例仍然偏少。如何根据实际情况设计投后管理机制并非易事，基金管理人在这方面的制度建设往往是一片空白，导致投后管理工作存在明显的随意性。同时，由于投后管理缺乏科学的考核机制和有效的激励约束机制，如何建立专职投后管理团队，如何处理阶段性投资与专职管理的关系，如何规避管理人员的道德风险等都将影响投后管理的实际效果。

4. 私募股权投资基金与被投企业之间的磨合问题

投后管理本质上是有利于被投企业自身发展的，但很多企业家对此抱有偏见。企业家的态度往往是只欢迎资金进来，但不欢迎投资机构开展监控和参与管理。这导致私募股权投资基金管理人与被投企业因投后管理而关系紧张，相互排斥，最终不仅谈不上提供增值服务，就连本应恪守的投资合同义务也无法全面执行。

三、加强投后管理的工作重点

从投后管理的目标看，高效的投后管理要兼顾投资风险控制和被投企业发展。这两个目标又分别包含不同的管理目标和管理措施。同时，如何协调不同指标之间的冲突或差异，如何把握不同阶段的管理重点和控制重点，都将对私募股权投资基金的管理能力和动员资源的能力构成重大挑战。

1. 把投后管理作为重要考量因素

投后管理效果既取决于投资后的实际管理过程，也取决于被投企业本身的管理基础和管理特点。比如，被投企业以往的管理机制是否对管理优化构成实质性障碍，双方的管理理念和经营思路是否存在显著差异等。这些问题如果不能在投资决策阶段形成一致意见或是找到可行的解决方案，而只是单纯指望投后管理阶段进行处理，可能效果并不理想。所以在投资决策过程中，投资人在做好商业和技术性判断的同时，对投资后可能面临的管理问题也要有准确的判断，这比将来面对这些问题时仓促应对，再考虑解决方式的效果要好得多。

2. 把握阶段性管理重点

被投企业一般处于初创期或成长期，需要私募股权投资基金管理人提供的增值服务范围非常广泛。在战略制定、公司治理、财务管理、投资融资、市场拓展、人力资源、人脉关系等方面都存在着改善提高的需求，投资机构可以在自身擅长的领域为被投企业提供适当的增值服务。

一般来说，投资机构通过对特定行业的投资会获取该行业内部及其上下游的客户、供应商、相关专家等方面的信息，并保有丰富的人脉关系，从而形成以自身为轴心的行业生态组合。通过提供牵线搭桥服务协助被投企业提高经营业绩、开拓市场空间，各个企业以基金为纽带互通有无、互利互惠，充分释放协同效应，确保增值服务落到实处。

有些投资机构牵头成立企业家俱乐部或类似组织，其目的就是通过构建被投企业间交流平台的方式达到牵线搭桥的服务意图。也有些私募股权投资基金凭借人脉广泛的优势提供猎头服务，将行业内的优秀人才调配到最能实现其价值的企业，为被投企业提供人力资源方面的增值服务。

事实上，投资机构最擅长的还是投融资服务，因此其所能够提供的最核心也最有效的增值服务是为被投企业提供与资金供应相关的服务。在被投企业的再融资(包括直接融资和间接融资)过程中，投资机构可以提供联络投资者、参与融资谈判、规范被投企业财务管理、设计融资方案等专业服务，甚至以联合投资或投贷联动的方式促进后续投资人、金融机构对被投企业进行投资或融资。

3. 建立有效的沟通与合作机制，规范过程管理

一是重视与被投企业，特别是其实际控制人和管理层的沟通。尽快建立信任关系，缩短磨合期，避免沟通不畅或由于"置身事外"影响管理效果。二是按照投资协议和公司治理规则，合理、充分行使权利，帮助企业建立和规范公司的治理结构、管理流程和业务流程，强化公司的制度化和规范化管理，为投后管理提供制度保障。三是重点管理措施要具体可行。比如在信息获取权和知情权方面，投资协议要明确约定知情权的范围与提供信息的方式、期限和相关责任，避免流于形式。投资人可以要求被投企业定期送交经营报告，通过报告中的有关数据了解企业的经营信息。在实践方面，应当重点关注以下情况：管理层变动、企业家状态、财务报表重大变化、销售及订货重大变化、存货异常变动、投融资

情况、市场及行业重大信息等。

随着私募股权投资市场竞争的白热化，项目获取时越来越比拼品牌、资金实力、成功案例和资源。不少业内有识之士提出未来私募股权投资竞争的重点将在于投后管理业务，其核心在于带给项目公司的增值服务能力。在项目获取端，基于价值提升理念的投后管理及服务，更容易打造私募股权投资机构的管理特色，进而增强投资环节的项目获得能力。在项目退出端，不断提升企业价值的投后管理业务，使得企业上市成为水到渠成、顺理成章之事，并且通过对上市中介机构的遴选和协调，选择最匹配的机构、最合适的退出方式及最恰当的退出时机，会形成为资本盈利性和安全性进行双重保驾护航的效果。

"博观而约取，厚积而薄发"，在市场调整期，资本市场活跃度下降，投资机构更应注重对已投项目的管理，提升现有项目效益，实现弯道"超车"。有效的投后管理能够帮助机构监控投资风险、提升项目价值、制定退出策略、打造品牌效应，从而实现轻松募资、有效投资、适度管理、高效退出的良性循环。

本 章 小 结

投后管理是整个私募股权投资基金运作体系中非常重要的环节，其始于投资协议的签订、止于投资的退出，联系着投资与退出，是关系投资增值的核心所在。建立专业化的投后管理团队、投后管理规范与流程，是私募股权投资机构竞争的重点。

投后管理工作整体上可以分为投后监管和提供增值服务两部分。一方面私募股权投资机构对被投企业的运营通过各种手段进行必要的风险监控，另一方面可以利用私募股权投资机构的自身优势，为被投企业提供战略规划支持、完善被投企业治理结构、提升被投企业管理水平、引荐专业人员及高管、后续融资支持、资本市场发展规划及实施等方面的增值服务等一系列活动。

投后管理是项目投资周期中重要组成部分，也是私募股权投资基金"募、投、管、退"四个要点之一。投后管理对于整个投资工作而言是不可或缺的，具有十分重要的意义和价值，主要包括监控投资风险、提升项目价值、积累投资经验、增强机构软实力、提升品牌价值、反哺投前。

我国私募股权投资机构的投后管理模式大致分为四类，分别是"投资团队"负责制、"投后团队"负责制、"投资+投后团队"、咨询公司服务模式。

私募股权投资已经发展成为我国经济活动中非常重要的组成部分。但由于我国私募股权投资行业较欧美发达国家起步晚，行业还存在不少问题。主要包括：投后管理意识相对淡薄、适应项目投后管理的人才储备不足、缺乏投后管理的经验和制度安排、私募股权投资基金与被投企业之间的磨合问题。

增值服务的主要内容包括：帮助制定合适的发展战略、提供管理咨询服务、协助规范公司治理、规范财务管理体系、再融资服务、提供资本运作指导服务、提供人才专家等外部关系网络。

复习思考题

1. 请阐述投后管理的内容和价值。
2. 投后管理的主要模式包括哪些?对于处于起步期的私募股权投资基金管理人来讲,采用哪种模式比较合适?
3. 对于某拟 IPO 企业,投后管理的重点应该在哪些方面?
4. 有哪些方法可以提升私募股权投资基金管理人提供增值服务的能力?

第七章

私募股权投资基金的项目退出与基金清算

学习提示

本章介绍了私募股权投资基金投资项目退出的几种方式以及退出的相关流程；讨论了基金的管理费用和业绩报酬，重点讲述了收益分配顺序与方式；同时分析了私募股权投资基金的税收制度；最后讲述了私募股权投资基金清算流程。

第一节 常见的项目退出方式

项目退出是私募股权投资基金运营流程的最后一个环节，在基金运作中居于核心地位。所有的投前尽职调查、投资价值分析、投资谈判、协议安排、投后管理，无一不是围绕"退出"在做文章。私募股权投资基金的盈亏也主要依赖于项目退出带来的收益，因此对于私募股权投资基金退出问题应当给予高度关注。

通常，私募股权投资基金在投资时已经开始考虑并筹划项目的退出方式。目前，私募股权投资基金退出方式主要分为公开资本市场退出与非公开市场退出两大类，具体包括首次公开发行上市、借壳上市、兼并收购、挂牌转让、股权转让、股份回购和企业清算七种退出方式。

(一) 首次公开发行上市

首次公开发行上市是指企业在证券市场上第一次向公众出售股票进行公开募集资金的行为。私募股权投资基金所投资的企业可以选择境内上市和境外上市两种渠道。境内市场包括主板市场、中小板市场、创业板市场和科创板市场。境外上市包括直接境外上市和通过红筹方式上市这两类。直接境外上市是指国内公司直接在国外证券交易所申请挂牌上市交易；境外红筹股上市是指资产或者经营活动在境内，但通过在境外设立的公司发行股票并在境外证券交易所上市。

私募股权投资基金将资本投入目标企业以支持其发展，待企业上市后，私募股权投资基金在限售期满时逐步转让其所持有的目标企业股权来收回投资，实现项目退出与私募股权资本增值。

IPO 是私募股权投资基金最理想的退出方式。私募股权投资基金在我国发展至今，IPO 一直是最重要的退出渠道之一。依据清科研究中心统计数据，2018 年中国股权投资市场中 IPO 退出占比达到 37.5%。[①]

1. IPO 的优势

作为私募股权投资基金普遍偏好的退出方式，IPO 方式的优势在于以下几点。

(1) 能够让投资者获得较高的投资回报。对于投资者来说，通过 IPO 退出能使其获得较其他方式更为可观的收益，资本市场的放大效应，使得私募股权投资基金在退出时可以获得高额的回报，一般可达投资金额的几倍甚至几十倍。尤其是在股票市场整体估值水平较高的情况下，目标企业公开上市的股票价格相应较高，私募股权投资基金通过在二级市场上转让所持股份，可以获得超过预期水平的高收益。例如，2006 年 6 月同洲电子在深圳中小板上市，其投资者达晨创投等四家投资机构获得超过 20 倍的回报率。尤其是 2009 年创业板开启以来，国内私募股权投资基金开启了"暴利时代"。根据投中集团统计，2009—2011 年，国内私募股权投资基金通过 IPO 实现退出的平均账面回报率超过 7 倍，2009 年达到峰值 11.4 倍。当然，随着私募股权投资基金行业的竞争逐渐激烈以及优质企业估值持续走高，私募股权投资基金通过 IPO 方式退出获得的平均账面回报率已呈现逐渐下跌趋势，但 IPO 仍是私募股权投资基金较为理想的退出方式。

(2) 有利于提高基金管理人的声誉。目标企业 IPO 成功，实际是对私募股权投资基金资本运作能力和经营管理水平的肯定，可以提高私募股权投资基金的知名度，这会为私募股权投资基金带来无形的价值。私募股权投资基金通过 IPO 退出所获得的丰厚收益将吸引更多有着强烈投资愿望和一定资金实力的投资者前来投资，以便更好地开展下一轮私募股权投资。此外，在市场优质项目来源较为匮乏的时期，IPO 退出的成功也会扩大基金管理人在市场中的影响力，为其获得优质企业项目资源创造了条件。

(3) 有利于和谐共赢。相比于股东回购或协议转让给第三人，IPO 退出方式是实现投资者、企业管理层、目标企业自身三方利益最大化的理想途径。在投资者获得丰厚回报的同时，企业家和企业管理者所持股份也会因股市较高的市盈率而获得大幅增值，若在二级市场套现可获得巨大的经济利益。目标企业由私人企业变为公众企业，除了提升企业的知名度以外，更增强了企业资金的流动性。IPO 所募集的资金有力地保障了企业规模经济和战略发展的需要，满足了企业进一步发展和扩张的需求。企业为成功上市经历的股份制改造、完善治理结构、清理不良资产等过程，也为企业建立了良好的内部发展环境，从而对企业

---

① 清科研究中心. 2018 年中国股权投资市场回顾与展望[R]. 北京：2018.

长期发展起到积极而长远的影响。

2. IPO 的局限性

IPO 虽然具有实现私募股权投资基金和目标企业双赢的效果,但就现实情况来看,IPO 退出也存在着一定的局限。

(1) 门槛高、机会少。各国股票市场因为涉及社会公众投资者的利益,上市标准一般都比较高,监管也十分严格。拟上市企业需要满足诸如主体资格、经营年限、公司治理方面、财务指标等较高规范和要求,符合上市标准和要求的企业少之又少,基金能够发现此类企业的机会不多,并且选择成本高昂。近年来,随着私募股权投资基金数量的高速增长,资质稍好的中小企业要价涨势凶猛,基金即便幸运地发现了有上市潜力的企业,也很难获得非常高的回报率。

(2) 不确定性高、风险大。被投企业从筹划到成功上市,一般要 3~5 年时间,甚至更长。在如此之长的期间内,各种不确定因素均有可能出现,企业自身及市场行情都在不断发生变化,一旦出现突发不利事件,可能招致企业中断上市,功亏一篑。因此,各种可能发生的意外情况,都可能会影响基金的收益,甚至阻断其退出之路。例如我国 IPO 政策时常发生变动,2013 年 IPO 暂停审批期间,通过 IPO 方式退出的基金大幅下降。另外,如果基金存在突击入股的情况,必须在锁定期满后才能出售其所持股票,这对基金的盈利预测构成挑战。倘若私募股权投资基金因为审批程序和持股锁定期的耽搁未能在合适的时机转让股权变现退出,其预期收益可能无法实现,甚至可能遭受严重损失。

(二) 借壳上市

被投企业如果能够通过借壳的方式上市,作为其股东的私募股权投资基金同样能够享受与 IPO 退出方式类似的高收益。因此在 2016 年年底 IPO 审批加速前,借壳上市为众多投资机构所追捧。借壳上市相比 IPO 而言,其优势主要在于等待证监会审批的时间相对较短,而且 2016 年证监会修订有关规定前还有一些制度漏洞为投资人规避监管、炒作壳资源提供了机会。但《上市公司重大资产重组管理办法(2016 年修订)》出台后,有关借壳上市的审批规定趋于严格,之前绕过借壳上市审批标准的做法基本失灵。在证监会一方面施压壳资源炒作,另一方面加大 IPO 审批力度的双重作用下,私募股权投资基金已不再急于使目标企业通过借壳上市以方便自身实现退出。

(三) 兼并收购

兼并收购是指被投企业被其他公司兼并收购的行为,其中被上市公司收购是最为主流的收购方式。上市公司收购目标企业属于上市公司资产重组活动,上市公司收购被投企业如果构成重大资产重组,或者通过发行股份购买资产的,应当按照《上市公司重大资产重组管理办法(2016 年修订)》的规定报证监会核准并履行有关信息披露义务。通过收购活动,将目标企业"装入"上市公司,不但使目标企业实现上市目的,同时上市公司也获得了新的利润增长点。

一般而言，目标企业被收购后，由于股票市场的高溢价，会获得类似于上市的增值效果，使私募股权投资基金实现高额回报。正是基于这一优势，诞生了"上市公司+基金"这一模式。上市公司通过提供资金等方式参与私募股权投资基金，基金通过寻找、发掘、投资、培育相关项目，在符合上市公司需求后"装入"上市公司。一方面上市公司通过基金的设立放大自身的投资能力及培育或锁定潜在的并购对象，能够最大限度地提高并购效率与资金使用效率。另一方面，私募股权投资基金的管理人和其他投资者也能够从中获得巨大收益，从而实现上市公司和私募股权投资基金的双赢。

(四) 挂牌转让

挂牌转让主要发生在新三板市场。新三板市场是经国务院批准，依据《证券法》设立的全国性证券交易所，该市场主要服务于创新型、创业型、成长型的中小微企业。境内符合条件的股份公司均可通过主办券商申请挂牌，公开转让股份，进行股权融资、债权融资、资产重组等活动。

新三板对私募股权投资基金有积极的影响，成为私募股权投资基金投资退出的新渠道。私募股权投资基金投资的企业在新三板上挂牌，企业的知名度和估值有所提升，更容易获得资本投资。此时，私募股权投资基金可以通过转让等方式将所持有的股份退出。据相关数据统计，2016年我国创投共发生2001笔退出交易，退出案例数同比上升10.4%，再创市场新高。其中1230笔资本实现新三板挂牌退出，占比达61.5%。

根据清科研究中心相关数据，2018年我国股权投资市场共有2657笔退出案例，其中178笔实现新三板挂牌退出，占比6.7%。新三板退出比例出现了大幅下降，究其原因，经过近年的野蛮生长后，由于挂牌公司的质量参差不齐、政策不及预期等原因，新三板的流动性大幅下降，造成通过新三板渠道完成退出较为困难。[①]

(五) 股权转让

股权转让是私募股权投资基金在时机成熟或达到预期收益时，将目标企业的股权出售给第三方，以实现所投资资金顺利退出。随着近年来IPO门槛的逐步提高和审核趋严，通过股权转让方式会成为私募股权投资基金的重要退出渠道。

股权转让方式的优点具体如下。

1. 退出高效、周期短

相比上市漫长的排队过程和较高的标准，股权转让方式的退出程序相对简单灵活。在企业的任何发展阶段都可以实现，并且对企业自身的类型、市场规模、行业以及盈利等方面都没有要求，只要双方经过谈判协商达成一致意见即可执行。另外，股权转让没有漫长的排队上市，也没有限售期，只要在转让完成后，即可实现退出。

---

① 清科研究中心. 2018年中国股权投资市场回顾与展望[R]. 北京：2018.

2. 退出价格和回报确定

股权转让方式退出的价格由双方协定，只要股权转让完成就可以一次性退出，交易价格以及退出回报较为确定。而私募股权投资基金通过 IPO 方式退出，退出价格由市场价格决定，同时有一定期限的限售期，股价会受到市场环境、行业、宏观经济等方面因素的影响。

股权转让方式的缺点具体如下。

(1) 与 IPO 相比，私募股权投资基金通过股权转让的方式获得的收益通常远低于通过资本市场转让所获得的收益，退出成本也较高。

(2) 由于被投企业的信息披露不完善，市场上存在严重的信息不对称，私募股权投资基金难以找到合适的购买者，不但需要花时间去寻找合适的股权购买方，而且还需要选择合适的转让时机。同时由于购买方较少，缺乏市场竞争，容易造成企业价值低估。

(六) 股份回购

通常情况下，股份回购对于私募股权投资基金来讲是一种不理想的退出方式。私募股权投资协议中回购条款的设置其实是私募股权投资基金为自己变现股权留有的一个带有强制性的退出渠道，以保证当被投企业发展不及预期时，为确保私募股权投资基金已投入资本的安全性而设置的退出方式。

投资协议中的回购条款属于广义对赌条款，一般约定在被投企业的业绩未达设定的标准时由控股股东或实际控制人负责按照一定的价格收购私募股权投资基金所持股份，以确保基金按照一定的收益率回收资本；也可能同时约定，在被投企业的业绩达到某一设定标准时控股股东或实际控制人有权按照一定的价格收购基金所持部分或全部股份。

前一种回购属于被动回购，是在发生双方均不愿见到的情况后，为维护投资人利益而设定的保护性措施。其合理性在于私募股权投资基金投资时通常给予企业高额估值，原股东会因此受益，与此对等，股东应当承担其估值缩水带来的风险。

后一种回购属于主动回购，是在被投企业经营超预期时，基金通过转让一定股份给控股股东予以奖赏，甚至转让全部股份并使控股股东彻底摆脱基金的制约。主动回购的价格通常比被动回购的价格要高，体现出利益共享的原则。

无论是主动回购还是被动回购，收购人必须有足够的资金实力或融资能力，否则无法如约付款。在主动回购的情形下，由于被投企业经营向好，收购人的资金实力一般较有保障，即使缺乏资金，也可以通过担保等方式融通资金，故此时其履约能力一般没有问题。但在被动回购的情形下，由于被投企业经营不如预期，很可能陷入困境，作为控股股东的收购人此时可能既缺乏足够资金也没有融资能力以履行回购义务，因而很容易产生纠纷。

实践中，此类诉讼相当常见，要么是基金起诉要求控股股东承担违约责任，要么是控股股东起诉要求法院认定回购条款无效，导致基金陷入旷日持久的诉讼处理之中，严重危害基金的收益及其声誉。

股份回购的优点在于以下几点。

1. 交易过程简单

股份回购的一方当事人是私募股权投资基金,另一方是被投企业或其被投企业实际控制人。由于是发生在企业内部的产权转移,明晰的产权关系和合作已久的双方会使回购交易相对简便易行,能减少不必要的磨合。

2. 资本安全得到保障

当被投企业经营业绩不理想时,私募股权投资基金用股份回购的方式退出能有效地保障投入资本的安全。

3. 退出速度快

私募股权投资基金与被投企业相互熟悉,信息较为对称,调查和评估企业价值等方面的工作量较小,可以节省大量的时间和经济成本。

股权回购的缺点是私募股权投资基金收益率较低,此方式一般是私募股权投资基金退出的底线方案。在被投企业经营困难的情况下,基金的回购要求还可能遭到拒绝,最终形成诉讼。

(七) 企业清算

破产清算是指债权人无力偿还到期债务或丧失偿债能力时,依照法律规定,将债务人的全部财产公平、合理地清偿给所有债权人的一种司法程序。清算退出可能是私募股权投资基金最不愿意采取的退出方式。

在被投企业进入清算后,往往会因为资不抵债,导致没有资产可供返还基金。一旦启动清算程序,基金能够收回投资成本已经是较为理想的结果,获得保底收益基本是一种奢望。更多的时候,清算退出意味着基金将遭受部分甚至全部损失。通过清算方式退出,往往代表投资的失败,可能会引起外界对基金投资能力及市场判断力的质疑。

需要注意的是,在基金与原股东签订的投资协议及其补充协议中,一般会约定优先清算权。但优先清算权是优先股的一项权利,并非任何类型的公司股东均可享有。如果股东所持股份不属于优先股,按照《公司法》第一百八十六条的规定,"有限责任公司按照股东的出资比例分配,股份有限公司按照股东持有的股份比例分配",即清算分配属于法定事项,只能依法按股东持股比例分配,不存在股东之间可以协议变更的可能。因此,如果基金所持股份不属于优先股,则其约定的优先清算权因与法律相冲突将归于无效。

根据证监会 2014 年 3 月发布的《优先股试点管理办法》第三条规定,上市公司可以发行优先股,非上市公司可以非公开发行优先股。在基金持有这两类公司的优先股股票时,才可以优先于普通股股东优先分配剩余财产。

当然,实务中,有基金为规避优先清算权无效的风险,将优先清算义务改由控股股东或实际控制人承担,即发生被投企业清算时,控股股东所得的清算财产应当交付给基金,直至基金获得相当于投资本金及一定利息的资金为止。相当于控股股东在其清算所得范围之内为基金提供了担保。

第二节 基金费用及收益分配

一、管理费用和业绩报酬

(一) 基金管理费用

管理费用是私募股权投资基金管理人就其向投资人提供的资产管理和投资咨询服务而向投资人定期收取的费用。其目的是支付基金持续正常的运行所需的费用，以保证基金能够正常运作。通常情况下，基金管理费用是由投资者直接向基金管理人支付，是基金管理人一项重要的收入来源。管理费用包括开办费用、尽职调查费用、员工工资、差旅费、行政办公费用等有关管理基金的费用。管理费用收取时间有很多选择，虽然参照标准不同，但是时间差别不大。其中按年度收取较为普遍，也有的按照半年度或季度收取，具体以合同实际约定为准。

由于基金规模和基金投资战略的不同，管理费用的收取情况也有所不同。管理费用的收取主要会考虑以下一些因素：管理规模、管理人的以往业绩、给予管理人的业绩报酬等。

管理费用的基本计算方式为

$$管理费用 = 计算基数 \times 管理费率 \times 管理时间$$

一般来讲，计算基数和管理时间较为容易确定，投资者和基金管理人对此容易达成一致。因此，管理费用在收取上主要的考虑因素是管理费率。目前，主流的收取方式包括以下几种。

1. 一般收取方式

基金合同通常会约定基金的管理费按照出资额的一定比率计提。一般为投资者认缴出资额或实际出资额的 1.5%～2.5%。在我国，管理费率通常按投资者实际出资额的 2% 收取。这种管理费收取方式在分期募集的情况下，最初资金未全部到位之前，基金管理人收取的管理费偏少；但在出资额全部投出之后，基金管理人收取的管理费又存在偏多的情况。

2. 一次性收取方式

管理费用为投资者出资额 × 总管理费率，该管理费用在整个基金存续期间只收取一次。如某基金的总管理费率为 8%，一次性收取。

3. 分档收取方式

某些基金进行分段收取管理费的安排。如投资额在 100 万(含)至 300 万元之间的，收取 2% 的管理费；投资额 300 万(含)至 500 万元之间的，收取 1.5% 的管理费；投资额大于等于 500 万元的，收取 1% 的管理费。

4. 根据投资阶段递减的管理费

随着私募股权投资基金投资期的延续，管理费率可能逐步地减少，主要是因为在私募股权投资基金的存续期间内，基金管理人在前几年的投资、管理等事项上的付出要多于后几年的付出。如某存续期为 7 年的私募股权投资基金，在前 3 年委托期内，每年的管理费为委托资金总额的 2%，第 4 年的管理费为委托金额的 1.5%，后 3 年的管理费为委托金额的 1%。

(二) 基金业绩报酬

由于私募股权投资基金高度依赖于基金管理人的表现，而基金管理人在私募股权投资基金中的出资比例通常较低，因此以投入资本比例分享投资收益的方式对私募股权投资基金来说并不适用。基于此，便产生了基金业绩报酬这一机制，以激励基金管理人为投资者谋求最大利益。

基金业绩报酬是指依据基金业绩表现，基金管理人按照基金合同规定的计算方式以一定比例获得的提成收入，这一比例通常为 20%。基金业绩报酬产生的目的在于激励基金管理人更努力地运作和管理基金，为投资者获取更多的投资收益。

就计提比例而言，有的管理人在基金合同中约定单一的计提比例，如年化收益超过 10% 的，管理人分取超额收益的 20% 作为业绩报酬。此外，有的则根据收益率的不同，约定了分档次的计提比例。如某私募股权投资基金的超额分配方案如表 7-1 所示。

表 7-1 超额分配方案表

序号	年化收益率/R	业绩报酬提取比例(以超额收益部分为计算基数)
1	R<8%	不提取
2	8%≤R≤10%	10%
3	10%≤R<12%	15%
4	R≥12%	20%

二、基金收益的分配方式

根据是否先满足投资人的出资及一定比例的收益可将基金收益分配方式分为全退再分和逐笔分配方式这两种。

(一) 全退再分方式

全退再分方式是指基金所投全部项目退出之后，基金才能对所得收益进行分配。因基金的存续期一般为 5~7 年甚至更长，所以投资人一般需要等待较长的时间才能获得回报，这需要投资人对投资回报有一个合理的心理预期。同时，由于基金管理团队无法提前拿到收益，因此该分配模式可以对基金管理团队的稳定性、尽职性起到较好的维护作用。

值得说明的是，全退再分方式还有一种特殊的分配方式，就是优先返还出资人全部出资及优先回报，即私募股权投资基金投后退出的资金应首先返还全体合伙人的出资和有限合伙人的优先收益分配，直到全体合伙人收回全部出资和有限合伙人得到优先的收益分配后，普通合伙人(一般为私募股权投资基金管理人)才可以进行收益分配。

(二) 逐笔分配方式

私募股权投资基金的另一种分配方式是逐笔分配方式，也称项目分配，是指基金每退出一个项目，就将所得的投资款项及收益在普通合伙人与有限合伙人之间进行分配。

与全退再分方式相比，逐笔分配对基金管理人有明显的优势。基金每退出一个项目，基金管理人都可以参与收益分配。假设某基金共投资了 8 个项目，只有 2 个项目投资成功，基金总体处于亏损状态。此时，投资者没有完全收回本金，而基金管理人仍然可以从投资成功的那两个项目中获得基金业绩报酬。与此相比，如果采用全退再分方式，由于基金总体亏损，基金管理人便无法取得基金业绩报酬。因此，逐笔分配方式对基金管理人有利，对其他投资者不利。

由于存在上述问题，因此在实务中，采用逐笔分配方式时，通常会引入"钩回条款"。"钩回条款"也称"回拨条款"，是指逐笔分配的方式下，投资项目完全退出后，即基金清算时，在投资者不能完全收回资金，没有得到全部优先回报和收益分配比例不符合基金合同约定比例的情况下，对已经分配的收益进行重新计算，以避免投资者无法获得应得回报时基金管理人得到超额的提成收入，这时基金管理人应将获得的基金业绩报酬返还给投资者，直到满足投资者的利益。

三、基金收益的分配顺序

私募股权投资基金的收入主要来源于所投资企业分配的红利以及实现项目退出后的资本利得。私募股权投资基金的收益分配主要是在基金投资者和基金管理人之间进行。

为了使基金投资者与基金管理人的利益达成一致，私募股权投资基金一般采用以下分配顺序：基金的收入扣除基金所承担的各种费用和税收之后，首先返还投资者的投资本金。在上述分配完成后资金有剩余的情况下，按照投资者的实际出资额和规定的优先收益率支付投资者的优先收益。在上述分配完成后资金仍有剩余的情况下，剩余的所有资金按照基金合同约定的比例(通常为 2∶8)在基金管理人和投资者之间进行分配。

延伸阅读

基金收益分配案例

(600623)华谊集团：下属子公司关于投资股权投资基金的公告

(一) 管理费

在投资期内，华铎基金每年向上海华麟支付的基金管理费为实缴出资额的 2%。

在退出期内，华铎基金每年向上海华麟支付的基金管理费为届时尚未退出的投资项目投资本金的 1.5%。

(二) 合伙企业的收益分配、亏损分担

华铎基金的项目投资收入按投资项目退出时点进行分配，具体分配顺序如下：

(1) 支付应交税费、营运费、管理费等应由合伙企业承担的费用以及偿还执行事务合伙人执行合伙事务中为合伙企业代垫的费用。

(2) 返还出资：返还已退出项目投资本金对应的各合伙人的实缴出资额。

(3) 门槛收益：向有限合伙人支付门槛收益，以退出项目的投资本金乘以年化单利7%计算，并按照有限合伙人实缴出资的相应比例分配。

(4) 补提收益：向普通合伙人支付补提收益，按上述第(3)项计算的门槛收益的25%计算。

(5) 超额收益分成：项目投资收入用于支付或计提上述第(1)~(4)项后的剩余部分，20%分配给普通合伙人，80%按照有限合伙人实际出资份额的相应比例进行分配。

(6) 如果项目收入按上述顺序分配时遇到不足以支付(1)、(2)、(3)序列的情况，则该序列之后的所有序列不再分配。

华铎基金的经营亏损由合伙企业财产弥补。合伙企业出现亏损时，由各合伙人根据其实缴出资额的比例分担，超出合伙企业总实缴出资额的部分(如有)，由普通合伙人承担无限连带责任。

第三节 基金的税收

一、我国私募股权投资基金的税制

私募股权投资基金的组织形式有公司型、有限合伙型以及契约型，不同组织形式的私募股权投资基金的税收政策及优惠政策也有所不同。下面从私募股权投资基金的基金、基金投资者以及基金管理人三个层面进行分析不同组织形式下私募股权投资基金的税收制度。

为了便于分析，收入类型以居民纳税人的股息、红利收入与股权转让所得为主，税负限于流转税与所得税(含个人所得税及企业所得税)。

(一) 私募股权投资基金层面

对私募股权投资基金而言，其收入来源大体分为三个方面：股权转让退出时产生的收益、被投企业分配的股息红利、闲置资金购买国债等获得的理财收益。

1. 公司型私募股权投资基金税负(见表7-2)

表7-2 公司型私募股权投资基金税负

收入类型税收	增值税	所得税
股息红利(项目股息、分红收入)	不计缴	免税
项目退出收入通过并购或回购非上市公司股权转让方式退出	不计缴	按照基金企业的所得税税率，缴纳企业所得税，该税率一般是25%
通过二级市场退出	计缴	按照基金企业的所得税税率，缴纳企业所得税，该税率一般是25%

2. 有限合伙型私募股权投资基金税负(见表 7-3)

表 7-3　有限合伙型私募股权投资基金税负

收入类型税收	增值税	所得税
股息红利(项目股息、分红收入)	不计缴	不计缴
项目退出收入通过并购或回购非上市公司股权转让方式退出	不计缴	不计缴
通过二级市场退出	计缴	不计缴

对有限合伙型股权基金而言，根据《合伙企业法》第六条规定："合伙企业的生产经营所得和其他所得，按照国家有关税收规定，由合伙人分别缴纳所得税。"同时，《企业所得税法》第一条第二款规定"个人独资企业、合伙企业不适用本法"。故合伙企业在所得税层面上属于税收透明体，本身不缴纳企业所得税。另外，财税〔2008〕159 号第二、三条规定："合伙企业以每一个合伙人为纳税义务人，合伙企业经营所得和其他所得采取先分后税的原则。"因此，在基金层面有限合伙型私募股权投资基金不缴纳所得税。

3. 契约型股权基金税负

由于契约型基金不存在实体，因此在基金层面不缴税。

(二) 私募股权投资基金投资者层面

私募股权投资基金投资者可分为自然人与法人两种。基金将从被投资企业分得的股息红利、股权转让所得等收入再分配给投资者时，投资者需缴纳个人所得税或企业所得税。不同组织形式私募股权投资基金投资者层面税负如表 7-4 所示。

对于有限合伙型私募股权投资基金的法人合伙人从基金分得的股权转让所得，是否可以按照《企业所得税法》第二十六条享受免税政策，存在不同的理解。一般来讲，根据《企业所得税法实施条例》第八十三条规定，免税的股息、红利等权益性投资收益，仅限于居民企业直接投资于其他居民企业取得的投资收益。基金法人合伙人从基金分得的该等收入，显然不是因其直接投资于"其他居民企业"而取得，因此需按 25%的税率缴纳企业所得税。

表 7-4　不同组织形式私募股权投资基金投资者层面税负

基金组织形式	自然人投资者		法人投资者	
	股息、红利	股权转让所得	股息、红利	股权转让所得
公司型	一般为 20%税率。根据《个人所得税法》第五条规定,基金将从被投资企业分得收入再分配给投资者,对投资者而言均属"股息红利",按股息、红利所得税率 20%计缴		免税。根据《企业所得税法》第二十六条规定,符合条件的居民企业之间股息、红利等权益性投资收益免税	按25%企业所得税税率缴纳。在实际执行中,部分地区有特殊减免政策,部分地区有地方税收返还

(续表)

基金组织形式	自然人投资者		法人投资者	
	股息、红利	股权转让所得	股息、红利	股权转让所得
有限合伙型	根据《国家税务总局〈关于个人独资企业和合伙企业投资者征收个人所得税的规定〉执行口径的通知》〔2001〕84号文件第二条规定，个人独资企业和合伙企业对外投资分回的利息或者股息、红利，不并入企业的收入，而应单独作为投资者个人取得的利息、股息、红利所得，按"利息、股息、红利所得"应税项目计算缴纳个人所得税。故在合伙型基金基本结构中，有限合伙基金取得并分配给自然人投资者的投资收益，不并入合伙企业的经营收入，而是穿透缴纳个人所得税，通常是股息、红利的个人所得税率是20%	对于有限合伙型私募股权投资基金转让所持有的项目公司的股权所取得的股权转让所得，不同的地方适用和执行的政策有所差异。一般按照投资者个人的"生产、经营所得"，适用5%~35%的超额累进税率，计缴个人所得税	有限合伙人为法人或其他组织，两类收入均作为企业所得税应税收入，计缴企业所得税。该税率一般为25%。通常情况下，普通合伙人一般为公司法人，如果普通合伙人同时担任基金管理人，其收入大致包括两类：按投资额分得股息红利和股权转让所得、基金的管理费和业绩报酬，按照现行税务机关的规定，均应作为企业所得税应税收入，计缴企业所得税	
契约型	《证券投资基金法》第八条规定："基金财产投资的相关税收，由基金份额持有人承担，基金管理人或者其他扣缴义务人按照国家有关税收征收的规定代扣代缴。"但进行股权投资业务的契约型股权投资基金的税收政策有待进一步明确。在实务中，对自然人投资者所得按照20%的个人所得税税率执行，对法人投资者按照25%的企业所得税税率执行			

(三) 私募股权投资基金管理人层面

根据《证券投资基金法》第十二条规定，基金管理人包括公司及合伙企业两类。基金管理人的收入通常包括管理费、咨询费及超额投资收益等，所涉税负为增值税与所得税。基金管理人层面的税负如表7-5所示。

表7-5 基金管理人层面的税负

基金管理人税负		管理费	咨询费	超额收益
公司型	增值税	6%	6%	归类为投资收益，不缴纳增值税；归类为服务或劳务，按6%缴纳增值税
	所得税	所有收入扣除成本、费用后按25%缴纳企业所得税		
有限合伙型	增值税	6%	6%	归类为投资收益，不缴纳增值税；归类为服务或劳务，按6%缴纳增值税
	所得税	有限合伙型基金管理人层面不产生所得税		

注：以上增值税率小规模纳税人为3%。

这里需要特别说明的是，对于基金管理人参与超额收益分配所取得的收入，各个企业在会计处理上的方法不同，可能会对该收入的性质产生影响，若能体现投资收益的特征，则不缴纳增值税。

二、我国税收优惠政策简介

长期以来，包括创投基金在内的私募股权投资基金税收政策是否清晰稳定，各地征管标准是否一致，是否符合投资基金运作特征，是关系私募股权投资基金募资、投资、退出的关键问题，甚至会影响投资人的投资信心，进而影响企业稳定经营。

鉴于私募股权投资基金对于企业成长、经济发展以及科技创新有巨大的促进作用，因此国家和地方对于私募股权投资基金的税收推出了诸多优惠政策，以促进私募股权投资基金行业的发展。下面对相关税收优惠政策进行简单的梳理和介绍。

(一) 全国性税收优惠政策

全国层面税收优惠政策一般仅限于创业投资企业。2009年4月，国家税务总局发布《关于实施创业投资企业所得税优惠问题的通知》(国税发〔2009〕87号，以下简称"国税发87号文")。该通知规定，创业投资企业采取股权投资方式投资于未上市的中小高新技术企业2年(24个月)以上，且符合条件的，可以按照其对中小高新技术企业投资额的70%，在股权持有满2年的当年抵扣该创业投资企业的应纳税所得额，当年不足抵扣的，可以在以后纳税年度结转抵扣。

提及的条件是指以下几种情况。

(1) 经营范围符合《创业投资企业管理暂行办法》(第39号令)的规定，且工商登记为"创业投资有限责任公司""创业投资股份有限公司"等专业性法人创业投资企业。

(2) 按照39号令规定的条件和程序完成备案，经备案管理部门年度检查核实，投资运作符合39号令的有关规定。

(3) 创业投资企业投资的中小高新技术企业，除应按科技部等部委有关规定通过高新技术企业认定以外，还应符合职工人数不超过500人，年销售(营业)额不超过2亿元，资产总额不超过2亿元的条件。

"国税发87号文"规定享受优惠政策的创业投资企业仅限于公司型企业，使得大量以有限合伙型形式存在的创业投资企业无从享受该等优惠政策。此后国家税务总局分别在中关村工业园区和苏州工业园区专门针对有限合伙型创业投资企业的税收优惠措施制定了试点政策，即《关于中关村国家自主创新示范区有限合伙型创业投资企业法人合伙人企业所得税试点政策的通知》(财税〔2013〕71号)、《关于苏州工业园区有限合伙型创业投资企业法人合伙人企业所得税试点政策的通知》(财税〔2012〕67号)。两项通知均明确规定有限合伙型创投企业的法人合伙人可以对创投企业所投资的未上市中小高新技术企业投资额的70%，抵扣该法人合伙人从该创投企业分得的应纳税所得额，当年不足抵扣的，可以在以后纳税年度结转抵扣。

经过两年多试点后，国家税务总局出台《关于将国家自主创新示范区有关税收试点政策推广到全国范围实施的通知》(财税〔2015〕116号)及《关于有限合伙型创业投资企业法人合伙人企业所得税有关问题的公告》(2015年第81号)。规定自2015年10月1日起，全国范围内的有限合伙型创投企业采取股权投资方式投资于未上市的中小高新技术企业满2年(24个月)的，该有限合伙型创投企业的法人合伙人可按照其对未上市中小高新技术企业投资额的70%抵扣该法人合伙人从该有限合伙型创投企业分得的应纳税所得额，当年不足抵扣的，可以在以后纳税年度结转抵扣。有限合伙型创投企业的法人合伙人对未上市中小高新技术企业的投资额，按照有限合伙型创投企业对中小高新技术企业的投资额和合伙协议约定的法人合伙人占有限合伙型创投企业的出资比例计算确定。需要注意的是，创投企业及高新技术企业的有关资质条件仍与"国税发87号文"相同。

自此，全国范围内的有限合伙型创投企业的法人合伙人均可以享受有关优惠政策，但条件是必须要投资于符合条件的高新技术企业，这一点制约了创投企业投资于广大小微企业的热情。出于对"大众创业、万众创新"政策的呼应，国家税务总局于2017年4月份发布的《关于创业投资企业和天使投资个人有关税收试点政策的通知》(财税〔2017〕38号)终于将优惠政策向小微企业做出实质性倾斜，对于创投企业采取股权投资方式直接投资于种子期、初创期科技型企业满2年的，也给予前述类似税收优惠，对鼓励创投企业积极投资于初创期企业提供了政策支持。

2018年5月14日，财政部、国家税务总局印发了《关于创业投资企业和天使投资个人有关税收试点政策的通知》(财税〔2018〕55号)，规定创投企业、天使投资人个人采取股权投资方式直接投资于种子期、初创期科技型企业满2年的，可以按照投资额的70%抵扣应纳税所得额。公司型创业投资企业抵扣企业的应缴纳所得税，合伙型创业投资企业抵扣合伙人从创投企业分得的所得部分，天使投资人抵扣个人的应缴纳所得税，当年不足抵扣的，可以在以后纳税年度结转抵扣。

2018年12月12日，国务院总理李克强主持召开国务院常务会议，决定实施所得税优惠促进创业投资发展，加大对创业创新支持力度。会议决定，在已对创投企业投向种子期、初创期科技型企业实行按投资额70%抵扣应纳所得税额的优惠政策基础上，从2019年1月1日起，对依法备案的创投企业，可选择按单一投资基金核算，其个人合伙人从该基金取得的股权转让和股息红利所得，按20%税率缴纳个人所得税。或选择按创投企业年度所得整体核算，其个人合伙人从企业所得，按5%~35%超额累进税率计算个人所得。政策实施期限暂定5年。

2019年1月24日，财政部、税务总局、发改委、中国证监会联合发布了《关于创业投资企业个人合伙人所得税政策问题的通知》(财税〔2019〕8号)，对此政策进行了细化和明确。

2019年1月，财政部发布《关于实施小微企业普惠性税收减免政策的通知》，对创业投资企业和天使投资个人有关税收政策进行了调整。在政策调整前,初创科技型企业的主要条件包括从业人数不超过 200 人、资产总额和年销售收入均不超过 3000 万元等。创投企业和天使投资个人投向初创科技型企业可按投资额的 70%抵扣应纳税所得额。本次调整将享受创业投资税收优惠的被投资对象范围,进一步扩展到从业人数不超过 300 人、资产总额和年销售收入均不超过 5000 万元的初创科技型企业,进一步扩大了创投企业和天使投资人享受投资抵扣优惠的投资对象范围。

(二) 地方性税收优惠政策

各地方政府为促进本地创投及股权投资企业发展,制定了不少有针对性的优惠政策,其中有些政策涉及税收优惠。但根据 2014 年 12 月国务院发布的《国务院关于清理规范税收等优惠政策通知》(国发〔2014〕62 号,以下简称"62 号文")规定,各地区一律不得自行制定税收优惠政策,未经国务院批准,各部门起草其他法律、法规、规章发展规划和区域政策都不得规定具体税收优惠政策。这意味着与税收有关的优惠政策都应由国家统筹考虑制定。"62 号文"的出台制止了部分地区不规范的税收优惠政策。然而"62 号文"出台不足半年,随着经济形势的恶化,为稳定企业经营,国务院又发布了《关于税收等优惠政策相关事项的通知》(国发〔2015〕25 号),宣布暂停执行"62 号文",各地税收优惠政策得以继续执行。

地方政府为吸引私募股权投资基金在本地落户,一般会在中央部委发布的文件基础上根据地方需要出台相应的优惠政策,多数涉及税收优惠和专项财政补贴。以北京为例,自 2005 年起,北京先后出台了《关于促进首都金融产业发展的意见》(京发改〔2005〕197 号)、《关于促进首都金融产业发展的意见实施细则》(京发改〔2005〕2736 号)、《北京市中小企业创业投资引导基金实施暂行办法》(京发改〔2008〕1167 号)、《北京市关于促进股权投资基金企业发展的意见》(京金融办〔2009〕5 号,以下简称"京金融办 5 号文")等一批鼓励股权投资基金在北京投资的文件。其中"京金融局 5 号文"规定,合伙型股权基金中个人合伙人取得的收益,按照"利息、股息、红利所得或者财产转让所得"项目征收个人所得税,税率为 20%。该项规定在税收上明显比 5%~35%的超额累进税率要优惠,对个人参与股权基金有一定促进作用。

各地关于私募股权投资基金的优惠政策千差万别,为最大限度享受政府提供的补贴或税收优惠,投资人在设立基金管理企业基金时应当多方比较,选取对自身最为有利的地区作为注册地。在选取注册地时,有两点需要注意,一是根据国务院 2014 年发布的《国务院关于清理规范税收等优惠政策的通知》(国发〔2014〕62 号),部分地方政府发布的税收优惠措施已经被废止,决策时应当咨询当地金融监管部门。二是地方政策稳定性较差,并且难以确定政策是否有效,因此需要对有关政策进行持续跟踪,在确定注册地时应当向当地金融工作局或金融服务办公室了解现行有效政策,避免被错误信息误导。

第四节 基金的清算

一、基金的清算流程

基金清算是指基金遇有合同规定或法定事由停止一切经营活动,对基金财产进行清理处理的一个过程。在完成了整个私募股权投资基金的投资和管理后,自然需要将基金从项目端退出以及完成最终的清算流程,将基金资产变更成投资人收益,实现投资回报的最终目标。

私募股权投资基金投资项目全部退出或者出现基金合同约定的清算情形,需要对私募股权投资基金进行清算,将基金财产在支付各项费用、缴纳税款、清偿债务后的剩余财产按照届时投资人的份额比例或基金合同约定的比例进行分配。

基金清算有以下几方面原因:私募股权投资基金营业期限届满、基金份额持有人大会(股东大会或者全体合伙人)决议进行基金清算、基金存续期间内所有投资项目都已经退出、符合合同约定的清算条款。

有限合伙型私募股权投资基金是一种常见的私募股权投资基金的组成形式,现将有限合伙型私募股权投资基金清算步骤进行简单的梳理。当然,在涉及具体的清算程序上,基金合同则是如何进行清算的重要依据,因此,也需要投资人在进行一开始的投资计划时,就对整个基金的"募、投、管、退"做整体的架构设计。

(一) 基金清算的步骤

基金的清算一般是在项目全部退出之后进行的,因此进行基金清算前,需要通过IPO、并购、新三板挂牌、股权转让、回购、企业清算等形式将其在项目公司的股权变现,实现项目退出。退出完成后,即可开始清算流程,一般步骤如下。

1. 前期准备

(1) 确定清算理由。即符合基金合同条款确定基金清算的约定。至于清算理由,只要清盘原因客观合理,就可以随时清盘,产品存续期也没有明确要求。

(2) 确定基金终止日。基金终止日,即基金最后运作日,一般为基金存续期届满日、基金份额持有人大会/股东会/合伙人会议决议通过决定终止日。

(3) 确定基金清算开始日期和截止日期。清算开始日期,指"基金合同"或"清算报告"中约定的清算开始日期。清算开始日期可以是基金终止日当日,也可以是此后的某一日期。清算截止日期,指本基金完成清算并将清算款支付给投资者的日期。

(4) 确定清算组(人)构成。清算组(人)一般由托管人和管理人担任。但公司型和有限合伙型私募股权投资基金还要遵守《合伙企业法》《公司法》以及基金合同等关于清算组(人)成立时间、构成以及清算组成员工商备案的要求。通常在基金合同中会对成立清算小组的时间和如何成立清算小组进行约定。清算小组的主要工作是负责基金资产的保管、清理、估价、变现和分配，基金清算小组可以依法进行必要的民事活动，其职责类同于处于清算阶段的公司清算管理人。

(5) 变现基金资产，清理基金财产债权债务。基金要进行清盘，自然是涉及需要将现有的基金财产进行处理，将最后的财产进行分配，实质上是将所有财产变现的过程。若出现基金终止时，基金管理人尚持有可流通非现金资产，则涉及相关的强制变现处理问题。

(6) 归集清算资产。基金清算小组将依据基金合同的规定，对相关的资产进行清算，此项清算结合上述步骤，将会涉及基金存续期间的财务核算、清理等事项。完成后，将所有现金资产全部转入托管账户。

2. 发布清算公告

完成基金财产的清理、确认、评估和变现等事宜，并出具清算报告和剩余财产的分配方案。根据实际需求，相关的清算报告和分配方案有可能存在中介机构的审核通过。步骤如下：

(1) 制作清算公告。
(2) 发送清算协调人邮箱(非必要)。
(3) 经清算协调人确认后，打印盖章(非必要)。
(4) 盖章后的公告向投资者发布(同时发送托管、外包及清算协调人邮箱)，如果是公司型和有限合伙型私募股权投资基金，还应当在清算组成立 10 日内通知债权人，并于 60 日内在报纸上发布清算注销公告。

3. 制作清算报告

制作清算报告的具体步骤如下。
(1) 制作清算报告。
(2) 将清算报告发送清算协调人。
(3) 经清算协调人补充并确认后，打印盖章。
(4) 扫描盖章后的清算报告，发送托管邮箱。同时，请参照托管账户销户流程，提交销户申请，办理销户事宜。

需要注意的是，托管机构一般要求先行制作提供清算报告，并作为划款的依据。但《公司法》《合伙企业法》要求在剩余财产分配完毕后制作清算报告。

4. 进行清算

(1) 资金划拨。按照清算报告出具相关划款指令(如需帮助可联系"托管划款人员")支付相关费用(清算费用、管理费、托管费、税费、外包服务费等)或是将剩余现金资产由托管账户转入募集专户。

(2) 资产分配。监督机构按照清算报告、资产分配明细表或者划款指令等证明资料要求，将募集专户中现金资产分配给投资者，完成清算。

(3) 二(N)次清算。如基金终止日有未变现资产，则变现或部分变现后，需再次清算。

需出具二(N)次清算说明,并再次重复以上的动作,即支付费用、资产转入募集账户、进行资产分配等。

(4) 销户事宜。涉及募集账户、托管账户、证券账户、期货账户等账户的注销。

(二) 私募股权投资基金清算的其他注意事项

1. 基金业协会备案系统更新

在出具清算报告之后,清算人需在基金业协会的"资产管理业务综合报送平台"完成基金产品的清算备案。

依据《私募投资基金管理人登记和基金备案办法(试行)》,基金发生清盘或清算的,管理人应在5个工作日内向基金业协会报告,否则,将被视为未按规定及时填报业务数据而被基金业协会责令改正,一年累计两次以上未按时填报业务数据、进行信息更新的,基金业协会可以对主要责任人员采取警告措施,情节严重的向中国证监会报告。因此,基金终止后,管理人应及时在"资产管理业务综合报送平台"中办理清算备案,以真正终止其对已终止基金的管理职责。为完成清算备案需要在"资金管理业务综合报送平台"中完成如下所列工作:

(1) 上传清算报告。

(2) 按照"资金管理业务综合报送平台"中的模板更新投资者信息。

(3) 按照"资金管理业务综合报送平台"中的模板填写基金清算情况表,内容包括基金资产清算及分配情况、向投资者分配的现金类资产与非现金类资产具体情况、最后运作日基金的负债情况、基金的费用情况、基金的账户情况、截至清算结束日基金所投资的所有项目的情况等。

(4) 按照"资金管理业务综合报送平台"中的模板盖章并上传清算承诺函。

(5) 填写"资金管理业务综合报送平台"中的其他清算信息,包括基金基本情况、清算原因、清算的开始日、截止日以及清算次数、清算组的构成等。

2. 工商层面的要求

除契约型私募股权投资基金外,有限合伙型私募股权投资基金和公司型私募股权投资基金,还需要在基金业协会办理完毕清算备案后,进行工商注销登记手续。

例如,以合伙型形式组成的基金,在进行合伙企业注销时,需要遵守《合伙企业法》的相关规定。因此,同样需要在当地工商局进行相应的程序变更。依据《合伙企业法》的相关规定,清算人自被确定之日起10日内将合伙企业解散事项通知债权人,并于60日内在报纸上公告。债权人应当自接到通知书之日起30日内,未接到通知书的自公告之日起45日内,向清算人申报债权。债权人申报债权,应当说明债权的有关事项,并提供证明材料。清算人应当对债权进行登记。清算结束,清算人应当编制清算报告,经全体合伙人签名、盖章后,在15日内向企业登记机关报送清算报告,申请办理合伙企业注销登记。需要说明的是,上述基金清算流程可能会因为基金托管人的要求或者基金合同而做相应调整。

二、基金清算报备操作步骤

清算完成后需要在"资产管理业务报送平台"做基金清算,同时在"私募投资基金信息披露备份系统"进行信息披露。其中,在"资产管理业务报送平台"的操作步骤如下。

(1) 选择"产品备案"选项,如图 7-1 所示。

图 7-1 产品备案

(2) 下拉菜单中有一项即为"基金清算",单击进入基金清算界面,如图 7-2 所示。

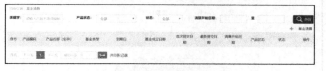

图 7-2 基金清算

(3) 单击右侧的"+基金清算"按钮,选择需要清算的资金,进入基金清算信息填报界面,如图 7-3 所示。

图 7-3 信息填报

(4) 选择清算原因，如图 7-4 所示。

图 7-4　清算原因

这里要注意，如果清算原因选择了"依基金合同约定，基金合同当事人协商一致决定终止"或"份额持有人大会/股东大会/合伙人会议决议通过，决定终止"这两项，还需要填写清算事由，如图 7-5 所示。

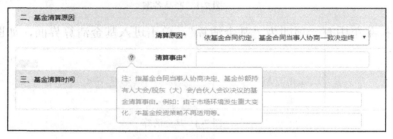

图 7-5　清算事由

(5) 选择"清算开始日期"和"清算截止日期"。清算开始日期是指基金合同或清算报告中约定的清算开始日期；清算截止日期是指基金完成清算并将清算款支付给基金投资者的日期，如图 7-6 所示。

图 7-6　清算开始日期、清算截止日期

(6) 填写"清算次数"，清算报告中会显示该基金产品是一次清算，还是多次清算，如图 7-7 所示。

图 7-7　清算次数

(7) 选择"基金清算组(人)构成",主要根据基金合同中有关清算组人员构成的约定进行勾选(见图 7-8)。在合同中没有约定的情况下,一般勾选基金管理人和托管机构。如有投资者参与,则在清算报告中也需要投资者签字确认。某些股权类产品的清算组可能会涉及会计师事务所及律师事务所等机构。

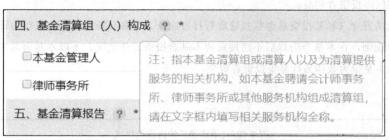

图 7-8 清算组构成

(8) 上传基金清算报告,要求为不大于 5M 的 PDF 文件或者压缩文件,如图 7-9 所示。

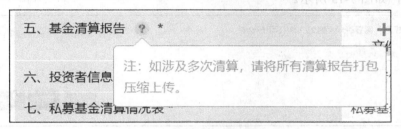

图 7-9 基金清算报告

(9) 填写"投资者信息更新"及"私募基金清算情况表",填写截至基金最后运作日(清算开始日)的相关信息,如图 7-10 所示。

图 7-10 投资者信息更新

(10) 上传经管理人(投顾)盖章的"基金清算承诺函"(见图 7-11),清算承诺函模板可在系统内下载,如图 7-12 所示。

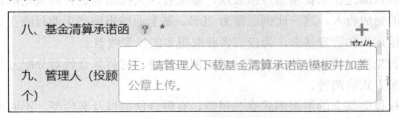

图 7-11 基金清算承诺函

```
                                    承诺函

    本机构承诺在"__本产品全称__"(本基金产品编码)清算过程中，遵守《中华人民共和国证券投资基
金法》《中华人民共和国公司法》《中华人民共和国合伙企业法》等相关法律法规，合规处理清算相
关事宜，切实保障投资者利益。
    本机构承诺遵守《私募投资基金监督管理暂行办法》、《私募投资基金募集行为管理办法》等部
门规章和自律规则，在本基金清算后不违规宣传本基金投资运作情况、不以本基金名义进行基金投资
活动、不再以本基金为载体另行募集投资者资金。

                                                              机构签章
                                                              年 月 日
```

图 7-12　《承诺函》的内容及格式

(11) 上传管理人(投顾)需要说明问题的文件。上传完成后，单击"提交"按钮即可完成基金清算，如图 7-13 所示。

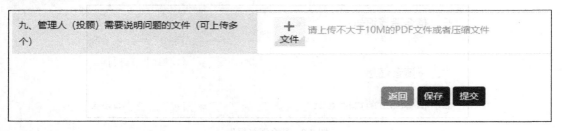

图 7-13　管理人(投顾)需要说明问题的文件

本章小结

私募股权投资基金在投资时已经开始考虑并筹划项目的退出方式。目前，私募股权投资基金退出方式主要分为公开资本市场退出与非公开市场退出两大类，具体包括首次公开发行上市、借壳上市、兼并收购、挂牌转让、股权转让、股份回购和企业清算 7 种退出方式。

基金管理费用是私募股权投资基金管理人就其向投资人提供的资产管理和投资咨询服务而向投资人定期收取的费用。其目的是支付基金持续正常的运行所需的费用，以保证基金能够正常运作。

基金业绩报酬是指依据基金业绩表现，基金管理人按照基金合同规定的计算方式以一定比例获得的提成收入，这一比例通常为 20%。基金业绩报酬产生的目的在于激励基金管理人更努力地运作和管理基金，为投资者获取更多的投资收益。

根据是否先满足投资人的出资及一定比例的收益，可将基金收益分配方式分为全退再分和逐笔分配方式这两种。

私募股权投资基金的组织形式有公司型、有限合伙型以及契约型，不同组织形式的私募股权投资基金的税收政策及优惠政策也有所不同。

基金清算是指基金遇有合同规定或法定事由停止一切经营活动,对基金财产进行清理处理的一个过程。在完成了整个私募股权投资基金的投资和管理后,自然需要将基金从项目端退出以及完成最终的清算流程,将基金资产变更成投资人收益,实现投资回报的最终目标。

复习思考题

1. 私募股权投资基金项目退出的方式有哪些?
2. 什么是"钩回条款"?
3. 股权回购方式退出的优缺点是什么?
4. 请分析某有限合伙型私募股权投资基金在基金层面、基金管理人层面、投资者层面的税负。

第八章

私募股权投资基金监管自律体系

学习提示

本章主要阐述了我国私募股权投资基金监管自律体系的变迁,介绍了我国私募股权投资基金的监管自律架构及监管自律组织,同时通过梳理证监会以及基金业协会发布的与私募股权投资基金相关的法律法规、条例办法和公告,介绍了我国私募股权投资基金的监管自律体系。

第一节 我国私募股权投资基金监管自律体系的变迁

我国私募股权投资活动发端于20世纪80年代中期,主要是为适应科技体制改革的需要、促进高新技术产业发展、促进科技成果转化而由政府推动产生的,最初主要进行风险投资,投资于具有高成长性的中小企业。因此早期我国关于私募股权投资活动的政策和规定多集中在创投方面,针对的是风险投资和创业投资,并未基于被投资企业的不同发展阶段而加以细分,在监管层面也没有区分创业投资和股权投资。在此期间,对行业的管理多以政策或规定的形式体现,缺乏目的性、前瞻性和体系性。

直到2005年,为了规范和促进行业发展,我国正式开始并逐步完善私募股权投资基金监管体系的建设工作。2013年,中央编办明确由证监会负责股权投资基金行业的监督管理工作,从此私募股权投资基金监管工作进入了一个新的阶段。

一、初建体系,探索前行

监管者将股权投资基金大致分为两类:一类是创业投资基金,另一类是产业投资基金。从政策演变看,2005年国家发改委等十部委共同颁布《创业投资企业管理暂行办法》(又称

"39号文")及《产业投资基金试点总体方案(征求意见稿)》(以下简称《产业基金方案》)是对私募股权投资基金行业监管的开始。

《创业投资企业管理暂行办法》明确给出了创业投资企业的定义,指出了备案要求,提供了税收优惠等相关扶持政策。其明确说明,创业投资企业是指在中华人民共和国境内注册设立的主要从事创业投资的企业组织。创业投资指向创业企业进行股权投资,以期所投资创业企业发育成熟或相对成熟后主要通过股权转让获得资本增值收益的投资方式。创业企业指在中华人民共和国境内注册设立的处于创建或重建过程中的成长性企业,但不含已经在公开市场上市的企业。《产业基金方案》只是规定产业基金需投资于未上市企业。

可见,虽然创业投资基金所投向的创业企业与产业投资基金所投向的未上市企业之间存在界定不清晰的情况,但却反映了政府对不同类型基金分别监管的态势。

创投基金主要依据《创业投资企业管理暂行办法》在发改委进行自愿备案,只有完成备案的企业才能获得发改委有关政策支持,才有资格获得全国社保基金注资。而此时中央层面仅成立了三批共计10只试点产业投资基金,大量的股权投资基金此时主要依托地方性试点政策和法规发展。天津市、上海市、北京市、苏州市等地方政府纷纷出台了鼓励、规范私募股权投资基金发展的地方政策和法规,以各种优惠政策吸引私募股权投资基金落户本地,导致各地形成了独立监管股权投资基金格局。

2008—2011年,国家发改委在开展产业投资基金试点的同时,对部分地方高科技园区内的私募股权投资基金开展了备案管理的先行先试工作,鼓励但并未强制私募股权投资基金向监管部门申请备案。

2011年1月,国家发改委出台《进一步规范试点地区股权投资企业发展和备案管理工作的通知》(以下简称"253号文"),将私募股权投资基金备案管理的试点地区扩展到江苏省等7地,并要求试点地区设立的募集规模达到5亿元以上的基金必须进行备案管理,5亿元以下的基金则豁免备案。该文的下发标志着国家发改委对私募股权投资基金监管思路的转变,由自愿备案转向强制备案,加强了监管力度,将私募股权投资基金正式纳入监管范围,同时也进一步明确了对股权投资企业区别于创业投资企业加以规范的监管思路。

2011年11月,在"253号文"的基础上,国家发改委下发《关于促进股权投资企业规范发展的通知》,在股权投资企业的设立、资本募集与投资领域方面做出了规范要求,明确指出股权投资企业应该到发改委或省级备案管理部门备案;要求在全国范围内对私募股权投资基金强制备案,募集规模5亿元以上的在国家发改委备案,5亿元以下的在省级管理部门备案。

2012年5月,国家发改委召开的全国股权投资备案管理工作会议明确要求,各省级备案管理部门应在同年10月底以前完成本地区股权投资企业备案管理规则的立法程序。

至此,形成了以国家发改委强制备案为核心的全国性统一监管体系,股权投资基金和创业投资基金在发改委形成了两套各自独立的备案体系。由此看出,发改委已经将股权投资基金和创业投资基金视为两种不同的类型，对股权投资基金的监管逐步强化，而对创业投资基金则重在政策扶持。通过税收优惠、豁免国有股转持义务、支持符合条件的创业投资基金发行企业债券、设立创业投资引导基金等方式扶持创业投资基金的发展。

2012 年 6 月 6 日，国务院批准成立基金业协会，作为投资基金行业的自律性组织。

2013 年 2 月，我国证监会发布《资产管理机构开展公募证券投资基金管理业务暂行规定》，指出符合条件的股权投资管理机构、创业投资管理机构可从 2013 年 6 月 1 日起申请开展基金管理业务。相关机构应当向我国证监会提交申请材料，证监会依法对资产管理机构的申请进行审核。符合条件且取得基金管理业务资格的机构，证监会向其核发《基金管理资格证书》。

2013 年 3 月 25 日，国家发改委公布《关于进一步做好股权投资企业备案管理工作的通知》，在加快推进股权投资企业备案管理制度建设、出台地方性股权投资企业备案管理规则等方面对各地方政府做出了硬性要求。要求各地方高度重视行业摸底和风险排查工作，加强与工商管理部门的沟通与合作，全面了解本地股权投资企业发展情况，只要是以股权投资作为主营业务的，就要督促其按照有关规定将应该备案的股权投资企业尽快予以备案。文件同时要求加强股权投资行业信用体系建设和股权投资企业备案管理基础设施建设。

总体来讲，在此期间有关私募股权投资基金的监管工作以要求备案为主，尚未进入实质性监管阶段。

二、身份确立，蓬勃壮大

2013 年 6 月，修订颁发的《证券投资基金法》对于私募股权投资基金行业来说可谓里程碑式事件。该法在市场准入、投资范围、业务运作等多方面重新做出了规定，以优化行业业态；首次将非公开募集基金纳入法律调整范围，明确了私募股权投资基金正式的法律身份，拓展了行业的发展空间。

2013 年 6 月 30 日，中央编办下发《关于私募股权投资基金管理职责分工的通知》，明确将包括创业投资基金在内的私募股权投资基金的管理职责赋予证监会，由其负责组织拟订监管政策、标准和规范等；明确由证监会负责私募股权投资基金行业的监督管理，国家发改委负责组织拟订行业发展政策措施，并会同有关部门根据产业政策制定政府对私募股权投资基金出资的标准和规范。据此，私募股权投资基金的具体监管工作由发改委转移至证监会，发改委不再受理股权投资基金备案。

2014 年 1 月，经中央编办同意，证监会授权基金业协会具体负责私募股权投资基金管理人登记和私募股权投资基金备案工作，履行自律监管职能。1 月 17 日，基金业协会发布了《私募投资基金管理人登记和基金备案办法(试行)》，明确了私募股权投资基金管理人登记和私募股权投资基金备案的程序、要求，对私募股权投资基金业务活动进行自律管理，此后基金业协会私募登记备案工作进入初始探索期。2 月 7 日，基金业协会实施《私募基金登记备案管理办法》，正式启动登记备案工作。3 月 17 日，第一批 50 家机构登记为私募基金管理人。

2014年5月,国务院发布了《关于进一步促进资本市场健康发展的若干意见》,其中设专章阐述培育私募市场,发展私募股权投资基金。要求建立健全私募发行制度,建立合格投资者标准体系,明确各类私募产品发行的投资者适当性要求和面向同一类投资者的私募发行信息披露要求,以此规范募集行为;对私募发行不设行政审批,允许各类发行主体在依法合规的基础上,向累计不超过法律规定特定数量的投资者发行股票、债券、基金等产品;积极发挥证券中介机构、资产管理机构和有关市场组织的作用,建立健全私募产品发行监管制度,切实强化事中事后监管;建立促进经营机构规范开展私募业务的风险控制和自律管理制度安排,以及各类私募产品的统一监测系统。同时按照功能监管、适度监管的原则,完善股权投资基金、私募资产管理计划、私募集合理财产品、集合资金信托计划等各类私募股权投资产品的监管标准;依法严厉打击以私募为名的各类非法集资活动,完善扶持创业投资发展的政策体系,鼓励和引导创业投资基金支持中小微企业;研究制定保险资金投资创业投资基金的相关政策,完善围绕创新链需要的科技金融服务体系,创新科技金融产品和服务,促进战略性新兴产业发展。

2014年8月21日,证监会发布了《私募投资基金监督管理暂行办法》。《私募投资基金监督管理暂行办法》共四十一条,分为总则、登记备案、合格投资者、资金募集、投资运作、行业自律、监督管理、关于创业投资基金的特别规定、法律责任及附则十章。为规范私募股权投资基金活动、保护投资者及相关当事人的合法权益、促进私募股权投资基金行业健康发展奠定了基础,并发挥了重要的作用。

在此期间,我国对私募股权投资基金的监管仍然以进一步强化备案为主,对于私募产品的性质、定位、分类依旧较为模糊,行业规则仍然较为缺乏。

三、回归本源,规范发展

从2016年年初至今,我国证监会与基金业协会持续细化私募监管体系。尤其是2017年后,监管力度与深度持续增长。

2016年2月,基金业协会发布并实施《私募投资基金管理人内部控制指引》《私募投资基金信息披露管理办法》。同月,发布并实施《关于进一步规范私募基金管理人登记若干事项的公告》,对基金备案程序做出了严格规定,全面规范行业秩序和信用环境。

2016年4月15日,基金业协会发布《私募投资基金募集行为管理办法》,于2016年7月15日起正式实施。2016年4月18日,基金业协会发布《私募基金合同内容与格式指引》,于2016年7月15日起正式实施。上述两份文件对于私募基金的募集行为进行了严格的规定和要求,对规范私募基金募集行为、遏制私募基金在募集环节的各种乱象发挥了重要作用。

2016年7月15日,证监会在《证券期货经营机构落实资产管理业务"八条底线"禁止行为细则》实践及相关修改意见的基础上,研究出台了《证券期货经营机构私募资产管理业务运作管理暂行规定》。目的是进一步加强对证券期货经营机构私募资产管理业务的监管，规范市场行为，强化风险管控。

2016年9月21日，国务院发布《国务院关于促进创业投资持续健康发展的若干意见》(国发〔2016〕53号)，从丰富投资主体、拓宽创投资金来源、加强政府引导和政策支持、完善创投法规及退出机制、优化创投市场环境、推动创投行业双向开放、完善行业自律和服务体系十个方面提出了22条意见。

2016年12月12日，证监会发布《证券期货投资者适当性管理办法》，将私募基金投资者分为专业投资者和普通投资者，目的是规范证券期货投资者适当性管理，维护投资者合法权益。

2017年1月13日，发改委发布《政府出资产业投资基金管理暂行办法》(发改财金规〔2016〕2800号)。该办法明确了政府出资产业投资基金的定义及范畴，确立了管理体制，要求此类管理人在相关信用信息登记系统登记。在管理人资格上，要求管理人实收资本不低于1000万元人民币，其产品应委托商业银行托管；在投资范围上，也明确规定此类基金应当以未上市企业股权投资为主，对"明股实债"等变相增加政府债务的行为做出了禁止性规定。

2017年2月，各地证监局按照证监会下发的《关于开展2017年私募基金专项检查的通知》开展专项检查。四川省、海南省、甘肃省、陕西省、江西省以及上海市、青岛市等地区证监局按照"两随机、一公开"要求，依据"问题导向+随机抽取"原则，陆续开展辖区内的私募检查。此后，对私募基金开展专项检查和现场检查成为常态。

2017年2月14日，基金业协会发布《证券期货经营机构私募资产管理计划备案管理规范第4号》，指出私募基金不得投向不符合国家相关产业政策的领域。

2017年3月1日，基金业协会发布《私募投资基金服务业务管理办法(试行)》，明确私募基金服务机构与私募基金管理人的法律关系，全面梳理服务业务类别，规范了基金募集、投资顾问、份额登记、估值核算、信息技术系统等服务业务。同时提出各类业务职责边界，明确登记条件和自律管理要求，保障投资者的合法权益。

2017年3月31日，基金业协会发布《私募基金登记备案相关问题解答(十三)》，进一步提高了对私募基金管理人"专业化管理"的要求，规定同一私募基金管理人不可兼营多种类型的私募基金管理业务，明确私募基金管理人在申请登记时仅选择一类机构及业务类型进行登记，且只可备案与本机构已登记业务类型相符的私募基金，不允许此前所谓的"全牌照""多牌照"私募基金管理人的存在。对于此前已登记多类业务类型、兼营多类私募基金管理业务的私募基金管理人，该文件要求整改以落实相关要求，应当从已登记的多类业务类型中仅选择一类业务类型作为展业范围，确认自身机构类型。该文件对落实私募基金管理人专业化管理原则，建立有效机制以防范可能出现的利益输送和利益冲突，提升行业机构内部控制水平发挥了重要价值。

2017年4月，基金业协会发布《关于"资产管理业务综合管理平台"第二阶段上线运行与私募基金信息报送相关事项的通知》。随后，资产管理业务综合管理平台第二阶段正式上线运行。基金业协会着力打造资产管理业务综合管理平台，目的是建立健全私募基金行业持续信用记录和积累体系，稳妥推进行业自律管理信息化建设，按计划整体实现行业信息标准化在线报送，加强行业登记备案和从业人员信息统计监测。

经过不断的升级和完善，平台系统涵盖了私募基金行业中的机构、产品、投资者、从业人员、被投项目、资产分布等多个主体，贯穿了基金"募、投、管、退"等各个环节。行业的相关自律规则和合规要求大部分已内嵌在平台中得以持续落实，该平台率先在我国各类资产管理行业中真正实现了登记备案等各项业务的在线无纸化办理。此外，该平台形成了全流程、分布式的行业大数据持续采集与统计监测体系，实现了结构化存储、穿透式信息化监管。

2017年4月10日，发改委印发《政府出资产业投资基金信用信息登记指引(试行)》，政府出资产业投资基金信用信息登记系统也正式上线，要求地方政府或所属部门、直属机构出资设立的产业投资基金，应于募集完毕20个工作日内，在本区域政府出资产业投资基金信用信息登记子系统进行登记。

2017年6月28日，基金业协会发布《基金募集机构投资者适当性管理实施指引(试行)》，明确要求将投资者适当性匹配作为募集程序的必备环节，并规定了投资者分类、产品风险分级以及投资者与产品风险匹配等内容。

2017年8月30日，国务院法制办就《私募投资基金管理暂行条例(征求意见稿)》公开征求意见，首次对私募基金管理人的主要股东或合伙人提出标准化要求，规定了严格的董事、监事、高级管理人员、执行事务合伙人及其委派代表的任职要求。此外还对私募基金的范围、私募管理人以及托管人的职责、投资者适当性管理等方面做出了明确的要求，以及对33类行为明确规定了处罚措施。

2017年11月3日，《私募基金登记备案相关问题解答(十四)》发布，明确了五种不予办理登记的情形。基金业协会将定期对外公示不予办理登记的申请机构名称及不予登记原因，同时公示为该机构出具法律意见书的律师事务所及经办律师名单。

2017年12月15日，基金业协会更新《私募基金管理人登记须知》，进一步实现登记要求的公开和透明。

2018年1月12日，基金业协会发布《私募投资基金备案须知》，明确了私募基金备案总体性要求、不属于私募基金范围的情形、涉及特殊风险的私募基金备案要求等内容。

2019年12月23日，基金业协会经理事会表决通过，更新发布《私募投资基金备案须知》(以下简称《备案须知(2019版)》)。《备案须知(2019版)》丰富细化为39项，进一步明晰私募基金的外延边界、重申合格投资者要求、明确募集完毕概念、细化投资运作要求，并针对不同类型基金提出了差异化管理理念。

在此阶段，我国对私募股权投资基金的监管体现了以下四个方面的原则：对私募证券基金、私募股权投资基金、创业投资基金和其他私募基金等各类私募基金的统一监管原则。

对不同机构的私募基金业务,鉴于其具有相同的功能属性,实行统一的功能监管原则。对私募基金不设行政审批,实行事中事后监管,充分发挥投资者和市场对私募基金管理人的约束作用以及私募基金管理人自我约束作用的适度监管的原则。在统一立法、统一登记备案的基础上,根据各类私募基金投资标的的不同,对私募证券基金、私募股权投资基金和创业投资基金等分别进行备案,提出不同的监管要求的分类监管原则。

从此阶段开始,我国对于私募股权投资基金的监管进入了深耕细作时期。新规则、新要求大量出台,已初步构建起了较为完善的监管体系,对行业的规范和发展起到了非常关键并且有效的作用。目前,中国证监会和基金业协会仍在陆续出台新的规定,以进一步完善监管自律体系。

第二节 我国私募股权投资基金的监管原则

一、"三位一体"监管自律体系

自2013年中编办明确证监会作为私募股权投资基金的归口管理部门,我国私募股权投资基金监管组织体系发生了巨大的变化。经过近几年的不断完善,目前形成了证监会、地方证监局、基金业协会作为主体的"三位一体"的"监管+自律"组织体系。"三位一体"组织体系,如图8-1所示。

图8-1 "三位一体"组织体系

(一)中国证监会的监管职责

证监会负责对私募股权投资基金实施统一集中行政监管。根据《证券投资基金法》,证监会承担以下职责:拟定监管私募股权投资基金的规则、实施细则;拟定私募股权投资基金合格投资者标准、信息披露规则等;负责私募股权投资基金的信息统计和风险监测工作;组织对私募股权投资基金开展监督检查;牵头负责私募股权投资基金风险处置工作;指导基金业协会开展登记备案工作;负责私募股权投资基金的投资者教育保护、国际交往合作等工作。为此,证监会于2014年4月成立了私募基金监管部,专门负责履行上述职责。

(二) 地方证监局的监管职责

各地方证监局依照我国证监会的授权履行职责，负责对经营所在地在其辖区内的私募股权投资基金管理人进行日常监管，包括对公司治理及其内部控制、私募股权投资基金运作等进行日常监管，同时负责组织辖区内机构的合规培训，进行违规处理。目前对私募股权投资基金的各项现场检查，通常都由地方证监局具体实施。

(三) 基金业协会的自律职责

基金业协会成立于 2012 年 6 月 6 日，是依据《证券投资基金法》和《社会团体登记管理条例》在民政部登记的社会团体法人，系证券投资基金行业的自律性组织，接受我国证监会和民政部的业务指导和监督管理。

根据《证券投资基金法》及证监会授权，基金业协会的主要职责包括：

(1) 教育和组织会员遵守有关法律法规，维护投资者合法权益。
(2) 依法维护会员的合法权益，反映会员的建议和要求。
(3) 制定实施行业自律规则，监督、检查会员及其从业人员的执业行为，对违反自律规则和基金业协会章程的给予纪律处分。
(4) 制定执业标准和业务规范，组织从业考试、资质管理和业务培训。
(5) 提供会员服务，组织行业交流，推动行业创新，开展行业宣传和投资者教育。
(6) 对会员间、会员与客户之间发生的业务纠纷进行调解。
(7) 依法办理私募股权投资基金的登记、备案。
(8) 基金业协会章程规定的其他职责。

此外，基金业协会制定发布了《中国证券投资基金业协会纪律处分实施办法(试行)》《中国证券投资基金业协会投诉处理办法(试行)》《证券纠纷调解工作管理办法(试行)》《中国证券投资基金业协会自律检查规则(试行)》，配套建立投诉、受理、检查、调解、答复工作机制。同时，成立自律监察专业委员，引入市场机构、监管部门、高校等专家资源，随机组成审理小组，优化纪律处分工作机制。

另外，国务院金融稳定发展委员会、中国人民银行、国家发展和改革委员会、中国银行保险监督管理委员会、国家外汇管理局等组织或机构，也会以单独或者联合的形式出台有关规定或措施，对私募股权投资基金行业进行监管。

二、监管原则及监管效果

自 2013 年中编办确定中国证监会作为私募股权投资基金的归口管理部门，证监会积极探索适应私募股权投资基金发展的工作思路，确定了监督与自律并重的监管理念。随后，证监会及其委托开展行业自律管理的基金业协会开展了系统的监管规章制度的制定工作，陆续发布了数十份行业规范性文件，全面覆盖了私募股权投资基金及管理人的登记备案、私募股权投资基金的募集行为、投资顾问业务、信息披露、内部控制、合同指引、托管业务、外包业务及从业人员管理等多个方面，形成了"一法一条例三规定五办法七指引多问答"的监管自律体系。按照规划，证监会还将尽快推动出台《私募投资基金管理暂行条例》，为私募股权投资基金监管奠定上位法基础。

(一) 监管思路和监管原则

2012年开启的大资管格局，深刻影响了私募股权投资基金监管的基本原则，各个监管机构对于私募产品监管规则的统一趋势逐渐显现。2016年发布的《证券期货投资者适当性管理办法》及《证券期货经营机构私募资产管理业务运作管理暂行规定》更是反映了监管趋同的迹象。在这种背景下，围绕"坚持适度监管，维护私募市场活力；坚持服务实体经济，促进私募股权投资基金行业规范健康发展"这一根本宗旨，证监会提出私募基金监管要遵循"统一监管、功能监管、适度监管、分类监管"的基本原则，按照"扶优限劣""差异化监管"的方法路径开展监管工作。

统一监管就是落实《证券投资基金法》和中央编办关于私募基金监管职责分工要求，将私募证券基金、私募股权投资基金、创业投资基金和其他私募基金等各类私募基金进行统一监管。

功能监管就是对不同经营机构下的私募基金业务，鉴于其具有同样的功能属性，实行统一的监管政策。各类私募基金均应当执行统一的合格投资者标准，遵守非公开募集、投资运作、信息披露等规范性要求，防范监管套利。

适度监管就是私募基金不设行政审批，实行事中监管和事后监管，充分发挥投资者和市场对私募基金管理人的约束作用以及私募基金管理人的自我约束作用。行业监管和自律主要从资金募集、投资运作、信息披露等环节入手，提出原则性底线监管要求。

分类监管就是在统一立法、统一登记备案基础上，根据各类别私募基金投资标的的不同，对私募证券基金、私募股权投资基金和创业投资基金等分别备案，提出不同的监管要求。同时，根据各类私募基金的管理规模大小、投资者人数、合规风险程度、投诉举报等维度，以问题和风险为导向，进行分类监测和检查。

证监会提出将探索分类分级监管，加强诚信激励约束，将根据私募机构的合规守信情况和不同类型私募基金的特点，研究制定分类分级标准，在风险监测、现场检查、信息披露等方面提出不同监管要求，并实施差异化监管安排。在此基础上，完善私募基金登记备案制度和分类公示制度，加强私募行业诚信建设，对合规水平和诚信水平较高的机构给予有力激励，对违规失信机构给予应有的诚信约束。

在扶优限劣方面，证监会创造条件鼓励优秀机构做大做强，同时清理违规、失联和空壳机构。"扶优"的政策主要体现在六个方面：一是允许符合条件的私募基金管理机构申请公募基金管理业务牌照；二是允许符合条件的私募机构在银行间债券市场开户；三是研究并尽快明确私募机构在股转系统挂牌问题；四是推动引导保险资金等长期资金投资符合条件的创业投资基金；五是支持有条件的私募机构开展境外投资业务；六是通过分类公示、推出行业最佳实践等方式，宣传优秀私募机构。在"限劣"方面，证监会通过组织现场检查和配合地方政府打非等，查处行业违法违规行为、对失联机构进行公示、对违法违规机构撤销管理人登记、对长期没有展业的机构注销登记等，引导真正专业、规范的私募机构开展业务。

在差异化监管方面，基金业协会对于不同类别的私募基金从业人员资格考试范围、信息披露内容和频率、托管机构资质要求、合同指引版本等方面进行差异化自律探索。

(二) 监管框架和自律体系

从2016年开始，证监会明显加快了监管动作频率，相关规章制度发布速度也在加快，"从严监管""依法监管""全面监管"的口号正在加速落地。证监会以行为规范为主，从把握市场进入制度、规范私募股权投资基金募资行为、完善风险监测体系、加强事中事后监管、探索分级分类监管五个方面构建私募股权投资基金监管和自律体系。

1. 把握市场进入制度

准确把握市场进入制度，既维护市场活力和效率，又在进入环节提高市场机构的规范化水平。对私募股权投资基金管理人机构和私募股权投资基金采取事后登记备案制度，并就私募股权投资基金管理人的专营性和合规性、从业人员资质和基本的展业保障等方面提出规范性要求。

2. 规范私募股权投资基金募资行为

规范私募股权投资基金募资行为，对私募股权投资基金不实行前置审批，对合格投资者标准和评估程序，以及资金募集对象、方式和规则等方面进一步完善，以防范违规募集和非法集资行为。

3. 完善风险监测体系

完善风险监测体系，研究开发私募股权投资基金监管信息系统，建立健全私募股权投资基金信息统计和风险监测指标体系，以及时掌握行业发展状况，发现风险隐患。

4. 加强事中事后监管

加大检查执法力度，倒逼市场机构在事前即树立合规意识，构建起包括"机构自查、随机抽查、专项检查、个案检查"在内的立体式现场检查制度，并指定证监会随机抽查事项清单，推进随机抽查工作的有序施行，规范事中事后监管。清单中针对私募管理人的检查内容涉及：私募股权投资基金管理人登记备案、合格投资者、资金募集、信息披露及利益冲突防范等投资运作行为的合规情况等。同时加快建立私募股权投资基金突发事件应急处置机制。

5. 探索分级分类监管

完善分类公示制度，建立私募机构守信激励和失信约束机制。根据私募机构的合规守信情况和不同类型私募股权投资基金的特点，研究制定分级标准，在风险监测、现场检查、信息披露等方面提出不同监管要求，并实施差异化监管安排。在此基础上，完善分类公示制度，一方面对合规水平和诚信水平较高的机构给予有力激励，另一方面对违规失信机构给予应有的诚信约束。

第三节 我国私募股权投资基金的监管自律法律框架

自 2014 年起,我国证监会和基金业协会陆续发布了以私募股权投资基金登记备案为核心的一系列监管和自律规范,涵盖了私募股权投资基金管理人及私募股权投资基金的登记备案、募集行为、法律文件、风险控制、内部管理、信息披露、业务外包及从业人员资格等方面,基本建立起一套完整的监管自律体系。该体系为整个私募股权投资基金行业向着正规化、专业化、良性化发展打下了坚实的基础。目前,私募股权投资基金监管与自律体系的整体框架包括"一法一条例三规定五办法七指引多问答",如图 8-2 所示。

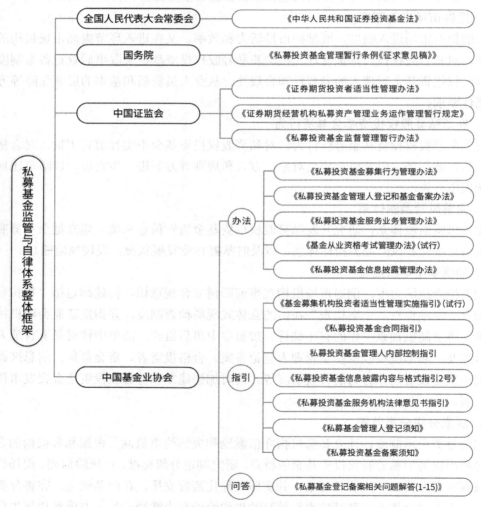

图 8-2　私募股权投资基金监管与自律体系整体框架

一、一法

2013年6月1日，十一届全国人民代表大会常务委员会第三十次会议表决通过了《证券投资基金法》修订版。修订法案首次将私募基金纳入调整范围。同时，引入了基金业协会的概念并赋予其相关监管和对行业进行自律的职权。

《证券投资基金法》对非公开基金的主要规定为：①对非公开募集基金的资金募集规定。非公开募集基金应向合格投资者募集，不得向合格投资者之外的单位和个人募集资金，并且合格投资者累计不得超过200人。同时，还规定非公开募集基金在资金募集时，不得通过报刊、电台、电视台、互联网等公众传播媒体或者讲座、报告会、分析会等方式向不特定对象宣传推介。②规定了非公开募集基金所募集的资金应交由基金托管人托管。③对非公开募集基金的基金管理人规定。非公开募集基金的基金管理人应在基金业协会进行登记。④规定了非公开募集基金的基金合同内容。非公开募集基金应当制定并签订基金合同，基金合同的内容包括：基金份额持有人、基金管理人、基金托管人的权利、义务；基金的运作方式；基金的出资方式、数额和认缴期限；基金的投资范围、投资策略和投资限制；基金收益分配原则、执行方式；基金承担的有关费用；基金信息提供的内容、方式；基金份额的认购、赎回或者转让的程序和方式；基金合同变更、解除和终止的事由、程序；基金财产清算方式；当事人约定的其他事项。⑤规定了非公开募集基金的投资范围。非公开募集基金的证券投资范围包括买卖公开发行的股份有限公司股票、债券、基金份额，以及国务院证券监督管理机构规定的其他证券及其衍生品种。

二、一条例

目前《私募投资基金管理暂行条例》处于征求意见阶段，尚未正式发布与实施。但是鉴于其立法位阶和重要性，本节对其主要内容进行介绍和说明，以便读者能够把握监管的逻辑和方向。

《私募投资基金管理暂行条例(征求意见稿)》由原国务院法制办牵头制定，这意味着私募基金业顶层设计在逐步落地，对私募基金的监管将上升到行政法规层面。目前，证监会正在推动《私募投资基金管理暂行条例》尽快正式出台，为私募股权投资基金纳入证监会监管范围奠定上位法基础。

《私募投资基金管理暂行条例(征求意见稿)》分别从私募基金的覆盖范围、私募基金管理人、托管人的职责，资金募集、投资运作、信息提供、行业自律、监督管理、法律责任等方面确立了监管规则。其主要内容包括：

第一章，主要解释私募基金的含义和私募基金投资标的。私募基金是指在中华人民共和国境内，以非公开方式向合格投资者募集资金设立，由基金管理人管理，为投资者的利益进行投资活动的私募证券投资基金和私募股权投资基金；私募基金的投资标的包括证券及其衍生品种、有限责任公司股权、基金份额，以及国务院证券监督管理机构规定的其他投资品种。

第二章,对私募基金管理人的规定。此条例规定不得担任私募基金管理人、主要股东或者合伙人、董事、监事、高级管理人员、执行事务合伙人以及委派代表的情形。同时,还规定了私募基金管理人应履行的职责、初次募集基金需要提交的材料和基金业协会注销基金管理人登记的情形。

第三章,主要规定了私募基金托管人职责。基金托管人的职责为:①安全保管基金的全部财产,对不同基金财产设置不同账户,确保基金财产的完整与独立;②办理与基金托管业务活动有关的信息提供事项;③监督基金管理人的投资运作;④国务院证券监督管理机构规定的其他职责。

第四章,对私募基金的资金募集规定。私募基金应向合格投资者募集基金并且单只私募基金的投资者人数累计不得超过法律规定的人数。同时,还规定了私募基金募集资金时的禁止行为以及资金募集完毕时向基金业协会备案的内容。

第五章,对私募基金投资运作方面的规定。主要规定了私募基金管理人、托管人的运作管理原则、管理制度和私募基金管理人、托管人在投资运作的禁止行为。同时,还规定了私募基金管理人、私募基金托管人对私募基金投资决策、交易和投资者适当性管理等方面相关的交易记录以及其他资料应妥善保管,保存期限自基金清算终止之日起不得少于20年。

第六章,对信息提供方面的规定。规定了私募基金在资金募集和管理运行过程中,私募基金管理人、私募基金销售机构和基金托管人向合格投资者提供基金管理运行、与托管业务相关的信息内容、方式和频率以及提供信息的禁止行为。

第七章,行业自律。主要规定了私募基金管理人、私募基金托管人应加入基金业协会并按照国务院证券监督管理机构的规定,向基金行业协会报送私募基金投资运作基本情况和运用杠杆情况等信息。

第八章,监督管理。主要规定了国务院证券监督管理机构对违反法律法规及本条例的私募基金管理人、私募基金托管人和私募基金服务机构所采取的措施,可以对其采取责令改正、监督管理谈话、出具警示函和公开谴责等措施。

第九章,关于创业投资基金的特别规定。解释了创业投资基金含义并规定了创业投资基金在投资标的方面的限制和投资退出的方式。

第十章,对法律责任方面的规定。详细规定了违反本条例的私募基金管理人、私募基金托管人、私募基金服务机构及从业人员所需要承担的法律责任及处罚规定。

第十一章,附则。解释了对外商、境外机构的管理。

三、三规定

(一)《私募投资基金监督管理暂行办法》

2014年8月22日,《私募投资基金监督管理暂行办法》(以下简称《办法》)正式公布,这意味着我国证监会开始对私募投资基金进行正式监管，私募投资基金的监管步入正轨。

此办法主要内容包括：①规定了私募基金的投资标的以及经营原则；②要求各类私募基金管理人向基金业协会申请登记，并按照基金业协会的规定报送基本信息；③确立了合格投资者制度。此办法规定私募基金应向合格投资者募集且明确了合格投资者的标准；④规定了私募基金管理人、私募基金销售机构在募集资金时应负的责任和禁止的行为；⑤要求私募证券基金在募集资金时，应当签订基金合同、公司章程或者合伙协议；在基金托管方面，没有强制要求私募基金进行托管安排。对于没有托管的私募基金，为了保证资金的安全应在基金合同中明确保障私募基金财产安全的制度措施和利益冲突机制；为了保护投资者的权益，《办法》列举了私募基金管理人、托管人、销售机构及其他私募服务机构及其从业人员从事私募基金业务应禁止的行为；在信息披露方面，要求私募基金管理人、私募基金托管人应按照合同的约定，如实披露基金投资、资产负债、投资收益分配、基金承担的费用和业绩报酬、可能存在的利益冲突情况以及可能影响投资者合法权益的其他重大信息，不得隐瞒或者提供虚假信息，并规定信息披露规则由基金业协会另行制定；在信息报送方面，要求私募基金管理人根据基金业协会规定，及时填报和定期更新相关信息；⑥规定了违反此《办法》的私募基金管理人、私募基金托管人、私募基金销售机构及其他私募服务机构及其从业人员所受的处罚。

(二)《证券期货经营机构私募资产管理业务运作管理暂行规定》

此规定于2016年7月正式发布，是在《资管业务"八条底线"禁止行为细则》的实践与相关修改建议的基础上出台的。

此规定主要内容包括：①明确此法案的适用主体，包括证券公司、基金管理公司、期货公司及其依法设立的从事私募资产管理业务的子公司和私募证券投资基金管理人；②规定了证券期货经营机构及相关销售机构的禁止行为；③规定了证券期货经营机构设立结构化资产管理计划的经营原则和禁止情形；④要求证券期货经营机构开展私募资产管理业务，不得委托个人或不符合条件的第三方机构为其提供建议，管理人依法应当承担的职责不因委托而免除以及不得出现的情形；⑤规定了资产管理计划的投资范围；⑥禁止私募资产管理业务进行利益输送、非公平交易等违法行为；⑦禁止资产管理人开展或参与资金池业务；⑧不得过度奖励私募资产管理业务的主要业务人员及相关管理团队。

(三)《证券期货投资者适当性管理办法》

此办法于2017年7月1日起正式施行，是我国资本市场首部专门规范适当性管理的行政规章，是统领市场适当性管理制度的"母法"性质的文件，对我国资本市场健康发展和中小投资者权益保护带来积极、深远的影响。

此办法共43条，对适当性管理问题主要规定如下：一是根据多维度指标将投资者进行分类，统一投资者分类标准和管理要求；二是根据风险特征和程度将销售的产品及提供的服务进行风险等级分类，明确了产品分级的底线要求和职责分工，建立了层层把关、严控风险的产品分级制度；三是规定了经营机构在产品销售、服务提供等方面要履行适当性义务，全面从严规范相关行为；四是突出了对普通投资者的特殊保护，向投资者提供与其风险承受能力相适应的产品，提供有针对性的产品及差别化服务；五是加强了监管职责和法律责任，对各项义务制定了相对应的违规处罚，确保适当性义务落到实处。

《证券期货投资者适当性管理办法》将投资者分为普通投资者和专业投资者，规定经营机构应当为产品或服务划分风险等级，并根据适当性匹配原则对投资者进行分类管理，强化保护普通投资者。

基金业协会根据《证券期货投资者适当性管理办法》的规定于2017年6月28日发布了《基金募集机构投资者适当性管理实施指引(试行)》，主要是增加了产品或服务的风险等级划分，要求募集机构按照普通投资者和专业投资者的分类方法对有关投资者进行分类。同时，基金业协会以附件的形式提供了投资者适当性管理参考模板，包括投资者信息表、投资者风险测评问卷、基金产品或者服务风险等级划分参考标准、投资者风险匹配告知书及投资者确认函、风险不匹配警示函及投资者确认书、投资者转化表六类。基金募集机构应当在募集资金时使用有关参考模板，在销售产品或者提供服务的过程中，勤勉尽责，审慎履职，并基于投资者的不同风险承受能力以及产品或者服务的不同风险等级等因素，提出明确的适当性匹配意见，将适当的产品、服务提供给适合的投资者。

四、五办法

(一)《私募投资基金募集行为管理办法》

此办法由基金业协会研究制定并经基金业协会理事会表决通过，于2016年7月15日起实施，对私募基金募集环节的募集主体、募集程序、账户监督、信息披露、合格投资者确认、风险揭示、冷静期、回访确认、募集机构和人员法律责任做了法律规定。对私募基金募集活动做出更为严格和细致的监管，为合规募集提供了行为指南。

此办法的主要规定如下：一是规定了此办法的适用范围，包括私募基金管理人、在我国证监会取得基金销售业务资格的机构及以非公开方式向投资者募集资金的从业人员、基金业务外包服务机构等。二是规定了私募基金管理人、基金销售机构的责任以及所承担的义务。同时，还规定私募基金管理人应与监督机构联名开立私募基金募集结算资金专用账户，统一归集私募基金募集结算资金，并且为了保障募集资金的安全，监督机构负责监督募集结算资金专用账户。三是明确了募集规范流程，要求履行冷静期制度和回访确认制度等。四是规定了私募基金推介材料的内容、信息披露和禁止的推介行为。五是要求私募基金遵守投资者适当性原则并规定了合格投资者的标准。

(二)《私募投资基金信息披露管理办法》

2016年2月4日，基金业协会发布了《私募投资基金信息披露管理办法》，并于2016年9月发布《私募投资基金信息披露内容与格式指引2号——适用于私募股权(含创业)投资基金》。两者主要规定了信息披露的主体和内容、私募基金在募集期间和运作期间信息披露的内容、信息披露的事务管理和对违规信息义务人的处理。

信息披露是私募基金行业实现自律管理的关键环节,信息披露效果直接影响行业效率。私募基金信息披露行为的合理和规范,可以帮助信息披露义务人和投资者实现有效的互联互通,最大限度减少信息不对称,为投资者提供良好的法律保障,促进市场的长期稳定。《私募投资基金信息披露管理办法》规定投资者可以登录基金业协会指定的私募基金信息披露备份平台进行信息查询,这为保护投资者利益提供了基础。

此办法的主要内容包括:一是规定了信息披露的主体,包括私募基金管理人、私募基金托管人,以及法律、行政法规、证监会和基金业协会规定的具有信息披露义务的法人及其他组织;二是规定了私募基金向投资者进行信息披露时的披露内容、披露频率、披露方式、披露责任、披露渠道以及信息披露人的禁止行为;三是规定私募基金在募集期间和运作期间的信息披露的相关事项。

上述办法和指引反映了监管层的重视,加强了对私募投资基金信息披露的自律监管,同时提高了私募股权类基金的隐性运营门槛。在信息披露的时间和频度上,半年报需在当年9月底之前完成,年度报告完成时间放宽到次年6月底之前完成。在披露内容方面,此次指引文件做出非常详细的要求。以年报为例,需要披露的内容有:一是基金产品情况,包含基金基本情况、基金产品说明、基金管理人和基金托管人、基金投资者情况(选填)、外包机构情况;二是基金运营情况,包含累计运营情况、持有项目说明表;三是主要财务指标、基金费用及利润分配情况,包含主要会计数据和财务指标、基金费用明细、过去三年基金的利润分配情况;四是基金投资者变动情况;五是管理人报告;六是托管人报告;七是审计报告。

(三)《私募投资基金管理人登记和基金备案办法试行》

为规范私募投资基金业务,保护投资者合法权益,促进私募投资基金行业健康发展,基金业协会制定了《私募投资基金管理人登记和基金备案办法》,并于2014年2月正式公布。《私募投资基金管理人登记和基金备案办法》是对证监会《私募投资基金监督管理暂行办法》中关于私募投资基金管理人登记和私募基金备案制度的专门立法,并开通了私募基金登记备案系统。

此办法的要点包括:一是规定私募基金管理人应通过私募基金登记备案系统进行登记,如实填报基金管理人基本信息、高级管理人员及其他从业人员基本信息、股东或合伙人基本信息、管理基金基本信息;二是私募基金管理人应当在私募基金募集完毕后20个工作日内,通过私募基金登记备案系统进行备案,并根据私募基金的主要投资方向注明基金类别,如实填报基金名称、资本规模、投资者、基金合同等基本信息;三是从事私募基金业务的专业人员应当具备私募基金从业资格;四是对信息报送做出明确规定,通过系统定期更新管理人及所管理基金的信息,通过系统披露管理人年度审计报告、临时向基金业协会报告等。

《私募投资基金管理人登记和基金备案办法》规定了私募备案的具体要求,意味着基金业协会正式启动私募基金登记备案工作,明确私募基金不采取行政审批而是备案制度。进行登记和备案是基金业协会履行行业自律监管职能的需要,但私募基金未经登记备案属于违反行政管理的行为,为法律所禁止。

(四)《私募投资基金服务业务管理办法试行》

基金业务外包是基金管理行业发展到一定阶段的必然产物,是市场竞争与基金管理人专业化经营的现实需要,也是国际成熟市场的通行做法。外包机构为基金管理人提供销售、销售支付、份额登记、估值核算、信息技术系统等业务的服务,有利于基金管理人降低运营成本,提高核心竞争力。

为了促进私募基金业健康发展,规范私募基金服务业务,保护投资者及相关当事人合法权益,基金业协会于 2017 年 3 月 1 日发布了《私募投资基金服务业务管理办法(试行)》。《私募投资基金服务业务管理办法(试行)》合并了之前《基金业务外包服务指引》的主要条款,包括服务机构的法律地位、管理人在业务外包中的法定职责、募集结算资金的安全保障机制等,同时新增了各类服务业务的定义、业务边界、权责划分和退出机制等内容,并分专门章节对基金份额登记、基金估值核算和信息技术系统三类服务业务进行了重点规范。

《私募投资基金服务业务管理办法(试行)》的主要内容有:一是规定私募基金的主要服务业务包括募集、投资顾问、份额等级、估值核算和信息技术等领域,明确私募基金服务机构必须在基金业协会完成登记并成为基金业协会的会员。此外,还规定私募基金管理人委托服务机构开展服务业务时,私募基金管理人和服务机构依法承担的权利与义务;二是服务机构向基金业协会登记时,规定了服务机构应具备的条件、申请提交的材料和登记的流程;三是明确服务机构对风险防范应建立的制度,包括利益冲突核查制度、防火墙制度和档案管理制度等;四是对从事私募基金份额登记服务业务、基金估值核算服务业务、信息技术系统服务业务的机构进行了规范。

(五)《基金从业资格考试管理办法(试行)》

自 2003 年起,基金从业资格考试作为证券从业人员资格考试体系的一部分,一直由中国证券业协会组织考试工作。2013 年 6 月 1 日新《证券投资基金法》正式实施,规定"基金从业人员应当具备基金从业资格",并授权基金业协会"组织基金从业人员的从业考试、资质管理和业务培训"。为了落实新《证券投资基金法》,2015 年 1 月底财政部、国家发改委下发文件明确了基金业协会组织基金从业资格考试的收费项目,自此基金从业资格考试正式从中国证券业协会移交到基金业协会。

基金业协会根据新形势下的行业发展,借鉴国内外经验,综合历年各方反馈的意见,在考试科目设置、考试题型、考试大纲、考试参考教材及考试成绩有效性等方面,较之前证券业协会组织的基金从业资格考试进行了较大调整。调整后的考试作为行业入门考试,更加侧重实际应用,主要考核基金从业人员必备的基本知识和专业技能。

《基金从业资格考试管理办法(试行)》共分为总则、组织机构职责、资格考试、命题管理、考试实施、考试纪律和附则七章，共三十八条，对考试主要的流程环节进行了规定。同时对如下内容进行了规定：明确了考试的有效期、对考试科目设置进行了重大调整、组建命题专家委员会、强调考务机构管理、加强考试违规违纪人员的处罚等。

《私募投资基金管理人从事投资顾问服务业务管理办法》《私募投资基金托管业务管理办法》这两项办法还在制定完善中，此处暂不解析。

五、七指引

(一)《基金募集机构投资者适当性管理实施指引(试行)》

《证券期货投资者适当性管理办法》正式实施后，基金业协会在其基础上，配套发布了《基金募集机构投资者适当性管理实施指引(试行)》。《基金募集机构投资者适当性管理实施指引(试行)》分为总则、一般规定、投资者分类、基金产品或者服务风险等级划分、普通投资者与基金产品或者服务的风险匹配、附则六章，共计五十五条规定。公募基金、私募基金以及在我国证监会取得基金销售业务资格并已经成为基金业协会会员的机构均适用该文件。

《基金募集机构投资者适当性管理实施指引(试行)》主要在以下方面做出了规定：一是建立健全投资者适当性管理制度；二是对投资者进行明确的分类；三是对产品进行风险等级划分；四是明确投资者与产品的匹配。

综合来讲，《基金募集机构投资者适当性管理实施指引(试行)》在做出具体且明确的要求时，简化了操作流程和步骤，减轻了机构和投资者的负担，在统一公募基金、私募基金适当性管理实施标准的前提下，加强了对投资者的保护。

(二)《私募投资基金合同指引》

随着私募基金的不断发展，作为私募基金核心文件的基金合同一直缺少专业指引。特别是一些新成立的基金和中小基金，其基金合同的制定较为随意，容易产生争议和纠纷。同时，私募基金行业鱼龙混杂，部分机构借"私募"名义从事违法违规活动而投资者无法从合同文本层面对其进行甄别。因此，为了能够更好地防范和控制风险，保护投资人的权益，有必要在基金合同方面为私募基金设置必要的指引。考虑不同组织形式基金的特点，指引分别制定了 1 号《契约型私募投资基金合同内容与格式指引》、2 号《公司章程必备条款指引》以及 3 号《合伙协议必备条款指引》。

指引的出台一方面能够为私募证券投资基金、股权投资基金、创业投资基金等私募类产品提供统一、标准的合同文本参照，同时也能为下一步大资管时代下私募类产品的统一监管奠定基础。

(三)《私募投资基金管理人内部控制指引》

为了使私募基金管理人加强内部控制，提高风险防范能力，推动私募基金行业健康发展，基金业协会于2016年2月1日发布了此指引，主要从管理人内部控制的目标与原则、内部环境、风险评估、控制活动、信息与沟通及内部监督等方面的制度建设着手，开展自律管理，形成管理人内部控制的自律监管框架。

该指引要求在私募投资基金的资金募集、投资研究、投资运作、运营保障和信息披露等各个环节中强化内部控制，《私募投资基金管理人内部控制指引》分为五章，共三十三条。和征求意见稿相比，《私募投资基金管理人内部控制指引》新增了一条"私募基金管理人应当遵循专业化运营原则，主营业务清晰，不得兼营与私募基金管理无关或存在利益冲突的其他业务"，强调了私募基金公司的专业性，不能既从事基金管理业务又经营实业或者进行P2P等平台业务。随后基金业协会又发布了《私募投资基金合同指引1—3号》，明确了私募基金规范性内容框架，厘清了私募基金当事人各方的权利义务，强化了各类基金的内部治理，体现出不同组织形式私募基金的差异化特点，减少了基金合同内容的随意性，通过合同文本规范化控制借私募之名的违法违规活动。

该指引的主要内容包括：一是规定私募基金管理人最高权力机构对建立健全的内部控制制度承担最终责任；二是明确了私募基金管理人内部控制制度的总体目标和原则；三是明确了私募基金管理人建立有效的内部控制制度的要素，主要有内部环境、风险评估、控制活动、信息与沟通和内部监督；四是规定私募基金管理人对私募基金有效安全经营应负的职责。

(四)《私募投资基金信息披露内容与格式指引2号》

信息披露不仅是私募基金行业实现自律管理的关键环节，更是投资者了解私募基金，进而做出投资决策的重要依据。由于大多数投资者并不直接参与私募基金的投资运作，在私募基金行业快速发展的同时，投资者与私募基金管理人之间的信息不对称问题也日益凸显，导致投资者面临较高的道德风险。为了切实保障投资者的知情权，规范私募基金信息披露行为，基金业协会发布了《私募投资基金信息披露内容与格式指引2号》。

该指引适用于私募股权(含创业)投资基金。其主要内容和要求包括：

(1) 指引作为私募股权(含创业)投资基金运作期间的信息披露内容和格式要求。信息披露义务人应当参照本指引对所管理的私募股权(含创业)投资基金编制信息披露报告。

(2) 信息披露义务人应保证本报表披露的信息不存在任何虚假记载、误导性陈述或者重大遗漏，并对内容的真实性、准确性、完整性承担法律责任。

(3) 半年度报告应在当年9月底之前完成，年度报告应在次年6月底之前完成。信息披露义务人可自愿选择报送季度报告(含第一季度、第三季度)。

(4) 私募基金信息披露报告应通过基金业协会指定的私募基金信息披露备份平台进行报送。

(五)《私募投资基金服务机构法律意见书指引》

基金业协会在发布《私募投资基金服务业务管理办法(试行)》时，同时发布了《私募投资基金服务机构法律意见书指引》，要求服务机构聘请律师事务所，依照《私募投资基金服务机构法律意见书指引》出具《法律意见书》。基金业协会将在服务机构登记公示信息中列明出具《法律意见书》的经办执业律师信息及律师事务所。

在《私募投资基金服务机构法律意见书指引》中，对法律意见书的出具提出了以下要求：其一，律师事务所应当勤勉尽责，在尽职调查的基础上对本指引规定的内容发表明确的法律意见，制作工作底稿并留存，独立、客观、公正，保证《法律意见书》不存在虚假记载、误导性陈述及重大遗漏。其二，《法律意见书》应当由两名执业律师签名，加盖律师事务所印章，并签署日期。其三，《法律意见书》的结论应当明晰，不得使用"基本符合条件"等含糊措辞。其四，经办执业律师及律师事务所应在充分尽职调查的基础上，就服务机构提交材料的真实性等五项核心内容逐项发表法律意见，并就对服务机构登记申请是否符合基金业协会的相关要求发表整体结论性意见，不存在上述事项的，也应明确说明。

(六)《私募基金管理人登记须知》

2018年12月7日，基金业协会发布了新版《私募基金管理人登记须知》(以下简称《登记须知》)，这已是第三版登记须知。本次变更对私募基金管理人的登记申请细化了拟登记机构从股权架构、基本运营到从业人员等各方面要求，提出了一系列更明确、更具体的标准。

一是针对私募基金管理人登记出现的股权代持、交叉持股、竞业禁止、同业竞争、履职能力、集团化倾向等集中问题，从运营条件、从业人员、出资人、关联方等方面进一步规范私募登记。运营条件和制度方面，增加了办公场所独立性、财务清晰、过往展业情况说明等要求，同时特别强调无管理人员、无实际办公场所或不履行完整管理人职责的特殊目的载体无需申请私募基金管理人登记。从业人员方面，突出竞业禁止要求，进一步明确高管人员兼职问题，强化投资人员任职能力要求、员工人数要求。出资人方面，严禁股权代持、强调股权清晰要求，新增股权稳定性要求，进一步明确实控定义。子公司、分支机构和关联方方面，新增同业竞争要求，严禁通过股权构架设计规避关联方，强化同一实际控制人下多家管理人连带责任及股权稳定性要求。重大变更方面，明确重大事项变更期限及整改次数要求，重申登记机构发生实质变化视同新机构审核，强调强制离职后私募基金管理人的职责。

二是提升自律管理效能，引入中止办理流程。为规范行业发展，对存在办公场所不稳定、或有负债风险较高、无实际展业需求、偏离投资主业风险等明显内控不足、展业能力不充分情形的，符合前述两项及以上情形的申请机构，协会给予6个月的整改时间，申请机构应在整改完成后再提交私募登记申请。

三是防范冲突业务行业风险外溢，新增不予登记情形。此前协会已发布《私募基金登记备案相关问题解答(十四)》，规定了6种不予登记情形。此次，针对申请机构或者其主要出资人曾经从事过P2P、民间借贷等与私募基金属性相冲突业务，为防止此类业务风险外溢至私募行业，保护投资者利益，协会在新版《登记须知》不予登记情形中新增上述情形。

新版《登记须知》对新申请管理人的"准入"标准已有显著提高。新的规则多管齐下，适格申请、严格准入、持续合规的局面愈发明显。该文件作为协会自律管理的重要举措之一，一方面针对私募基金管理人登记出现的问题与情况，强化私募基金管理人登记要求，提升自律管理效能；另一方面为市场合理展业提供清晰标准，对长期市场规范运作积极效果明显，能够维护私募基金行业秩序，保护投资者合法权益，促进私募基金行业健康发展。

(七)《私募投资基金备案须知》

2019年12月23日，基金业协会发布了新版《私募投资基金备案须知》(以下简称《备案须知》)。该次《备案须知》更新受到了私募基金行业内的高度关注，首先是因为私募基金行业的监管规则已发生变化，特别是私募投资基金备案实践中出现的较多反馈意见和窗口指导，需要以书面文件的方式予以明确；其次，2018年4月27日《关于规范金融机构资产管理业务的指导意见》及其细则的出台重塑了资产管理行业的监管规则，私募基金行业需要与其进行匹配；最后，新版《备案须知》从以往的"补丁"性质文件变革为全面的操作性指引。

新版《备案须知》不仅是针对私募基金备案的总体性要求，同时也覆盖了私募证券、股权基金备案具体要求，其中与私募股权投资基金相关的内容包括：①明确了私募股权投资基金的投资范围；②明确了私募股权投资基金应当封闭运作且后续募集规模受限；③明确了有托管的私募股权投资基金募集完毕的状态为认购款进入基金托管户；④明确了存在利益冲突的私募股权投资基金应先后有序募集的要求；⑤明确了不得募集多只私募股权投资基金投资单一项目突破人数限制；⑥明确鼓励组合投资，投资单一项目会受到限制；⑦明确了私募股权投资基金存续期不能少于5年；⑧明确了私募股权投资基金应当进行审计；⑨明确了私募股权投资基金禁止资金池及禁止投资单元；⑩明确了私募股权投资基金到期无法展期或清算，则其新基金备案将暂停受理。

六、多问答

证监会和基金业协会通过发布通知公告、问题解答和答记者问等形式来规范私募股权投资基金行业的业务操作。

其中比较重要的是由基金业协会发布的《私募基金登记备案相关问题解答(1—15)》(截止到2018年8月)和《关于进一步规范私募基金管理人登记若干事项》的通知公告以及基金业协会负责人就落实此事项的相关问题答记者问。

《私募基金登记备案相关问题解答》详细解答了关于私募基金方面的相关问题，并指明了对私募基金的监管动向。《关于进一步规范私募基金管理人登记若干事项》着重强调了以下几个方面：一是关于取消私募基金管理人登记证明；二是关于加强信息报送的相关要求；三是关于提交法律意见书的相关要求；四是关于私募基金管理人高管人员基金从业资格相关要求。

第四节 我国私募股权投资基金监管自律的发展趋势

一、当前我国私募股权投资基金监管自律中存在的问题

尽管我国私募股权投资基金的监管建设工作取得了非常大的成绩，但是仍然存在一些需要完善的地方。

（一）监管工作存在一定的被动性和滞后性

私募基金行业在我国出现的时间不过二三十年左右，但近年来的发展十分迅速，在金融资管行业中的地位举足轻重，已经成为实体经济转型升级的重要推动力。监管部门面对基金行业的快速发展，在行业发展预见方面略显不足，基本上是在基金业务实践积累了一些比较突出的矛盾后，监管部门才能就有关问题制定相应规则，造成了政策的被动性和滞后性，对防范金融风险较为不利。例如，前些年部分机构和人员以私募基金的名义搞非法集资犯罪活动，致使部分投资者上当受骗，尽管主要是因为投资者风险意识欠缺，但监管部门对私募基金的规范运作缺乏制度性约束也是重要原因之一。

（二）监管规则体系存在立法位阶较低、政策性较强等特点

作为基金业的基本大法，《证券投资基金法》主要规制的是证券投资基金，对私募股权投资基金仅有原则性规定，尚无法起到直接指导行业实践的作用。目前私募股权投资基金立法层次最高的规范性文件主要是证监会于2014年发布的《私募投资基金监督管理暂行办法》。该文件仅属于部门规章，法律效力弱于法律法规，而其他现行有效的规制基金行业行为规范的文件多属于行业自律性文件，法律位阶更低，难以全面担负规范引领基金行业发展的重任，甚至不能作为司法裁判的依据。

（三）监管工作受金融监管体制和外部环境影响较大

当前我国的金融监管体制仍然具有条块分割的特点，不同类型的金融机构分属不同政府部门监管，监管要求和监管措施并不统一。私募基金虽然归口于证监会监管，但基金的资金来源并不限于证监会所监管的金融机构，证监会对于基金募集等方面的规范文件的适用范围一般仅限于其所监管的金融机构，这就导致监管措施不一致或相互抵牾的情况发生。

上述问题产生的根本原因是我国私募股权投资基金监管体系的建立经历了一个从无到有，逐步规范和完善的过程。私募基金作为舶来品，随着我国改革开放而逐步在经济生活中生根发芽、显现生机。监管部门对私募基金的作用及其对经济影响的认识也是逐步深入，在实践中经过反复摸索才初步形成符合我国私募基金行业发展的监管制度体系，在此过程中显现的制度缺陷、监管冲突等问题在所难免。

二、我国私募股权投资基金监管自律的发展趋势

结合我国私募股权投资基金监管中存在的不足,相关部门正在抓紧采取措施进行完善。主要采取的措施包括强化法规建设、加大执法力度、完善自律规则体系三个方面。

(一) 强化法规建设

证监会正在着力推动完善行业顶层设计。一方面配合国务院立法部门做好《私募投资基金管理暂行条例(征求意见稿)》的社会征求意见评估和吸收工作,推动《私募投资基金管理暂行条例》尽快出台。同时根据《私募投资基金管理暂行条例》的进展,加快修订《私募投资基金监督管理暂行办法》,对《私募投资基金管理暂行条例》的相关规定进行细化和补充,丰富监管手段。

(二) 加大执法力度

证监会将保持检查执法频率和覆盖率,通过专项检查、常规检查、风险核查等,严厉惩治私募领域违法违规行为,加大责任追究力度。

同时将抓紧完善私募基金监管信息系统,建立健全私募基金信息统计和风险监测指标体系,嵌入私募基金监管信息系统,实现科技化风险监测,及时发现风险隐患。

(三) 完善自律规则体系

充分发挥市场化信用的制衡机制,通过引导市场主体参与有序竞争,坚守行业本质,落实自律规则。引导市场改变考核机制,从结果导向转为过程导向,更加注重过程中的行为规范和信用约束。

一是进一步完善登记备案须知,优化登记备案流程,为市场合理展业提供清晰标准。基金业协会将强化私募机构内控制度要求,切实防范利益冲突,并维护基金的本质,强化专业化经营要求。二是探索行业信用体系建设,营造良好信用生态,全面实施信用信息报告制度,推动建立多维度市场化信用制衡机制。基金业协会将推出私募股权投资基金管理人会员信用信息报告标准。股权类机构信用信息报告指标将包括合规性、稳定度、专业度、透明度等 24 项指标,辅以 13 项投资风格指标,推动信用信息报告制度在私募基金全行业发挥信用记录和信用约束作用。为行业建立公允、透明的评价体系和评价机制提供便利条件,为相关金融机构建立白名单提供信用推荐和信用验证服务。让信用记录良好、内部治理稳健、历史业绩优秀的私募机构有机会脱颖而出,获得更低的展业成本、更大的展业空间。通过建立健全私募基金管理人、服务机构、托管机构等会员信用档案和信用报告制度,构建全行业信用积累的基础体系。

本 章 小 结

我国早期关于私募股权投资的政策和规定,多集中在创投方面,针对的是风险投资和创业投资。直到 2005 年,为了规范和促进行业发展,我国正式开始并逐步完善私募股权投

资基金监管体系的建设工作。

自 2014 年起，证监会和基金业协会陆续发布了以私募基金登记备案为核心的一系列监管自律规范，涵盖了私募基金管理人及私募基金的登记备案、基金的募集行为、法律文件、风险控制、内部管理、信息披露、业务外包及从业人员资格等方面，基本建立起一套完整的监管自律体系，该体系为整个私募基金行业向着正规化、专业化、良性化发展打下了坚实的基础。

自 2013 年中编办确定证监会作为私募股权投资基金的归口管理部门，我国私募股权投资基金监管组织体系发生了巨大的变化，经过近几年的不断完善，目前形成了证监会、地方证监局、基金业协会作为主体的"三位一体"的"监管+自律"组织体系。

尽管我国私募股权投资基金监管取得了非常大的成绩，但是仍然存在一些需要完善的地方，相关部门正在抓紧采取措施进行完善。主要采取的措施包括强化法规建设、加大执法力度、完善自律规则体系三个方面。

复习思考题

1. 私募股权投资基金监管自律涉及哪些部门？
2. 证监会提出私募基金监管的基本原则是什么？
3. 《私募股权投资基金募集行为管理办法》的主要内容是什么？
4. 《私募股权投资基金暂行条例》的主要内容是什么？

附　录

部分私募股权投资基金相关法律法规等文件汇总

1. 《中华人民共和国证券投资基金法》(2015 修正)
   发布日期：2015.04.24
   实施日期：2015.04.24
   文号：中华人民共和国主席令第 23 号

2. 国务院法制办关于《私募投资基金管理暂行条例(征求意见稿)》公开征求意见的通知
   发布日期：2017.08.30

3. 《私募投资基金监督管理暂行办法》
   发布日期：2014.08.21
   实施日期：2014.08.21
   文号：中国证券监督管理委员会令第 105 号

4. 《证券期货经营机构私募资产管理业务运作管理暂行规定》
   发布日期：2016.07.14
   实施日期：2016.07.18
   文号：中国证券监督管理委员会公告〔2016〕13 号

5. 《证券期货投资者适当性管理办法》
   发布日期：2016.12.12
   实施日期：2017.07.01
   文号：中国证券监督管理委员会令第 130 号

6. 中国证券投资基金业协会关于发布《私募投资基金募集行为管理办法》的通知

　　发布日期：2016.04.15

　　实施日期：2016.07.15

7. 中国证券投资基金业协会关于发布《私募投资基金信息披露管理办法》的通知

　　发文机关：中国证券投资基金业协会

　　发布日期：2016.02.04

　　生效日期：2016.02.04

　　附件：

　　《私募投资基金信息披露管理办法》

　　《私募投资基金信息披露内容与格式指引1号》

　　《私募投资基金信息披露管理办法起草说明》

8. 中国证券投资基金业协会关于发布《私募投资基金管理人登记和基金备案办法(试行)》的通知

　　发布日期：2014.01.17

　　实施日期：2014.02.07

　　文号：中国证券投资基金业协会发〔2014〕1号

9. 中国证券投资基金业协会关于发布《私募投资基金服务业务管理办法(试行)》的通知

　　发文机关：中国证券投资基金业协会

　　发布日期：2017.03.01

　　生效日期：2017.03.01

　　附件：

　　《私募投资基金服务业务管理办法(试行)》

　　《私募投资基金服务业务服务办法(试行)起草说明》

　　《私募投资基金服务机构登记法律意见书指引》

10. 中国证券投资基金业协会关于发布《基金从业资格考试管理办法(试行)》的通知

　　发布日期：2015.07.24

　　实施日期：2015.07.24

11. 中国证券投资基金业协会关于发布《基金募集机构投资者适当性管理实施指引(试行)》的通知

发布日期：2017.06.28

实施日期：2017.06.28

文号：中国证券投资基金业协会发〔2017〕4号

12. 中国证券投资基金业协会关于发布《私募投资基金合同指引》的通知

发文机关：中国证券投资基金业协会

发布日期：2016.04.18

生效日期：2016.07.15

附件：

《私募投资基金合同指引1号(契约型私募基金合同内容与格式指引)》

《私募投资基金合同指引2号(公司章程必备条款指引)》

《私募投资基金合同指引3号(合伙协议必备条款指引)》

《私募投资基金合同指引起草说明》

13. 中国证券投资基金业协会关于发布《私募投资基金管理人内部控制指引》的通知

发文机关：中国证券投资基金业协会

发布日期：2016.02.01

生效日期：2016.02.01

附件：

《私募投资基金管理人内部控制指引》

《私募投资基金管理人内部控制指引》起草说明

14. 中国证券投资基金业协会关于发布《私募投资基金信息披露内容与格式指引2号——适用于私募股权(含创业)投资基金》的通知

发布日期：2016.11.14

实施日期：2016.11.14

15. 私募基金登记备案相关问题解答(十四)

发布日期：2017.11.03

实施日期：2017.11.03

16. 中国证券投资基金业协会关于进一步规范私募基金管理人登记若干事项的公告
   发文机关：中国证券投资基金业协会
   发布日期：2016.02.05
   生效日期：2016.02.05
   文号：中国证券投资基金业协会发〔2016〕4 号
   附件：
   《私募基金管理人登记法律意见书指引》

17. 中证资本市场发展监测中心有限责任公司关于发布《私募投资基金募集与转让业务指引(试行)》与《私募股权投资基金项目股权转让业务指引(试行)》的通知
   发文机关：中证资本市场发展监测中心有限责任公司
   发布日期：2014.10.16
   生效日期：2014.10.16
   附件：
   《私募投资基金募集与转让业务指引(试行)》
   《私募股权投资基金项目股权转让业务指引(试行)》
   文号：市场监测发〔2014〕17 号

18. 《私募投资基金管理人登记和私募投资基金备案流程》
   发布机构：中国证券监督管理委员会
   发文日期：2014 年 12 月 31 日

19. 中国证券投资基金业协会关于实行《私募基金管理人分类公示制度》的公告
   发文机关：中国证券投资基金业协会
   发布日期：2015.03.19
   生效日期：2015.03.19

20. 中国证券投资基金业协会关于《私募基金登记备案系统升级》的通知
   发文机关：中国证券投资基金业协会
   发布日期：2015.04.03
   生效日期：2015.04.03

21. 中国证券投资基金业协会关于《私募基金信息披露备份系统正式运行》的公告
发文机关：中国证券投资基金业协会
发布日期：2016.09.29
生效日期：2016.09.29

22. 《中国证券投资基金业协会章程》
2015年6月26日经会员大会表决通过，2018年8月17日修订。

23. 中国证券投资基金业协会关于修订《中国证券投资基金业协会会员管理办法》的决议
发文机关：中国证券投资基金业协会
发布日期：2016.12.09
生效日期：2017.01.01
附件：
《中国证券投资基金业协会会员管理办法》
《中国证券投资基金业协会会员管理办法修订说明》

参考文献

[1] 刘健. 私募股权投资基金[M]. 北京：科学出版社，2019.

[2] 蒋冲，纵蕾影. 私募股权基金实务操作手册[M]. 北京：北京师范大学出版社，2019.

[3] 夏青，王俞人. 私募股权投资基金合规与运营[M]. 北京：法律出版社，2019.

[4] 郭佳莹. 私募投资新时代[M]. 北京：人民邮电出版社，2019.

[5] 高蔚卿，王晓光. 私募股权基金制度解析与业务实践[M]. 北京：中国法制出版社，2018.

[6] 王会娟. 中国私募股权投资制度环境、公司治理与盈余质量[M]. 上海：立信会计出版社，2018.

[7] (美)克劳迪娅·纪斯伯格，迈克尔·普拉尔，鲍文·怀特. 精通私募股权[M]. 北京：清华大学出版社，2018.

[8] 徐爱水. 私募股权市场的自由与秩序[M]. 北京：法律出版社，2018.

[9] 隋炜. 私募股权投资策略和投后管理[M]. 上海：上海文化出版社，2018.

[10] 保罗·皮格纳塔罗. 杠杆收购投资银行和私募股权实战指南[M]. 北京：机械工业出版社，2018.

[11] 陈翔. 私募合伙人有限合伙私募股权基金治理[M]. 北京：法律出版社，2018.

[12] 刘乃进. 私募基金实务精要[M]. 北京：法律出版社，2017.

[13] 苟旭杰. 股权投资实战解析[M]. 北京：北京理工大学出版社，2017.

[14] 李胜春. PE私募股权投资策略实战图解版[M]. 北京：中国铁道出版社，2017.

[15] 郑光耐. 私募股权投资基金基础知识[M]. 武汉：武汉大学出版社，2017.

[16] 林烺. 私募股权基金所得课税问题研究[M]. 北京：法律出版社，2017.

[17] 郝红颖，青苗. 私募股权投资基金法律实务操作指引[M]. 北京：中国民主法制出版社，2016.

[18] 道格拉斯·卡明. 私募股权投资基金类型、风险与收益以及监管[M]. 孙春民，杨娜译. 北京：中国金融出版社，2016.

[19] 路跃兵，杨幸鑫. 私募股权LP：配置策略、投资实践和管理之道[M]. 北京：中信出版集团股份有限公司，2016.

[20] (英)泰莫尔. 国际私募股权[M]. 北京：中国金融出版社，2015.

[21] 孙志超. 境外私募股权基金操作理论与应用研究[M]. 北京：中国政法大学出版社，2015.

[22] 赵方方，刘宽. 私募股权投资基金操作实务与图解[M]. 北京：法律出版社，2015.

[23] 隋平，谷志威. 私募股权投资基金实务操作指引[M]. 北京：法律出版社，2015.

[24] 赵方方，刘宽，隋平. 私募股权投资基金操作实务与图解[M]. 北京：法律出版社，2015.

[25] 段新生. 私募股权基金治理、评价与会计信息披露研究[M]. 北京：中国金融出版社，2014.

[26] 刘正民. 私募股权与科技创新[M]. 上海：华东师范大学出版社，2014.

[27] (美)哈利·曾德罗夫斯基. 私募股权投资历史、治理与运作[M]. 2版. 北京：中国金融出版社，2014.

[28] 中国人民大学律师学院组. 风险投资与私募股权律师实务[M]. 北京：法律出版社，2014.

[29] 窦醒亚，王胜兵. 私募股权投资基金实务操作指引[M]. 北京：法律出版社，2014.

[30] 李曜. 风险投资与私募股权教程[M]. 北京：清华大学出版社，2013.

[31] 刘兴业，任纪军. 中国式私募股权投资(2)：私募基金的管理[M]. 北京：中信出版社，2013.

[32] 王楠，隋平. 私募股权投资基金实务详解与政策优惠[M]. 北京：北京大学出版社，2013.